网络金融学

张铭洪　张丽芳　主　编

科学出版社

北　京

内 容 简 介

本书在现有网络金融研究的基础上,运用经济学、金融学的多种分析方法,对网络金融的基本理论、主要业务、经营管理和政府政策等内容进行系统性的梳理和论述。本书的主要内容包括:网络金融学概述、电子货币与电子支付体系、网络银行、网络保险、网络证券与网络期货、网络金融营销策略与服务管理、网络金融安全管理、网络金融与货币政策、网络金融的风险与监管。

本书适合于高等院校电子商务、网络经济学、金融学等专业的学生及教学、科研人员使用。

图书在版编目(CIP)数据

网络金融学 /张铭洪,张丽芳主编 . —北京:科学出版社,2010.2
精品课程立体化教材系列

ISBN 978-7-03-026708-5

Ⅰ.①网… Ⅱ.①张… ②张… Ⅲ.①计算机网络-应用-金融-高等学校-教材 Ⅳ.①F830.49

中国版本图书馆 CIP 数据核字(2010)第 019471 号

责任编辑:王伟娟 雷 旸/责任校对:陈玉凤
责任印制:徐晓晨 / 封面设计:耕者设计工作室

科 学 出 版 社 出版
北京东黄城根北街 16 号
邮政编码:100717
http://www.sciencep.com

北京虎彩文化传播有限公司 印刷
科学出版社发行 各地新华书店经销

*

2010 年 2 月第 一 版 开本:B5(720×1000)
2019 年 6 月第十一次印刷 印张:17
字数:343 000

定价:68.00 元
(如有印装质量问题,我社负责调换)

序　言

　　20 世纪 90 年代以来,随着计算机和互联网通信技术的飞速发展,作为网络信息技术与现代金融相融合的产物,网络金融应运而生。网络金融依托以互联网通信技术为代表的各种信息技术,为客户提供高质量、低成本、高效率的金融服务。网络金融不仅在当前为金融业注入了创新的活力,也是未来金融业发展的重要方向之一。

　　网络金融学就是一门以网络金融为主要研究对象的新学科,是传统金融学在网络时代的延伸和发展。它涵盖了电子货币、电子支付、网络银行、网络保险、网络证券以及网络金融管理和政策等课题。在当前网络经济迅猛发展的形势下,网络金融学的研究不仅具有学术研究的理论意义,同时还具有对实际产业应用的指导意义。正是基于这样的考虑,我们编著了这本《网络金融学》。在这本书里,我们力图遵循层层推进的逻辑顺序,运用经济学、金融学的多种分析方法,对网络金融的基本理论、主要业务、经营管理和政府政策等几大方面的内容进行系统性的梳理和建设性的思考,希望起到抛砖引玉的作用。

　　本书的具体写作分工如下:张丽芳(第一章),韦米佳(第二章),李康宁(第三章),邹珊(第四章),冯光华(第五章),林予宇(第六章),尹新科(第七章),龚旭婷(第八章),林少伟(第九章)。张丽芳负责制定教材写作大纲、写作规划,并对全书作了修改和总纂。

在本书的写作过程中我们得到了厦门大学经济学院财政系的大力支持,在此深表谢意。同时,还要感谢科学出版社的热心帮助和支持。本书也吸收了国内外许多同行专家学者的研究成果,在此一并致以诚挚的谢意。

本书可作为大专院校电子商务、网络经济学、金融学等专业的教材,还可作为教学、科研人员和金融从业人员的参考书。

由于我们水平有限,书中一定有不少疏漏之处,恳请读者予以批评指正。

编　者

2010 年 1 月于厦门大学

目　录

第二部分　业　务　篇

第三章

网络银行 …………………………………………………（53）

第四章

网络保险 …………………………………………………（85）

第五章

网络证券与网络期货 ……………………………… (125)

第三部分　管　理　篇

第四部分　政　策　篇

第一部分 基础篇

网络金融学概述

　　20 世纪 90 年代,随着信息网络技术的迅猛发展,经济网络化的特征日益显著,金融业作为现代经济的支柱产业,经历了各种形式的重组和创新,网络金融这一全新的概念也应运而生。网络技术开始广泛应用于金融业的各个领域,并逐渐对传统金融的业务运作和政策监管产生深远的影响。网络金融作为现代金融的新典范,成为未来金融业发展的重要方向之一。网络金融学就是一门以网络金融为研究对象的新学科,是传统金融学在网络时代的延伸和发展。它的研究领域十分广泛,既包括从电子网络化视角对货币支付手段的分析,也涵盖银行、证券、保险、期货等金融业务的网络化应用,还涉及网络金融监管和货币政策等宏观层面的内容。本章将介绍网络金融学的主要研究内容,并对网络金融的产生背景、特点、影响及其发展沿革进行阐述。

第一节　网络金融学的研究内容

■ 一、网络金融的内涵

　　网络金融,又称电子金融(E-finance),是计算机网络通信技术和金融的有机结合,是以计算机通信网络为支撑的各项金融活动、制度和行为的总称,包括电子货币、电子支付、网络银行、网络保险、网络证券以及网络金融安全、管理和政策等内容。电子金融不同于传统的金融活动,是存在于电子空间中,呈现网络化运行的金融活动,是网络经济时代的新型金融运行模式。

网络金融学研究的主要内容包括网络金融基本业务、网络金融经营管理以及网络金融宏观政策等几个组成部分。

网络金融基本业务:网络金融基本业务是以计算机网络为媒介,为客户提供的新型金融服务,包括网络银行、网络保险、网络证券与期货等。例如,网络银行就是利用互联网通信技术为客户提供的跨时空、全方位的银行服务。与此类似,网络保险和网络证券是利用互联网通信技术,进行保险和证券服务的经济行为。尽管以上各类网络金融业务提供的业务内容不同,但都具有以下几个特征:①网络金融业务依托现代通信技术,采用所谓的鼠标键盘模式,虚拟化、网络化运行的特征使其不需要传统的营业场所等物理存在着,服务的开展和业务的往来均可以以数字化的形式在网络上进行;②网络金融业务直接面向消费者和终端客户,提高了服务效率,并为客户提供了更多的主动选择的机会;③网络金融业务依托网络通信技术,超越时间和空间的限制,向更多客户提供更为全面的服务,拓展了服务范围和客户群体。

网络金融经营与管理:网络金融经营与管理是对网络金融相关业务的管理,存在于网络金融业务开展的各个阶段,包括针对产品策略、定价策略、渠道策略的营销管理,以及客户服务管理和安全管理等几个方面。

网络金融宏观政策:网络金融是传统金融在网络时代下全新的发展模式和发展方向,由此也带来了很多新的问题和思考。如何有效地制定及实施包含货币政策在内的网络金融政策,从而对网络金融进行有效的监管,预防潜在的金融风险,维护网络金融的安全和健康发展,是相关政策制定者和执行机关的关键课题。对于网络金融政策的研究也就有着非常重要的实际意义。

■二、网络金融学的主要研究方法

网络金融学的研究方法取决于网络金融学的研究内容与对象。这些内容各具特点,某种单一的方法难以满足网络金融学各部分研究的需要。所以,网络金融学的研究方法不是一种或一类单一的方法,而是一个研究方法的集合。这个研究方法的集合主要包括以下几类研究方法。

1.实证方法

实证方法不仅是现代西方经济学和金融学最基本的研究方法,也是网络金融学最为基本的方法,它在整个网络金融学的方法论集合中居于核心地位。实证分析主要回答金融现象"是什么",或研究某个金融问题"实际上是如何解决的",也就是说,它主要通过对历史和现实诸多现象和变化的具体考察,从中总结出有关的规律性的结论,并以此为基础形成有关金融学说体系。实证分析不问什么是好,什么是坏,只问在什么条件下什么事会发生这类问题。在这个分析过程中,一般使用所谓"思想试验"的方法,即先对基本金融环境做出一些假定,继而用严格的逻辑推理得出均衡结果,再将这些结果与看得见的金融现象,如可观察的数据联系起来比较。在研究电子货币和网络金融基本业务中,实证方法得到了大量运用。

2. 规范方法

规范方法是指研究金融活动"应该是什么"或是研究金融问题"应该是怎样解决的",也就是说,在有关理论的研究分析中,有关判断或结论的得出是以一定的价值标准为前提的。对网络金融政策的研究,如本书中对于货币政策和监管政策的研究都是基于一定的价值标准的。显然,对于各种标准主次选择的不同会形成不同的价值判断,并可以形成各种学说或结论。

3. 比较分析法

在研究网络金融这一新金融形态时,比较分析法也不可或缺。比较可以帮助我们找出网络金融与传统金融的主要区别,是我们认识网络金融及其运行规律的重要方法。另外,由于我国的网络金融处于起步阶段,和发达国家相比尚有一定差距。通过比较,从而得出一些相关的结论或可参照的经验,这对发展我国的网络金融是非常有益的。

4. 微观与宏观分析的有机结合

金融学是一个从微观到宏观的多层次有机系统,网络金融学作为金融学在网络经济时代发展,势必需要把微观分析和宏观分析进行有机的结合。例如,在对网络金融基本业务和竞争策略等方面的内容进行分析时,需要从微观角度,以理性经济人为基本假设进行客观科学的分析。而在研究网络金融对中央银行的货币政策和风险监管产生的影响时,必然会将宏观方法纳入到分析中去。因此在网络金融学的研究中,微观分析与宏观分析的有机结合是不可或缺的。

三、本书的分析框架

网络金融学的研究内容丰富、层次繁多,可以从多个角度来展开研究。本书遵循层层推进的逻辑顺序,将研究内容划分为基础篇、业务篇、管理篇和政策篇四大篇,共九章,具体框架如图 1-1 所示。

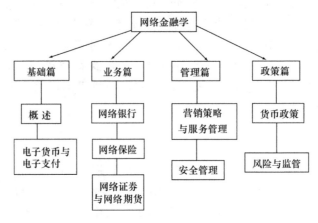

图 1-1   本书的分析框架

第一部分为基础篇,首先阐述网络金融的研究内容,然后介绍其产生背景,接着分析网络金融的主要特点及其对传统金融的影响,其后通过对网络金融发展历史的回顾和发展现状的剖析,指出了网络金融的主要问题和未来趋势;同时,该部分也介绍了作为网络金融重要组成部分的电子货币与电子支付系统。

第二部分为业务篇,先后介绍了网络银行、网络保险、网络证券与期货等主要的网络金融业务形态,分别对各种网络金融业务的系统构建、业务模式、运作与管理等方面进行了深入的分析。

第三部分为管理篇,阐述了产品策略、定价策略、渠道策略等网络金融营销策略;以客户关系管理和呼叫中心为切入点,介绍了网络金融的服务管理;针对金融业特别是网络金融业风险较高的特点,从安全技术、安全标准、金融认证体系等角度分析了网络金融的安全管理问题。

第四部分为政策篇,分析了电子货币对货币供求的影响,并研究了相关的货币政策,最后揭示了网络金融的主要风险,并为网络金融监管献计献策。

本书通过对以上各部分内容的详尽介绍,阐述了相关的理论知识,并结合对实际案例的分析,力图全面地向读者介绍相关的网络金融学知识。

第二节　网络金融的产生背景

■ 一、网络经济的兴起

　　网络经济作为一种新的经济形态,是在经济全球化的背景下,以计算机和互联网通信技术为基础,网络化、高效率地实现信息、资金和物资流动的全新的经济活动和社会经济发展形态。与传统的工业经济不同,新经济下的产业形态,经济主体的交互关系,产品与服务的流通载体越来越多地体现出网络化的特征。网络的结构特征和信息在网络节点之间的传输交互都深刻地影响、改变了经济主体的行为特征和市场的运行规律。网络经济不只是出现于某些特定的领域或行业,而是以网络化、信息化、数字化的形式渗透到整个经济系统中,体现为经济系统的升级,生产组织方式、消费结构和经济主体行为特征都因此发生了巨大的变化。因此,网络经济对整体经济的各个部门和行业都有着深刻的影响。

　　网络经济是一种趋势经济。虽然网络经济还不是世界的主流经济形态,但它正在迅速发展。以数字技术为基础的智能化产品不断涌现,人们尽可能地实现产品之间的互联和信息的交互,以构造互补性网络,提高产品的协同价值。由于社会经济中出现了大量表现出显著协同价值的网络产品,使得市场特征和经济运行规律与传统经济相比发生了巨大的变化。而产品的“信息(知识)内涵”、“数字”形式和“网络化”组织特征是导致这一系列变化最为重要、最具说服力的因素。可以预见,传统经济会越来越多地体现出网络化的特征。

　　作为现代经济不可或缺的一部分,金融业是一个资本密集型的服务性行业,其业务主要涉及信息和资金的流动,而很少牵涉实体物质的流动。金融业的本质特点使其相比其他产业更容易适应网络经济的要求,开展网络化运作和服务。金融产业也是受到网络经济影响和冲击最为显著的产业之一。网络经济的兴起,促成了网络金融的产生,并推动其进一步深化发展。

■ 二、电子商务的迅猛发展

　　电子商务(electronic commerce)是指利用计算机和互联网通信技术,在电子空间所进行的各种商业贸易活动,包括消费者的网上购物、商户之间的网上交易和在线电子支付以及各种相关的商务活动、交易活动、金融活动和服务活动,是网络时代的一种新型商业运营模式。电子商务一般可分为企业对企业（business-to-business），企业对消费者（business-to-customer），和消费者对消费者（customer-to-customer）这三种模式。

　　电子商务将传统的商务流程电子化、数字化，大量减少了传统商务流程中的人力、物力投入，降低了交易成本。电子商务在网络空间中运行，使得交易活动超越了时间和空间的限制。其所依托的互联网通信技术能够帮助商家之间进行实时的、直接的交流、谈判和交易。客户和商家之间可以利用互联网做到更好更多的良性互动，极大地提高了服务质量和交易效率。电子商务重新定义了传统的流通模式，在多个产业减少或消除了中间环节，使得大量在传统商务模式下不可能进行直接交易的供需方成为可能，从而在一定程度上改变了整个社会经济运行的方式。电子商务使企业可以以相近的成本进入全球电子化市场，使得中小企业有可能拥有和大企业一样的信息资源，提高了中小企业的竞争能力，改变了世界范围内的竞争格局。正是由于其所拥有的诸多优势，电子商务在近年来飞速发展壮大，并深刻地影响了全球商务的发展格局。

　　随着互联网使用人数的增加，电子商务网站层出不穷，电子商务的市场份额也在全球各地迅速增长。尽管电子商务目前在整个经济中所占的比重还不大，但增速超快，已达到两位数字增长。例如，对电子商务零售业而言，根据 Forrester Research 市场研究公司数据，目前美国 B2C 站点销售额只占到总额的 6% 左右，估计在 2013 年，比重会上升到 40%，而欧美国家电子商务的开展也不过才十几年的时间。在美国，电子港湾（eBay）、亚马逊书城（Amazon）、戴尔（Dell）等著名的电子商务公司在各自的领域更是取得了令人瞩目的市场份额和利润。欧美国家电子商务的飞速发展主要得益于计算机和互联网的普及、信用卡制度的健全、物流配送体系的完善等因素。

　　我国的电子商务从 20 世纪 90 年代中后期开始萌芽并发展。从 1997 年开始，一些 IT 厂商和媒体以各种方式进行电子商务的"启蒙教育"，激发和引导了人们对电子商务的认识、兴趣和需求。其后，以网站为主要特征的电子商务服务商在风险资本的介入下成为中国电子商务最早的应用者，成为这一阶段中国电子商务的主力军。2000 年左右，随着资本市场泡沫的破灭，电子商务开始跌入低谷，而传统企业却开始大规模地进入电子商务领域，中国电子商务从 2001 年开始得到了大范围的发展。

　　我国电子商务的发展很快，2007 年全国电子商务交易总额达 2.17 万亿元，比上年度增长 90%。根据中国互联网络信息中心（CNNIC）2009 年 1 月发布的《中国互联网络发展状况统计报告》，网络购物市场的增长趋势明显。目前的网络购物用户人数已经达到 7400 万人，年增长率达到 60%。不过，与国外相比，仍有差距。比较国外的发展状况,韩国网民的网络购物比例为 60.6%,美国为 71%,均高于中国网络购物的使用率。除网络购物外,网络售物和旅行预订也已经初具规模,网络售物的网民数已经达到 1100 万人,通过网络进行旅行预订的网民数达到 1700 万人。截至 2008 年 12 月,电子商务类站点的总体用户覆盖已经提升至 9800 万户。

电子商务的发展为金融业带来了新的发展机遇。例如,作为电子商务的一个重要环节,电子支付负责电子商务交易中的资金流动,最终须由金融业来执行。尽管传统金融中也处理各种交易行为中的资金支付和结算,但电子商务对此提出了更新、更高的要求。电子商务的支付和结算要求是实时性、电子化、网络化的,而这也将推动金融业在任何时间(anytime)和任何地点(anywhere),以任何形式(anyhow)进行的 3A 服务。包含电子支付在内的网络金融是电子商务得以实施的必要条件,同时电子商务也推动了网络金融的进一步发展。

■ 三、金融信息化趋势

金融信息化是指包含计算机技术、通信技术、人工智能技术、互联网技术在内的信息技术广泛应用于金融业各方面的变革过程。金融业是现代服务业的重要组成部分和现代经济的核心,它协调经济活动中的资金流动,沟通整个社会的经济活动。现代金融行业在组织结构、业务流程和客户服务等方面,都体现出以知识和信息为基础的特征。从某种意义上说,飞速发展的信息技术是现代金融业的支撑,金融信息化也是金融业发展的趋势之一。

金融行业非常重视信息技术的应用,信息技术不但在建设方便、高效、安全的金融服务体系中发挥基础作用,而且对于提高企业内部管理水平进而提高资源配置效率更具有重要的意义。在金融业日益显现出对社会资源高效配置的强大支撑能力之时,信息化已经成为现代金融业提高自身竞争力的关键因素。金融行业是计算机应用的龙头企业,也是最早应用信息系统的行业之一,无论是技术还是应用水平都是比较领先的。

我国金融信息化建设始于 20 世纪 70 年代,经过几十年的艰苦发展,从无到有,从小到大,从简单到复杂,从单一到综合,从根本上改变了传统金融业务的处理模式,已逐步建立了以计算机和互联网为基础的全国范围内的金融服务和管理信息系统。金融业各部门都已取得了显著的进展。银行业已建立起全国范围的电子清算系统,并发展了电子支付工具;保险业已实现了各类保险业务的电子化处理;证券业的信息化建设,经过实时行情发送、无纸化托管、计算机自动撮合和异地交易中心联网等几个阶段,现已进入到全程电子化实时交易模式。经过几十年的努力,我国已初步形成了一个多功能、开放的金融信息化体系,这为我国金融业实现由"电子化"向"信息化"转变,全面实现金融信息化打下了坚实的基础。

金融信息化和网络金融有着紧密的联系。金融信息化是网络金融必要的技术基础。如果没有金融信息化这一基础,各种金融活动就无法实现网络化运行,网络金融也就成了空中楼阁。正是因为银行、保险、证券业的信息化发展,才催生了网络银行、网络保险和网络证券。不仅如此,在网络经济的发展过程中,很多新问题的解决也往往有赖于金融信息化的发展。例如,网络金融的发展所带来的相关金融风险,需要更大的监管力度和更多的监管手段,而金融信息化提供了相应的技术基础。当然,网络金融的发展反过来也会推进金融信息化的发展。例如,网络金融的发展中对电子支付的需求,就促进了金融信息化在这一方面的进一步发展,推进了电子支付网关等的建设。

第三节　网络金融的特点和影响

■ 一、网络金融的主要特点

与传统金融相比,网络金融这一新兴事物具有一些自身独有的特点。

(一)网络金融体现了网络化与虚拟化特点

从本质上说,金融市场是一个信息市场。在这个市场中,生产和流通的都是信息:货币是财富的信息;价格是资产价值的信息;金融机构所提供的中介服务、金融咨询顾问服务等也是信息。网络金融借助互联网通信技术,为传统金融引入了更符合其信息特性的网络化运作。信息的网络化流通,相比传统的流通方式更高效、快捷,大大提升了金融的运作水平。同时,网络金融也虚拟化了金融的实务运作。金融机构通过虚拟化的地址即网址及其所代表的虚拟化空间向客户提供服务,实现了经营地点虚拟化;网络金融提供了很多虚拟化的金融产品和金融业务,如电子货币和网络服务;而金融机构在实施网络金融业务的全过程中都采用了电子数据化的运作方式,由银行账户管理系统、电子货币、信用卡系统和网上服务系统等组成的数字网络来处理所有的业务,实现了经营过程的虚拟化。

(二)网络金融的运行具有高效性与经济性

与传统金融相比,网络金融借助于网络技术的应用,创新性地变革了金融信息和业务处理的方式,大大提高了金融系统化和自动化程度,突破了时间和空间的限制,从而有能力为客户提供更丰富多样、主动灵活、方便快捷的金融服务,大幅度地提升了服务和运营效率。网络金融的发展使得金融机构与客户的联系从柜台式接触变为网上交互式联络,这种交流方式缩短了市场信息的获取和反馈时间,有助于金融业实现以市场和客户为导向的发展战略,更高效地服务于市场和客户。从运营成本来看,虚拟化的网络金融在为客户提供更高效服务的同时,由于无需承担传统金融机构所不可缺少的经营场所、员工等费用开支,因而具有显著的经济性。此外,随着信息的收集、加工和传播日益迅速,金融市场的信息披露趋于充分和透明,金融市场供求方之间的联系趋于紧密,金融机构可以借助网络,绕过中介机构来面向终端客户直接进行交易,减少了中间费用。

(三)网络金融的信息流动和交易具有透明化和非中介化特征

网络金融的出现极大地提高了金融市场的透明度。网络技术的发展使得金融机构能够快速高效地处理和传递大规模信息,从而向客户提供更多的产品信息和服务信息。同时,信息的网络传递不是单向的,而是多向的交互式的传递。通过网络,客户不仅可以从金融机构得到信息,而且可以从其他用户得到反馈,从而对金融机构及其产品和服务进行全方位的、客观的认识。而金融机构也可借助网络便捷地收集客户反馈,并依此改进和提升其产品和服务。整个市场由于信息的顺畅传递而显现出透明化的趋势。此外,网络技术的广泛应用使得金融机构和客户更有可能绕过传统中介进行直接交易。金融市场中供求双方可以通过网络直接接触、交流和交易,中介的作用在很大程度上被削弱。非中介化也是网络金融的另一个趋势和特性。

(四)网络金融具有"需求方规模经济"这一网络经济的一般特性

需求方规模经济又称为网络效应,网络效应表现为,消费者使用某种产品所获得的效用随着使用该产品总人数的变化而变化。网络效应的概念说明了用户数量和产品价值之间的相关关系。正的网络效应的普遍存在是网络产业乃至"新经济"能够快速发展的关键因素,也是网络经济区别于传统经济的重要原因。网络金融作为网络经济中的一个重要组成部分,其产品与服务往往也体现出网络效应。以网上支付为例,消费者对这种新型支付方式的接受程度取决于网上支付的商业普及程度和使用商家的认可意愿,而这些又取决于使用网上支付方式的消费者规模,这种"互为因果、相互影响"的关系就是网络效应的一种体现形式。因此,为了使网上支付方式更具有吸引力,网络金融机构必须提高消费者使用这种服务所得到的效用,而这又必须通过扩大网络规模来实现。

此外,网络金融具有供给方规模经济和范围经济等特点。由于高固定成本,低边际成本的特殊成本结构,网络金融服务的平均成本随着金融服务规模的扩大而呈递减趋势,符合供给方规模经济的特质。与规模经济不同,范围经济性是指因厂商生产多种产品而引起的平均成本的下降,而网络金融的范围经济体现在金融机构通过投入要素的协同作用提供多种金融产品,产生成本节约的综效。金融组合产品、网上金融超市的出现恰恰说明了范围经济在网络金融中应用的可行性。

■ 二、网络金融对传统金融的影响

网络金融是网络经济时代的新型金融运行模式,对传统金融有着全面的、深刻的影响。

第一,网络金融对金融机构的运行与经营管理产生了显著的影响。

网络金融的网络化运行机制使得金融机构能为客户提供更高效率、更好质量、更大范围的金融服务。例如,网上银行相比于银行柜台、柜员机及电话银行,提供了更为灵活多样的服务。网络金融使得金融机构可以突破经营场所和人力资源等因素的制约,高效率地服务于更多客户。客户在任何有互联网网络的地点登录网上银行,无需等待即可办理查询、转账、交易、投资等各项业务。客户不受物理地址的限制,不必亲自到银行营业点,也不受营业时间的限制,可以方便、快捷地得到全天候的服务。

网络金融帮助金融机构大幅度地降低了营运成本和服务费用。金融网络化可以大幅度降低金融机构的经营成本。尤其是网络银行,其具有市场覆盖面广和经常性支出少的绝对优势,它代表了未来银行的发展方向。据调查,网络银行的经营成本仅占其经营收入的 15%～20%,而相比之下,传统银行经营成本占其经营收入的 60%以上。[①]

更为重要的是,网络金融促进了金融机构持续的创新。在传统金融机制下,金融机构更多的以资金为筹码、以规模为杠杆建立并巩固竞争优势。但在网络金融体系中,金融产品更新换代速度加快,金融产品的生命周期大大缩短,这使得创新的作用凸现,不断创新才是赢得竞争优势的重要手段。信息网络技术的迅猛发展对金融创新提出了更高的要求。例如,摩尔定律(Moore's Law)指出,自从 20 世纪 60 年代以来,计算机芯片的功能每 18 个月翻一番,而价格以减半的速度下降。这样日新月异的技术进步要求金融机构不仅要精于业务创新,还要关注技术更新,充分利用新技术带来的业务创造机遇,只有这样才能在竞争中立于不败之地。

第二,网络金融的发展对中央银行的职能和货币政策执行产生了深远的影响。

[①]　陈志勇,董寿昆.金融业的新时代.网络金融时代.财经理论与实践,2000 年,第 7 期。

与传统货币相比,电子货币是一种具有"内在价值"的"竞争性"的货币。传统的货币本身不具有"内在价值",由中央银行或货币当局统一供给。而到目前为止,尚未有任何一家中央银行垄断电子货币的发行权。许多银行甚至非金融机构承担了电子货币的发行任务,而消费者可以自主选择购买和使用哪种电子货币。正因如此,电子货币是一种高效的流通手段,却缺乏传统货币所具有的价值尺度和储藏手段职能。

电子货币带来了不同的货币供给机制,冲击了传统的货币供给机制。在网络金融中,出现了电子货币的供给和中央银行货币的供给这两种不同的货币供给机制,他们相互区别、相互影响,共同构成了网络金融下的货币供给体系。在电子货币存在的情况下,社会货币供给总量包括三部分,即中央银行货币供给量、电子货币供给量和重复计算的修正量。电子货币的出现将直接影响中央银行发行基础货币的数量,并通过货币乘数对货币供应量产生巨大影响。同时,电子货币通过作用于货币的流通速度、需求动机及利率水平等几个因素,对社会货币需求产生了深远的影响。随着网络金融的不断发展和电子货币的普及,如何建立合理而有效的货币政策成为央行和金融机构要面临的一个重大难题。

第三,网络金融的发展对金融监管提出了更高的要求。

网络金融在运行过程中不仅存在传统金融中的一般风险,还面临着一些特殊风险。其中,一般风险包括流动性风险、市场风险、信用风险、操作风险等;特殊风险则包括技术风险、业务风险和法律风险等。同时,网络金融下的金融体系整体脆弱性增强,金融体系出现新的信息不对称,各种风险被放大。这些都增加了金融监管的难度,网络金融监管的相关法规体系亟待完善。因此,在这样的背景下,为了防范和化解各种金融风险,避免金融市场的动荡,维护金融体系的稳定,需要对网络金融监管的目标和原则做动态适时的调整,对监管的内容和手段做不断的补充和更新,跨地域的国际协调与合作显得至关重要。

第四节 网络金融的发展历史与现状

一、网络金融的发展历程

从信息技术在金融业的应用开始,全球金融业的发展大致经历了四个阶段:辅助传统金融阶段、金融电子化阶段、网络金融雏形阶段、网络金融全面发展阶段。

(一)辅助传统金融阶段[①]

传统金融业主要采用手工操作和经验来进行管理。从 20 世纪 50 年代到 80 年代中期,计算机开始应用于金融业务的处理和管理,如在记账、结算等环节和银行管理中分析、决策等环节,都是用计算机系统作为辅助手段。20 世纪 60 年代开始,计算机在金融行业的应用从单机处理时代发展到联机系统,使单个金融机构内部能够处理存、贷、汇等联机业务,不同金融机构之间实现通存通兑等跨行业务。进入 20 世纪 80 年代以后,出现了水平式金融信息传输网络和电子资金转账系统等,金融业务的处理效率和管理质量都得到了显著的提高。

(二)金融电子化阶段[②]

20 世纪 80 年代后期到 90 年代中期,随着个人计算机、银行卡、电子货币的普及,作为金融业主体的银行逐渐实现了电子化。各家银行陆续推出了以自助方式为主的 PC 银行、自动柜员机、销售终端系统、企业银行、家庭银行等电子金融服务方式。随着这些服务方式的普及和功能的多样化,金融服务已经脱离了传统的手工操作,进入了全面电子化的阶段。

(三)网络金融雏形阶段

作为金融电子化的排头兵,银行是最先进入网络化阶段的金融机构。1995 年全球第一家纯网络银行——美国安全第一银行的出现,标志着网络金融已经进入了雏形阶段。截至 1999 年底,国外已经有超过 100 家新创办的网络银行。继在北美和欧洲的兴起后,网络金融在包括日本、新加坡、中国香港、中国台湾等在内的亚太国家与地区也逐渐兴起,网络金融在全球范围内进入了初步发展的阶段。

(四)网络金融全面发展阶段

进入 21 世纪,随着网络技术的优化普及以及金融机构和大众对网络金融这种新型金融形式的认同度的提高,网络金融进入了全面的发展阶段。银行、保险、证券、期货等金融业务纷纷进入了网络化、虚拟化发展的阶段。各类金融机构网站、金融中介网站及金融超市网站层出不穷。网络金融不再是纯粹的网络业务,而成为金融业务与网络技术无缝结合的产物,传统金融机构与网络金融机构所提供的产品与服务的差异性逐渐缩小,传统金融业务全面网络化,网络金融不再孤立于传统金融业之外,两者逐渐融为一体。

此外,根据网络金融的功能的难易程度和网络金融复杂度的高低,可以将网络

---

① 战松.网路金融实务.成都:西南财经大学出版社,2006 年,第 55 页。
② 胡玫艳.网络金融学.北京:对外经济贸易大学出版社,2008 年,第 10 页。

金融的发展分为初级阶段、中级阶段和高级阶段[①],如图 1-2 所示。

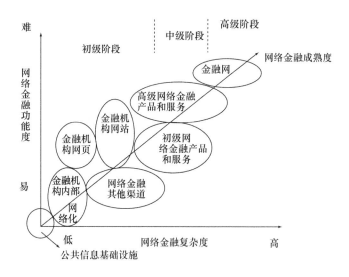

图 1-2　网络金融的发展阶段

二、国外网络金融的发展概况

从 20 世纪 90 年代开始,随着互联网技术的发展,网络金融也开始萌芽和发展。网络金融的发展主要集中在网络银行、网络保险和网络证券三个领域。

(一)网络银行

在近十年来,网络银行在发达国家和地区的发展速度惊人。1995 年 10 月 18 日,世界第一家纯网络银行——安全第一网络银行(Security First Network Bank)在美国亚特兰大开始营业,为客户提供 24 小时的全天候服务,标志着纯网络银行的诞生。与此同时,美国花旗银行率先在互联网上设立网站,作为传统商业银行的电子网络分行也开始出现了雏形。自此以后,这两种形式的网络银行在全球各地区迅速发展起来。总体而言,北美和欧洲的网络银行的发展最为领先,其次为亚太地区的日本、澳大利亚、新西兰、新加坡等国家,而非洲则暂时落后。

美国作为网络银行的发源地,起步早,发展快,水平高。美国所有的大型商业银行,如花旗银行、富国银行、美国银行等,都已利用网络银行开展相关业务。同时,纯粹的互联网银行也发展迅猛,出现了 Netbank,Everbank 等一批优秀的纯网

---

① 王元月等.网络金融的兴起及其在我国的发展.哈尔滨金融高等专科学校学报,2003(4):43。

络银行。根据 eMarketer 的报告,截至 2006 年底,美国成年网民中使用网络银行的人数已达 7280 万人,预计该数字到 2011 年将突破 1 亿。

在全球其他区域,网络银行也得到了较快的发展。欧洲的德意志银行、巴克莱银行等重量级的银行巨头纷纷推出了自己的网上银行,积极利用互联网开展各项业务,为客户提供方便、快捷的服务。例如,德国最大的银行——德意志银行在 2000 年 3 月推出"全球电子商务战略",力求通过与各大网络、软件和电信产业巨子的紧密合作,全力拓展互联网业务和电子商务,让所有相关的银行业务进入互联网。根据 ComScore 的数据显示,截至 2009 年 2 月,欧洲网上银行用户覆盖率最高的国家为荷兰,其有超过一半的网民(52.9%)使用了网上银行。而法国、瑞典、英国等国也紧随其后,使用网上银行的网民都已超过 40%。

在日本,富士银行率先推出了第一家网络银行,向客户提供现金卡网上购物、网上转账,以及投资咨询等金融服务。此后,樱花银行、住友银行等大银行也先后推出网络银行服务。EBANK、索尼银行等新组建的纯网络银行也纷纷开业,与各传统商业银行同场竞争。在我国香港地区,花旗银行于 1998 年 11 月率先推出网上银行服务业务,其后汇丰、恒生、永亨、道亨、运通、渣打等银行也相继推出网络银行服务。

(二)网络保险

相比网络银行的迅猛发展,网络保险在起步阶段的发展相对较慢,但近几年来呈现出较好的发展势头。网络保险最早出现在美国。美国国民第一证券银行首创通过因特网销售保险单,其后安泰、友邦等各大保险公司也先后通过网络渠道销售产品和提供服务。

1997 年,意大利 KAS 保险公司采用微软技术建立了网络保险服务系统,并通过互联网提供最新保险报价。该公司每月通过网络销售的保单迅速增长,从起初的 170 套短期内上升到了 1700 套。英国于 1999 年建立的"屏幕交易"网站提供了 7 家保险商的汽车和旅游保险产品,用户数量逐月以 70% 的速度递增。

1999 年 6 月,日本的 American Family 保险公司开始在网上销售汽车保险。同年 9 月底开始推出电话及因特网销售汽车保险业务的日本索尼损害保险公司,到 2000 年 6 月通过因特网签订的合同数累计已突破 1 万件。2001 年 1 月,日本朝日生命保险公司与第一劝业银行、伊藤忠商事等共同出资设立网络保险公司,开展网络保险业务。

(三)网络证券

在全球范围内,网络证券交易最发达的国家当属美国,广义的网络证券业务始于 20 世纪 70 年代,其发展经历了以下五个阶段,如表 1-1 所示。

表 1-1 网络证券的发展阶段

	第一阶段	第二阶段	第三阶段	第四阶段	第五阶段
时间	20 世纪 70 年代初期	20 世纪 80 年代初期	20 世纪 90 年代中期	20 世纪 90 年代后期	21 世纪开始
特点	电子交易及电子通信网络的兴起	基于个人计算机,通过专有数据库交易	折扣经纪商和基金管理公司提供网上交易	IT 背景纯网络经纪商开创基于互联网的交易	传统证券公司全面进入
代表券商或系统	Nasdaq	Charles Schwab Fidelity	Charles Schwab Fidelity	E * Trade	Merrill Lynch
影响	开创了即时交易和高流动性的买卖方式	开创了一种营业厅之外的交易方式	开创了基于互联网的交易模式	以低佣金、打折扣吸引客户	传统业务的全面转型

资料来源:欧阳勇等,《网络金融概论》,成都:西南财经大学出版社,2004 年 9 月,第 157 页。

根据美国国际证券业信息中心的调查,截至 2006 年,工业化国家超过 5000 家证券机构推出网上证券交易,股民数量超过 1 亿,账面资金超过 5 万亿美元。在全球范围内,美国的网上证券交易最为发达,其网络交易账户数已超过 1600 万户,占所有交易账户的一半以上[1]。作为全球第一家电子证券市场,纳斯达克利用先进的信息技术和高水平的监控系统,为投资者提供了公平、安全、高效的交易环境。

在亚洲,网络证券在日本、韩国等国家迅速发展。1999 年底,韩国的网上证券交易人数为 189.7 万户,而到了 2005 年,这个数字已经超过了 700 万户,占总投资人数的 60% 以上。网上交易金额所占的百分比从 1999 年的 8% 上升到 2007 年的 85%,成为全球比例最高的国家。

■ 三、我国网络金融的发展现状与主要问题

(一)我国网络金融的发展概况

相比国外的发达国家和地区,网络金融在我国的起步较晚,但发展势头不弱,特别是以网络银行为代表的电子化金融的发展最为迅猛。网络证券也不甘示弱,保持稳步增长,而网络保险的发展则相对滞后,仍处于较为缓慢的发展初期。

从 20 世纪 90 年代中期开始,网络银行在我国的发展主要经历了萌芽、起步和发展三个阶段,如表 1-2 所示。经历了十几年的发展,到目前为止,所有国有银行和股份制银行全部都建立了网络银行,网络银行进入了稳步扩张时期。

---

[1] 彭晖等.网络金融理论与实践.西安:西安交通大学出版社,2008 年,第 206~207 页。

表 1-2　中国网络银行发展历程

时间	发展阶段	特征	主要事件
1996 ～ 1997 年	萌芽阶段	网络银行服务开发和探索之中	➤1996 年,中国银行(BOC)投入网上银行的开发 ➤1997 年,中国银行建立网页,"网上银行服务系统"搭建;招商银行开通招商银行网站
1998 ～ 2002 年	起步阶段	各大银行纷纷推出网络银行服务	➤1998 年 4 月,招商银行在深圳地区推出网上银行服务,"一网通"品牌正式推出 ➤1999 年 4 月,招商银行在北京推出网上银行服务 ➤1999 年 8 月,中国银行推出网上银行,提供网上信息服务、账务查询、网证转账、网上支付、代收代付服务 ➤1999 年 8 月,建设银行推出网上银行服务,首批开通城市为北京和广州 ➤2000 年,工商银行在北京、上海、天津、广州等 4 个城市正式开通网上银行 ➤2001 年,农业银行推出 95599 在线银行;2002 年 4 月推出网上银行 ➤2002 年底,国有银行和股份制银行全部建立了网上银行,开展交易型网上银行业务的商业银行达 21 家
2003 年至今	发展阶段	网络银行品牌建设加强,产品和服务改善成为重点;重点业务发展带动网络银行业务快速发展	➤2003 年,工行推出"金融@家"个人网上银行 ➤2005 年,交行创立"金融快线"品牌 ➤2006 年,农行推出"金 e 顺"电子银行品牌 ➤2007 年,个人理财市场火热带动网上基金业务猛增,直接拉动个人网上银行业务的大幅增长 ➤2008 年,网银产品、服务持续升级,各银行在客户管理、网上银行收费等方面积极探索

资料来源:艾瑞咨询集团,《2008－2009 中国网上银行业发展报告》。

　　2008 年中国网上银行交易规模达到 320.9 万亿元,同比 2007 年增长 30.6%。2007 年网上银行市场取得了超速的增长,同比增长率高达 163.1%,属于网上银行发展过程中的特殊时期;到了 2008 年网上银行市场发展回归稳定,增速回落至 2006 年的水平。

　　根据艾瑞咨询调查研究数据显示,2007 年中国网上银行用户新增比例突破 20%,2008 年则下降至 16.7%。艾瑞分析认为,2007 年网络银行用户的突发性增长属于行业发展中的特殊事件,与当时个人理财市场火热及电子商务市场加速增长等特殊因素密切相关;2008 年下半年开始的熊市及经济危机,影响了个人投资账户的资金交易活跃度,也间接阻碍了新用户的增长速度,网络银行的发展回归到稳定的增长态势,用户的增长更多地依赖市场的自然增长及银行的推广普及。

我国网上证券交易起步于 20 世纪 90 年代。与美国网上证券交易发展历程相似的是,积极推动这一新兴交易方式的机构是国内 IT 技术厂商和中小型证券商的营业部。它们介入的动机不尽相同:IT 技术厂商们在 E-Trade 的示范效应下,希望以技术参与网上证券经纪业务,在经纪业务这一具有巨大潜力的市场中占有一席之地;而中小型证券商的营业部推出网上交易则是将其视为增强竞争力的有效手段之一,因为通过拓展网上交易,中小型证券商可克服网点少、知名度小的不足,因而在争取客户方面可与大型证券商较量。因此,我国网上证券交易的最大特点是由中小型证券商的营业部推动并引导。2000 年,随着中国证监会《网上证券委托管理暂行办法》的出台,国内证券公司开展网上交易的热情空前高涨起来,我国网上证券交易开始迎来了成长阶段。根据中国证监会的统计数据显示,2001 年底,中国网上证券交易用户数为 332 万户。到了 2002 年,中国网上证券交易用户数达到 508.1 万户,相比 2001 年增长了 53%。对比 2003 年,2004 年中国网上证券交易用户数增长到 549.2 万户,增长比例为 4.1%。

相比网络银行和网络证券的迅猛发展,网络保险在我国的发展稍显滞后。虽然各大保险公司纷纷建立了自己的门户网站,像易保网(ebao.com)、车盟网(cars.com.cn)等保险中介平台也层出不穷。然而,现阶段大多数保险公司及保险中介更多的把互联网作为一种发布信息、寻找潜在客户的平台,真正实现在线投保、核保和交易的模式并不多。这一方面与保险产品本身的特性有关,另一方面也体现了保险机构的创新精神还有待提高,单一依靠保险代理中介的商业模式还有待改进。

(二)我国发展网络金融的主要问题

经过十几年的发展,我国的网络金融已经步入稳步发展的轨道,其中所存在的问题既与发达国家有一定的共性,又有自身的一些特点,最集中体现在安全技术问题、法律监管问题和人才问题三个方面。

1. 安全技术问题

与其他国家相似,在我国网络金融发展过程中也同样遇到网络犯罪、计算机病毒、黑客入侵等安全威胁。同时,由于我国自身的信息技术不发达,还存在着由于技术落后所带来的安全隐患。例如,网络金融机构所使用的许多硬件设备和软件系统都是从国外引进的,使我国金融业者对这些设备与系统的性能把握不充分。因此,在面对各种恶意攻击时防备能力有限。更为致命的是,发达国家在设计这些系统时可能留有"后门",我们自身的网络安全完全维系在别人的产品基础之上,其安全技术隐患不言而喻。

2. 法律监管问题

网络金融的发展对传统的金融法律法规提出了诸多挑战。网络金融的发展带来了大量科技含量较高的经济金融犯罪，不可避免地会遇到法律举证责任等相关问题，如果解决不当就会引发网络金融的法律风险。

网络金融在我国还是新兴事物，相关的法律制定更为滞后，完整的法律体系还未形成。目前大部分网络金融服务采用的规则都是协议，与客户在言明权利义务关系的基础上签订合同，出现问题则通过仲裁解决。但由于缺乏相关的法律法规，问题出现后涉及的责任认定、承担、仲裁结果的执行等复杂的法律关系现在仍难以解决。这些都增加了金融机构与客户在网上进行金融交易的麻烦与风险，从而阻碍了网络金融的发展。

3. 人才问题

在知识密集型的新经济时代，人力资本是比资金更为重要的投入要素。与传统金融相比，网络金融竞争的实质就是人才的竞争。网络金融的发展对人才素质提出了更高的要求，需要大量既精通金融知识又熟悉网络技术的跨学科复合型人才，他们能够把网络和金融结合起来进行创新，从而提高服务质量、扩大客户群并赢得信任。然而，我国现阶段的高等教育培养模式较为单一，知识结构不够完善，不完全符合复合型人才的培养模式。这就需要系统性的在职培训来加以弥补。但是，我国在职培训人员的素质普遍不高，而金融机构又不重视对员工的再教育和培训。这些因素造成能胜任网络金融工作的高素质人才严重缺乏，不利于网络金融的长远发展。

■ 小结

网络金融学就是一门以网络金融为研究对象的新学科，是传统金融学在网络时代的延伸和发展。它涵盖了电子货币、电子支付、网络银行、网络保险、网络证券以及网络金融管理和政策等课题。在当前网络经济迅猛发展的形势下，网络金融学的研究不仅有着学术研究的理论意义，同时具备对实际产业应用的指导意义。网络金融学具有自身的特点，对传统金融学的理论与实践都产生了重要影响。网络金融学研究的主要内容包括网络金融基本业务、网络金融经营管理以及网络金融宏观政策等几个组成部分，需要运用规范与实证、宏观与微观、比较分析等多种分析方法进行研究。

◎ 关键词

网络金融　金融信息化　网络银行　网络证券　网络保险

📖 复习思考题

1. 简述网络金融学的研究对象和主要内容。
2. 简述网络金融的产生背景。
3. 阐述网络金融的主要特点及其对传统金融的影响。
4. 论述我国网络金融的发展现状及存在的主要问题。

电子货币与电子支付体系

随着电子商务的迅猛发展,电子货币与电子支付逐渐走入人们的视线。电子货币与电子支付是两个不同的概念范畴,但是,在许多情况下,人们常常将二者混为一谈。本章主要介绍电子货币与电子支付的概念、分类、特点,并简要说明二者目前在国内外的发展情况,为之后的章节奠定理论基础。

第一节　电　子　货　币

马克思主义经济学认为货币的产生是商品价值形式演变的必然产物,也是商品经济发展到一定阶段的必然结果。货币的产生和发展以商品的产生和发展为前提,货币形式的演变也与商品经济的发展密切相关。有怎样的商品经济发展水平,就有怎样的货币形式与之相适应,这是货币发展的必然规律。货币发展演变的历史大致经历了以下几个阶段。

实物货币,也称商品货币,是货币发展的最原始形式。在物物交换不能适应交换的发展时,人们从所有的商品中挑选出一种大家都普遍接受的商品,并将其作为交换的媒介。这种充当商品用途的价值和充当货币用途的价值都相等的货币,统称为实物货币。实物货币的产生解决了物物交换的矛盾,有力地促进了商品经济的发展和人类社会的进步。但随着商品经济发展和生产力的提高,商品交换的数量越来越大,种类也越来越多,实物货币的缺点和不足日益显露,实物货币逐步被贵金属货币所取代。

贵金属货币,也称实体货币。随着商品交换的迅猛发展,黄金、白银等贵金属由于单位体积价值高、价值稳定、质量均匀、易分割、耐磨损等特点,成为当时货币的最佳材料。最初的贵金属货币其名义重量与实际重量之间没有明显的差别,随着交易的日益频繁,铸币在使用中产生磨损使其实际价值低于名义价值。足值的金属货币与不足值的金属货币在市场上同时流通,同样发挥作用,这使人们认识到货币可以由不足值的或无价值的符号来代替,于是一种代表贵金属价值的代用货币就产生了。

代用货币作为物品本身的价值低于其代表的货币价值。理论上讲,代用货币的形态有许多,除国家铸造的不足值的铸币外,代用货币主要是指政府或银行发行的纸币和票据。这种纸币和票据所代表的是贵金属货币,在市场上流通,从形式上发挥着交换媒介的作用,可以自由地向发行单位兑换贵金属货币。纸币就是一种典型的代用货币,纸币的产生和普及是货币发展史上一次重大的革命,极大地推动了商品经济的繁荣和发展。

信用货币是一种抽象的货币概念,就是以信用作为保证,通过信用程序发行和创造的货币,它是代用货币进一步发展的产物。目前世界上几乎所有国家采取的货币形态都是信用货币。由于在 20 世纪 30 年代爆发了世界性的经济危机和金融危机,各主要西方国家先后被迫脱离金本位和银本位制度,所发行的纸币不能再兑换成金属货币。在这种情况下纸币逐步与金属货币脱钩,纸币的基本保证是国家政府的信誉和银行的信誉。可以说,纸币是最初的信用货币形式①。

进入 20 世纪中期以后,随着科学技术的进步和生产力的进一步发展,商品生产进入了现代化的大规模生产,经济结构也发生了重大变化,商品流通渠道迅速扩大,交换日益频繁,大规模的商品生产和商品流通对货币支付工具提出了新的要求,迫切要求有一种新的、先进的货币工具与高度发达的商品经济相适应。于是在高度发达的信用制度和技术条件下,一种新型的货币形式——电子货币便应运而生。

电子货币尽管出现的时间不长,但对社会经济发展的影响和作用却是巨大的,主要表现在以下几个方面。

第一,电子货币活跃和繁荣了商业,为零售业提供了商机。随着电子货币在日常生活领域的普及和作用范围的不断扩大,电子商务蓬勃发展,零售业的经营范围已无地域限制,以往偏远地区的消费者通过网络即可成为商家的交易对象。

第二,电子货币刺激了消费,扩大了需求。使用电子货币可以在网上完成结

---

① 纸币从发展过程来看分为前后两个时期,纸币直接与黄金挂钩,属于代用货币阶段,在"金本位制"彻底瓦解之后,纸币开始独立行使前期的货币职能,纸币便成为信用货币。

算,对商家而言,瞬间即可低成本地收回货款,因此可以放心地给顾客发送商品;对顾客而言,省略了繁琐的支付程序,可以轻松地购物,因此刺激了人们的消费欲望,扩大了社会需求。

第三,电子货币促进了营销结构的创新。电子货币促进了电子商务的创新,特别是与多媒体相关的信息、软件、计算机行业营销结构的创新。信息或软件销售商在收取电子货币的同时,通过计算机终端可直接将信息或软件商品从网上传递给顾客,相当于在网络上进行现货、现金交易。因此,电子货币使商品流通的成本剧减甚至接近于零,为商家降价促销提供了条件。

第四,电子货币加剧了竞争,提高了质量。以电子货币为基础的电子商务的发展,为企业参与市场竞争提供了便利的条件,使不同的企业之间突破了传统的经营模式和业务领域,刺激和加剧了同业竞争,从而促使企业为市场提供廉价优质的商品,提高对顾客的服务质量。

第五,电子货币对降低银行业的相关业务经营成本乃至对整个金融业的经营产生决定性的影响。目前,普遍的观点认为网络银行与传统银行相比拥有成本竞争优势。

一、电子货币的概念

电子货币(e-money),又被称为网络货币(network money)、数字货币(digital money)、电子通货(electronic currency)等,是 20 世纪 90 年代后期出现的一种新型支付工具。关于电子货币的定义,目前国内外众说纷纭,尚无定论。

日本学者岩崎和雄与左藤元则在《明日货币》一书中给电子货币的定义如下[1]:"所谓电子货币是指"数字化的货币",举凡付款、取款、通货的使用、融资和存款等与通货有关的信息,全部经过数字化者,便叫做电子货币"。

张卓其在《电子银行》一书中提到[2]:电子货币是以计算机、通信以及金融和商业专用工具为基础,以各种银行卡为介质,进行电子资金转账的一种货币流通形式。

对电子货币比较权威的定义来自巴塞尔银行监管委员会[3],它认为电子货币是指在零售支付机制中,通过销售终端、不同的电子设备以及在公开网络(如Internet)上执行支付的"储值"产品和预付支付机制。所谓"储值"产品是指保存在

① 岩崎和雄,左藤元则.明日货币.李毓昭译.台中:晨星出版社.1998 年,第 16 页。
② 伊倩.电子货币对货币政策的影响分析.大连:东北财经大学.2007。
③ 曹协和,吴道义,刘春梅.厘清电子货币概念.电子金融化.2008(12):38～39。

物理介质(硬件或卡介质)中可以用来支付的价值,这种物理介质可以是智能卡、多功能信用卡、"电子钱包"等。所储存的价值使用完毕后,可以通过电子设备进行追加。而"预付支付机制"是指存在于特定软件或网络中的一组可以传输并可用于支付的电子数据,通常称为"数字现金",也有人称其为"代币"(token),由一组组的二进制数据和数字签名组成,可以直接在网络上使用。

以上这些观点从不同的角度概括了电子货币的基本特征,都有其合理性,但这些观点也都有一定的局限性:日本学者岩崎和雄与左藤元则定义的电子货币范畴太广;巴塞尔银行监管委员会的定义过分看重电子货币的物理特性,而忽视其货币的本质属性,此定义容易将支付手段和支付工具混为一谈,也就是将电子支付与电子货币等同起来。

为了给电子货币设定一个准确的定义,需要从货币的属性来认识电子货币。作为媒介手段的货币在现实交易中必须具备如下几个特性:交易行为的自主性,即货币媒介的交易行为是交易主体的自主行为,不受货币媒介形式的影响;交易条件的一致性,即在同等的交易条件下货币对于不同交易主体的媒介功能是等效的;交易方式的独立性,即货币媒介与交易活动彼此独立、互不干扰;交易过程的持续性,即对于不同的连续的交易活动,货币的媒介亦是连续的。

以上四个特性是任何现代意义上的货币所不可或缺的。从这一角度来说,所谓电子货币是"执行支付的'储值'和预付支付机制",就是指电子货币必须具有交易媒介的自主性、一致性、独立性和持续性。也就是说,电子货币执行支付功能时与传统货币在本质上是无差异的,它们的区别只是电子货币是"通过销售终端不同的电子设备之间以及在公开网络上执行支付"。但具备这些属性的电子媒介手段并不一定就能成为电子货币。比如,现在一些网站上常用的消费积分在一定程度上也可以媒介交易,但它们显然不是一种货币。一种电子支付工具要成为电子货币起码还需要具备另外两个条件:货币价值性与货币便利性。

某种支付工具要具有货币价值可以通过两个途径实现:一是其本身由货币当局确认,通过立法的形式确定其价值代表的身份,即"法币";二是通过传统货币或银行信用的支持,确定他们与传统货币之间有着稳定的兑换关系和偿付保障。多数货币出现的早期都是通过第二种方法保证其价值性,例如,银行券在出现后的很长一段时间内都与黄金和白银保持着固定的兑换比率。与此相似,电子货币在未获得"法币"地位前,必须保证随时能兑换成等额的中央银行纸币。随着电子货币的发展,可能某一天它会脱离中央银行纸币的支撑而单独存在,如同纸币最终脱离了与铸币的固定联系一样,但目前能否迅速转换为等额纸币仍是判断某种电子支付工具是否为电子货币的条件之一。

货币从一般商品中分离出来固定充当一般等价物,其中一个重要原因是:它是一种便利的交易媒介手段,通过这种媒介可以大大降低交易费用。货币的便利性主要表现在安全(易于识别,防止伪造)、便于携带保管、可重复使用、不需记名等诸多方面。某种电子支付工具要成为电子货币也必须具备这些特点。

将以上特征结合起来,编者认为电子货币是指继承了传统货币的货币属性,与传统货币在价值尺度上保持稳定兑换关系的一种用于购买和清偿债务的支付工具。它是以计算机网络、金融与商业专用电脑等现代化科技为基础,通过电子信息转换形式的一种货币流通方式。简而言之,电子货币就是一种可以用电子处理方式实现商品交易的电子化货币,即货币的电子化,电子流货币。

二、电子货币的种类

根据以上电子货币的定义,目前可划归为电子货币的支付工具有很多,为了更好的认识这些支付工具,可以按照不同的标准将它们划分为以下几类。

(一)按电子货币的载体分类

国际清算银行(Bank for International Settlement,BIS)①在 2002 年 11 月出版的 *Survey on Electronic Money Developments* 中,根据载体不同,将电子货币划分为卡基(card-based)电子货币和数基(soft-based)电子货币。顾名思义,卡基电子货币的载体是各种物理卡片,包括智能卡、电话卡、礼金卡等。消费者在使用这种电子货币时,必须携带特定的卡介质,电子货币的金额需要预先储存在卡中。卡基电子货币是目前电子货币的主要形式,发行机构包括银行、信用卡公司、电信公司、大型商户和各类俱乐部等。上海的交通卡、香港地区的八达通卡,台湾地区的Mondex 卡都是典型的卡基电子货币。

与卡基电子货币不同,数基电子货币没有卡片载体,而是直接将货币金额的信息用一组可验证、可读取、可保密的数据在计算机网络上传输。数基电子货币完全基于数字的特殊编排,依赖软件识别与传递,不需特殊的物理介质,只要能连接上网,电子货币的持有者就可以随时随地通过特定的数字指令完成支付。电子黄金(e-gold)②就是一种典型的数基电子货币。数基电子货币的运作方式有多种,以前

---

①　国际清算银行最初是英、法、德、意、比、日等国的中央银行与代表美国银行界利益的摩根银行、纽约和芝加哥的花旗银行组成的银团,其创办的目的是为了处理第一次世界大战后德国的赔偿支付及其有关的清算等业务问题。现今,它的主要作用是促进各国中央银行之间的合作,为国际金融业务提供便利,并接受委托或作为代理人办理国际清算业务等。

②　e-gold 公司是一家有银行背景的网络机构,是一个完全基于 Internet 的网上支付平台。在国际上,包括雅虎、亚马逊等公司和网络商店都接受 EG 支付方式。EG 以黄金作为等价基础,公司承诺,在所有用户的账户里有多少虚拟的电子黄金,公司就储备有多少真实的黄金。

曾经出现的 DigiCash 可以把金额下载到自己的硬盘或其他存储设备上,然而,实践证明这种方式不仅麻烦而且安全性得不到保证。现在大多数的数基电子货币都是网络型的,或者说是服务器型的,账户和金额都放在发行者的服务器上。

(二)按电子货币的支付形式分类

根据具体的支付形式的不同,电子货币可划分为四种不同的类型:"储值卡型"电子货币、"信用卡应用型"电子货币、"存款利用型"电子货币和"现金模拟型"电子货币[①]。

"储值卡型"电子货币是指可用于电子网络和 Internet 网上支付,功能得到进一步提高的储值卡。"储值卡型"电子货币类似于通常所用的 IC 卡,与一般的储值卡相比,它可以通过自动柜员机进行充值,而实现了反复使用。使用 IC 卡的电子货币项目大部分都属于"储值卡型"电子货币,如 VISA 现金、MasterCard 现金、我国开展的金卡工程中的 IC 卡等。从支付方式来说,"储值卡型"电子货币与普通的储值卡并无本质区别,它只能用于当面支付金额的划拨,而不能用于企业间资金划拨及 Internet 网上支付。因为"储值卡型"电子货币的使用范围有较大限制,难以在电子商务中得到广泛应用,所以在现有的支付体系下,其对社会、经济的影响还不大。

"信用卡应用型"电子货币是指实现了电子化应用的信用卡,它与传统的信用卡支付方式不同在于:它主要是在 Internet 上使用。从传统的信用卡支付过程来看:首先,买方在卖方的支付柜台提交自己的信用卡,并签名;然后,卖方将买方的信用卡号和购买金额等信息传递到发卡机构;最后,发卡机构代买方将购物金额垫付给卖方,完成支付。在这一过程中,买卖双方之间仅通过物理媒介提交信用卡的卡号及其他相关信息等,就可以完成结算。如果不考虑安全问题,将这一提交信息的过程转而使用电子方式进行,则成为"信用卡应用型"电子货币的交易过程。而这一转化易于实现,因此,与其他的三种电子货币相比,"信用卡应用型"电子货币是目前使用率最高、发展速度最快的一种。

"存款利用型"电子货币是指被用作支付手段在计算机网络上进行传递的存款货币,其主要特点是通过计算机通信网络移动存款通货来完成结算过程。根据移动存款所使用的计算机网络的不同,可分为专用网络(也称封闭式网络)的转账结算和基于 Internet 开放式网络的转账结算;根据移动存款指令发出形式的不同,可分为"支付人启动方式"和"接收人启动方式"两种。安全第一网络银行(Security First Network Bank,SFNB)开展的转账服务项目、金融服务技术国际财团(Financial Service Technology Consortium,FSTC)开展的"电子支票项目"、"微软

---

① 　孙静萍,郝毅.电子货币的分类与应用.现代计算机.2000(12):58。

货币"及"为你管钱"等,都是"存款利用型"电子货币。

"现金模拟型"电子货币是模仿现金当面支付方式的"电子现金",有名的 Mondex 就是这一类型的电子货币。由于"现金模拟型"电子货币十分接近于实体现金,所以一旦"现金模拟型"电子货币得到普及,必然会给一个国家或地区的货币体系带来巨大影响。

(三)按电子货币的使用方式与条件分类

电子货币的使用方式有认证(identified)与匿名(anonymous)两种,使用条件有在线(on-line)与离线(off-line)两种。因此按照使用方式与条件分类,可将电子货币划分为四类:在线认证系统、在线匿名系统、离线认证系统、离线匿名系统。

认证是指电子货币的持有者在使用电子货币时需要对其身份进行确认,其个人资料被保存在发行者的数据库中,以电子货币进行的交易是可追踪的;匿名是指电子货币的持有者在使用电子货币时不需进行身份认证,其交易不能被追踪。

在线是指客户使用电子货币支付时需要连接上网,电子货币的接收方通过网络实时验证电子货币的真实性、金额是否相符,然后才能决定是否接受支付请求。需要注意的是,电子货币的在线认证与信用卡、借记卡等不同,前者关注的是货币本身,而后者验证的是用户的身份。

离线电子货币的使用者在支付时不需连接上网,部分离线电子货币甚至不需验证。比如信誉度较高的 IC 卡,它可以通过专用的 IC 卡支付机完成两张卡之间的资金转移。对于需要验证的离线电子货币,可以通过专用的"电子货币验钞机"。"电子货币验钞机"实际上是一台专用编码核对器,可以验证电子货币的标码是否符合发行者特定的密码规则,进而确定电子货币的真实性与价值。

(四)按发行主体分类

将电子货币按照发行主体进行分类,一方面可以明确电子货币发行机构的性质;另一方面也有利于把握电子货币流通性的强弱。具体而言,按照发行主体分类,电子货币可以分为以下三种类型[①]。

商家发行模式:电子货币发行机构与商品和服务的提供者相同。例如,各大型企事业单位面向内部人员发行的可储值卡、各高校发行的学生购物用餐卡、各超市连锁集团发行的可充值的会员购物卡。这些卡的共性是只能在电子货币发行机构的网点进行购物交易。

银行发行模式:电子货币发行机构与商品和服务提供者不相同,并且在交易过

---

① 张德成.基于商家、消费者和发行机构决策行为的电子货币研究.上海:上海交通大学硕士论文.2007 年,第 35 页。

程中,除消费者与商家外,传统的银行系统也接入其中。如银行信用卡、借记卡、电子支票账户等。

非银行发行模式:使用者用现实的货币从发行人处购买电子货币,然后再加入该系统的商家那里消费,最后由发行者从商家处赎回电子货币。例如,淘宝网的支付宝、易趣网的安付通。

三、电子货币的特征

电子货币作为一种基于现代信息技术的高科技产品,与传统货币相比,电子货币除具有货币和其他传统支付结算工具的一般属性外,还具有一些特有的属性[①]。

第一,电子货币是虚拟货币,是一种没有货币实体的货币。有史以来,人们习惯使用的货币,无论是实物货币、金属货币、还是纸制货币,均是可用手触摸得到,可用肉眼确认其形态的实体。但是,电子货币是在银行电子化技术高度发达的基础上出现的一种无形货币,它是用数据信息代替金属、纸张等媒体进行传输和显示资金的数量,通过芯片进行处理和存储,因而没有传统货币的物理形状、大小、重量和印记。同时,电子货币在计算机网络的虚拟空间中传输的是一组数据信号,而非实体货币材料。

第二,电子货币的发行主体较为分散。各国的传统货币一般是由中央银行或特定机构垄断发行,中央银行承担其发行的成本与收益。电子货币的发行机构较为复杂,既可以是中央银行,也可以是一般金融机构,甚至还可以是非金融机构。而且从目前的情况看,电子货币的发行机构中,一般金融机构与非金融机构所占比例十分可观。

第三,电子货币有很强的异质性。传统货币是以中央银行和国家信誉为担保的法定货币,是一种标准产品,它由各个货币当局设计、管理、更换,以强制手段让人们接受,并在经济生活中被广泛使用。而目前的电子货币大部分是由不同的机构自行开发设计,带有很强的个性特征,其担保主要依赖各个发行者自身的信誉和资产,风险并不一致,从而出现电子货币的异质性。

第四,电子货币体现了很强的信息安全技术。传统货币的防伪主要依赖于物理设备,例如在纸币上加入纤维线和金属线、加印水印和凹凸纹。电子货币由于其使用方式与传统货币不同,主要是依靠互联网进行金额转账支付,因此通常是通过数据加密和特定的认证系统来进行防伪,这就对信息安全技术提出很高的要求。因为,在传统的货币体系中,通过特定的设备,总是可以检验出货币的真伪。但是,

---

① 尹龙.网络银行与电子货币——网络金融理论初探.成都:西南财经大学硕士论文.2002年,第18页。

只要掌握了电子货币的加密规则,那么创造出的"假币"就成了真正意义上的"真币",没有有效方法检验货币的真伪。

第五,电子货币的匿名性带有极端性。一般来说,传统货币既不是完全匿名的,也不可能做到完全非匿名,交易方或多或少地可以了解到使用者的一些个人情况,如性别、相貌、身高等。而电子货币要么是非匿名的,可以详细记录交易与交易者的情况;要么是匿名的,几乎不可能追踪到其使用者的个人信息。

第六,电子货币需要进行二次结算。传统货币在交易完成后进行资金清算,清算完毕后即可实现价值转移。电子货币在完成资金清算后,持有人所拥有的只是向发行人兑换等额法定通货的请求权,需要进行二次结算,才能实现真正的价值转移。

第七,电子货币打破了区域上的限制。在欧元区未出现以前,货币的使用具有严格的地域限定,一国货币一般都是在本国被强制使用的唯一货币。电子货币打破了境域的限制,只要商家愿意接受,消费者就可以很容易地获得和使用多国货币。

四、电子货币在国外的发展

国际清算银行 2002 年 11 月的统计报告 *Survey on Electronic Money Developments* 对电子货币在世界上很多国家的应用情况作了详细的介绍。在这个报告中,电子货币按其载体不同而被划分为卡基电子货币和数基电子货币两大类。因此,在接下来关于电子货币的应用情况这一部分中,将按国际清算银行的分类方式,将电子货币分为卡基电子货币和数基电子货币两大类进行介绍。

卡基电子货币正逐渐地为人们所接受:在一些国家,它能在全国范围内通用,而在其他的一些国家,仅仅在某些特殊的区域或城市能被接受。卡基电子货币项目已经开展并运作得比较成功的国家和地区包括:奥地利、比利时、巴西、丹麦、芬兰、德国、印度、意大利、立陶宛、荷兰、尼日利亚、葡萄牙、新加坡、西班牙、瑞典、瑞士和中国香港。在澳大利亚、玻利维亚、加拿大、日本、韩国、马来西亚、墨西哥、挪威、南非、泰国、哥伦比亚、法国、委内瑞拉和美国等,卡基电子货币项目也正处于试验阶段。其他的一些国家也正考虑进行卡基电子货币项目的试验。当然,也有相当一部分国家认为,考虑到本国当前的经济发展状况,近期内它们将不会推出任何电子货币项目。在以上部分国家中,卡基电子货币除了作为支付手段外,还提供其他的便利功能,如可作为通行证、身份证明或者当地的交通卡。

相对于卡基电子货币项目,数基电子货币项目发展则要慢得多。目前,数基电子货币项目在澳大利亚、奥地利、哥伦比亚、意大利、英国和美国已经开展或正处于试验阶段,然而在用途、范围和应用上仍有很大的限制。绝大多数参加调查的国家表示,近期内它们没有计划进行数基电子货币项目的试验。

由于电子货币有其独特的优势,美国、英国和日本等国家以及 Visa、MasterCard 等信用卡公司等都在竞相进行开发和试验,其中最有名的要数 Mondex 实验和 DigiCash 实验,其他如美国的 Visa 和 NTT 联合试验也颇具规模,有一定的影响。下面,以 Mondex 试验、DigiCash 试验以及美国 Visa 和日本 NTT 的联合试验为代表,对世界电子货币项目开展的主要情况作一个简要介绍。

(一)Mondex 试验

Mondex 是由英国最大的西敏寺银行(National West Minster Bank)和米德兰银行(Mid Land Bank)为主开发和倡议使用的电子货币系统。1995 年 7 月,他们在伦敦以西 120 公里、人口 18 万的斯温登小城开始了此项试验,1995 年 10 月份发表的一份阶段性报告表明,该城有近 800 家店铺和约 8000 名市民参加了这一试验。凡参加试验的市民一律不用现金,不论到饭店用餐,还是购物、乘车,均使用一种内置有微处理器、类似于信用卡的卡片,人们称它为 Mondex 电子货币,简称 E-Money。这种卡不同于普通信用卡,用它付账时,既不用在收据单上签字,也无须等待计算机或电话核准支付的金额,人们可以很方便地把存放在卡里的"电子现金"从一张卡转到另一张卡,从一个账户转到另一个账户。

Mondex 的交易是不被追踪的,这也是 Mondex 最具争议的地方。有人说,由于银行无法追踪审计每笔交易,这给违法犯罪者进行非法的资金划拨创造了条件;但也有人说,这恰恰是 Mondex 最灵活最优越的地方:正是由于 Mondex 电子现金可以方便实现卡与卡之间资金无追踪的划转,Mondex 才是真正的电子货币,而且可以保证持卡人的隐私。可以想象,持卡人在使用电子钱包网上购物时,有时并不想自己的行为被某处银行的计算机记录下来。

使用 Mondex 卡需要一套电子设备,包括一部 Mondex 兼容电话和一台可随身携带的微型显示器。Mondex 兼容电话有一个专门插入卡片的接口,显示器用来显示 Mondex 卡内"电子现金"的余额。为了便于顾客使用 Mondex 卡,英国电信公司在斯温登安装了 300 部 Mondex 卡兼容电话,各参与试验的商店和超级市场也安装了 1000 部,后来还投放了一部分有"电子现金"接口的移动电话。这种 Mondex 卡的使用费,前 6 个月是免费的,以后每月定期交纳 1.5 英磅,支付时不收取手续费,而且使用次数也不受限制。当持卡人需要向 Mondex 卡中存款时,只需将 Mondex 卡插到规定的电话接口里,然后拨通本人的开户银行,输入卡片密码和要存入卡中的现金数额即可。

此次为期两年的试验,参加者达 4 万人、1000 家商店和服务公司。通过两年的试验,参与试验的商家和市民肯定了电子货币的优点:既节省时间、简化手续,又不用核对。与支票和信用卡不同,人们可以把电子货币直接存在自己的户头上,避免了在兑换或者找钱时可能出现的差错。

Mondex 在英国取得的成功使其在全世界范围迅速传播开来:Mondex 于 1996 年在香港试验,1997 年香港的持卡人已有 45000 人,有约 400 家商户支持这个系统;加纳商业银行在 1998 年 11 月购买了 Mondex 电子钱包的授权许可;美国的两大金融机构 Keycorp 和 Comerica 在 1999 年 5 月购买了 Mondex 授权许可;Mondex 在韩国的机构于 1999 年 6 月成立,一些韩国的大公司已经表示了对发展 Mondex 项目的强烈兴趣,其中就包括韩国电信;日本的 Sanwa 银行和 JCB 信用卡组织在 1999 年获得 Mondex 授权。目前 Mondex 最大的市场在亚太地区,澳大利亚、中国香港、中国澳门、中国台湾、日本、印度、印度尼西亚、毛里求斯、新西兰、菲律宾、新加坡、斯里兰卡、泰国、越南等国家或地区都已经得到许可授权。

(二)美国的 DigiCash 试验

DigiCash 公司由电子货币之父 David Chaum 于 1990 年创建,公司于 1994 年 10 月开始进行名为 DigiCash(数字现金)的电子货币试验。在试验中,消费者与商家注册完毕后,通过 DigiCash 公司提供的客户软件——电脑钱包(cyber wallet),消费者可以从银行提取 E-cash,然后在自己的计算机上存储 E-cash。当需要购物并进行货币支付时,银行验证货币的有效性并把真实的货币与 E-cash 交换,商家接收消费者支付的 E-cash,完成货币支付过程。消费者也可以把存贮在自己计算机上剩余的 E-cash 重新放回银行的电子现金库里。它的最大特点是只用软件便可实现电子货币交易,只要有与网络相连接的个人计算机,无需专门的卡,都可使用电子货币,这一点具有极强的吸引力。DigiCash 与 Mondex 之间最大的区别在于,DigiCash 公司在数字现金的试验中,排除了收款者的匿名性,使银行可以完全掌握其交易信息。

1994 年 10 月,DigiCash 公司开始进行试验。在试验之前需在因特网上开设银行和若干个店铺,凡愿参加试验者,都要把自己的数字商品陈列于 Internet 上的店铺,当时已有约 150 家店铺在网上开业。截至 1995 年底,参加试验的人数达到 6 万人,形成了一个规模较大的电子交易网。

DigiCash 是电子货币发展史上进行的第一次大规模的试验,在试验初期取得很大成功。这一切似乎都预示着,DigiCash 在未来的电子货币领域,将如同微软在个人电脑市场一样独领风骚。然而,DigiCash 几年后的发展并未像人们所预料的那样。1997 年,DigiCash 由阿姆斯特丹移师硅谷,借助风险资本勉强维持了一年,终于在 1998 年宣布破产保护。

DigiCash 最终的失败主要有两方面的原因。一方面,DigiCash 公司始终保持较强的独立性,未与任何大银行联手。尽管 David Chaum 意识到银行是最有可能支持他的关键客户,然而,在向银行推销时,银行看到的是昂贵的专利费和尚未开拓的市场。而且,在支付方式上占垄断地位的银行,并不认为以小额支付为主的电子货币能为银行带来多少盈利。另一方面,时机未到也是 DigiCash 夭折的客观原因。如果 DigiCash 能坚持到今天,也许状况会大不相同。但无论如何,在电子货币的创立和发展史上,DigiCash 已是功不可没。

(三)VISA 和 NTT 的联合试验

VISA 国际集团公司(VISA International)是美国最大的信用卡公司,1996 年在亚特兰大奥运会期间进行的 VISACash 试验,其成功地发行了 30 万张信用卡,为以后的电子货币取得了宝贵的经验。之后,它又与日本 NTT 数据通信公司合作,发展智能卡电子货币业务。

VISA 国际集团公司是世界知名企业,NTT 数据通信公司运行着覆盖全日本银行界的广域信息网。VISA 与 NTT 的合作一方面是为了进行跨行业的大规模试验,另一方面是为了增强与 MasterCard 的竞争能力。尽管 VISA 和 NTT 曾一度在卡网络组建方面进行过竞争,但为了试验的顺利进行,同时减轻资金上的负担,双方就合作的内容取得了一致意见:将 VISA 在各卡公司之间建立的信用咨询信息网"OCAP"和 NTT 数据通信公司在全日本 110 家银行之间建立的金融网络"CAFIC"进行连接,使银行网络 CAFIC 通过 OCAP 与零售商和用户之间进行交易信息的交换。这次合作大大促进了"VISACash"试验的发展。

总的来说,目前,电子货币在国外已经得到较为广泛的应用,并且处于快速发展的阶段。由于电子货币的流通不受地域限制,它将不可避免地渗透到我国经济生活的方方面面,接下来看看电子货币在中国的发展情况。

■ 五、电子货币在国内的发展现状

我国电子货币的发展稍晚于发达国家,但基本上是紧跟世界发展步伐。目前,卡基电子货币发展十分迅猛,发行主体一般为非银行机构,小到中小商户,大到电信企业、大型商场、公交公司等,其产品形式则为电话卡、商场购物卡、公交卡。产品中单用途卡居多,多用途卡较少。截至目前,国内典型的卡基电子货币主要有香港八达通卡、上海公交卡、广州羊城通卡、厦门易通卡等。

数基电子货币发展较快。据估计,国内互联网已具备每年几十亿元的虚拟货币市场规模,并以年均 15%~20% 的速度成长。目前,国内数基电子货币主要有两种形式:一是第三方支付平台中的电子货币;二是各大网络服务提供商发行的电子货币。

第二节　电子支付体系

支付(payment)是伴随商品经济的发展,形成的债权人与债务人之间资金转移的偿付行为,是市场经济和现代金融活动的基本行为之一。与之相关联的两个概念是支付手段和支付工具。支付手段是货币的基本职能之一,支付工具则是商品交易的支付媒介,与支付手段是不同范畴的概念。支付工具既可以是法定货币,也可以是非法定货币,如上节中介绍的电子货币。电子货币虽然不是法定货币,但其"价值量"依赖于与现行货币保持等额的兑换关系,从而也能间接地反映纸币具有支付手段职能。这也意味着,支付工具与法定货币之间并没有一一对应的关系,它比法定货币具有更加广泛的内容。只是,支付工具必须直接或间接地依附于法定货币,是一种能直接或间接反映货币具有支付手段职能的载体。

传统支付方式主要有现金和支票两种形式。现金是最古老的交易方式,直到今天还被人们广泛使用。现金支付主要有以下特点。①支付过程简单,所谓的"一手交钱,一手交货"正反映了现金交易的最大优势,在小额交易中,现金是最合适的支付手段;②支付过程受时间和空间的限制,现金支付要求买卖双方必须在同一时间、同一地点内完成交易过程,这种约束限制了现金支付的应用场合;③不适于大宗交易,大宗现金不易携带以及由此而产生的安全问题大大限制了现金支付的应用。

支票是一个广义的概念,它指的是支付过程中所使用的一类文书凭证,如汇票、本票和普通支票等。支票是为了克服现金支付的上述局限而产生的,它使支付突破了时间和空间的限制,并解决了大宗交易的支付问题,支票支付可异时、异地进行,这大大增加了交易实现的机会。支票支付需要有银行的参与,买方或卖方需要通过银行处理支票,这也意味着要付出一定的费用,从而加大了支付成本。

现金与支票的支付方式是伴随着传统的商务活动出现并发展起来的。近十年来,互联网和电子商务的迅速发展,无论对企业的内部经营还是对市场中的商务交易都产生了深刻的影响,传统的支付方式已不能满足电子商务的需要。首先,传统支付方式不能实时支付。实时支付是指消费者在浏览器上单击支付按钮时,浏览器自动将支付指令传送给商家,再由商家传送给银行,银行对相关各方进行身份认证后,将资金划拨给商家,整个支付过程只需要极短的时间。而传统的支付方式大都是采用纸质货币、单据等实物作为支付手段,因此难以实现实时支付。其次,传统支付方式严重缺乏便利性。传统支付方式的介质种类繁多,不同银行的处理流程和表单格式相差也很大,这些给用户的应用带来了麻烦。最后,传统支付方式运作成本高。传统的支付方式要涉及大量的人员、设备,运作成本较高。例如,各个银行和邮局开展汇兑、支票等业务需要在全国各地设立柜台,并配备专业人员和设备,而且要经过复杂的后台处理过程。

从传统支付方式的局限性可以看出,传统的支付方式远不能满足电子商务的发展需要。企业、消费者、银行等交易参与方均迫切需要效率更高、成本更低、更快捷、更安全的支付方式,互联网和数字技术的不断发展成熟又提供了良好的技术支撑平台,这些因素都导致了电子支付方式的兴起。

与传统的支付方式相比,电子支付具有以下特征:电子支付的载体是计算机网络中的数据流,是一种"看不见"的支付活动,因此有别于以现金流转、票据转让及银行汇兑等物理实体方式实现的支付;电子支付的运作环境一般是开放的计算机网络系统(如 Internet),而传统商务一般都是在一个较为封闭的系统中进行;电子支付快捷、高效、低成本,只要有一台连接 Internet 的计算机,人们就可以在极短的时间内完成整个支付过程,并且支付过程的费用比传统支付方式低得多。

电子支付以电子手段在互联网上进行支付,可以充分发挥电子商务的高效率与低成本运作等优势。因此,要使电子商务发展,就必须大力发展电子支付。信用卡、智能卡、电子支票等支付工具既有纸质现金的价值特征,又能通过支付指令在网上传送。技术的进步也使电子现金、电子钱包、网络银行、电子汇兑等支付方式不断成熟并投入商业化应用,同时人们还在不断开发新的支付工具。因此,电子支付是一个极具发展潜力的领域。

■ 一、电子支付的概念与分类

电子支付(e-payment)指的是消费者、商家和金融机构之间使用电子手段,把支付信息通过信息网络安全地传送到银行或相应的处理机构,以实现货币支付或资金流转的支付系统,即把新型支付工具(包括电子现金、信用卡、电子支票等类型的电子货币)的支付信息通过网络安全地传送到银行或相应的处理机构,来实现电子支付[①]。它是电子商务发展的必然产物,是伴随着商务活动电子化而形成的支付流程电子化。

电子支付按照不同的系统特性具有不同的分类。

(一)根据交易主体分类

根据交易主体的不同组合可以将电子商务分成 B2C(企业对消费者)、B2B(企

---

① 梁志国.个人电子支付方案研究.西安:西安电子科技大学硕士论文.2008 年。

业对企业)、B2G(企业对政府)、G2C(政府对消费者)、C2C(消费者对消费者)等几种模式。在电子商务实践中发现,不同的模式中交易方选择的支付方式也会有所不同,这主要是由于各种模式中参与主体的经济实力、交易金额大小、对安全要求高低及支付习惯等因素存在差异而造成的。因此,根据交易主体不同,可将电子支付划分为以下几类:

B2C 型支付方式主要用于企业与消费者之间进行的交易。因为这两者交易时,多数情况下都是消费者为支付方,所以 B2C 型支付涉及的金额一般不大,但要求支付方式方便灵活。G2C① 型支付方式、C2C 型支付方式与 B2C 型支付方式类似。

B2B 型支付方式主要在企业与企业之间进行交易时采用。这种商务模式中涉及的金额一般较大,因此对支付系统的安全性要求很高。上述 B2C 型支付方式和 B2B 型支付方式的界限也并不绝对。例如,欧美国家等经常把电子支票应用于消费者与消费者之间、消费者与企业间的支付;又如,信用卡一般属于 B2C 型支付方式,但有时也用于企业间的小额支付。B2G② 型支付方式与 B2B 型支付方式类似。

(二)根据支付金额大小分类

按照支付金额的大小,国际上将支付等级分为商业级支付、消费者级支付和微支付。不同的支付等级有不同的安全性和费用要求。

商业级支付涉及的金额较大,对安全性要求很高,通常在企业、政府部门之间使用。世界各国的金融机构一般都有相应的标准,如我国规定 1000 元以上为商业级支付,美国的标准一般在 1000 美元以上。

在我国,支付金额在 5~1000 元的支付为消费者级支付,主要用于满足个人消费者在商务活动中的一般支付需要。这一标准在美国为 5~1000 美元。

微支付是指涉及金额特别小的支付,在我国为 5 元以下,在美国为 5 美元以下。微支付应用在浏览收费网页、收听在线音乐、下载手机铃声和图片等小额交易。

(三)根据支付信息形态分类

进行电子支付时,电子货币是以数据流的形式传输的。根据传输的信息形态不同,可以将电子支付分为电子代币支付和指令支付。

消费者使用电子代币支付时,网络中传输的数据流本身就是货币,它和现实中的人民币、美元的意义一样,只不过是将其用特殊的数据流表示。

---

① G2C 电子政务是指政府通过电子网络系统为公民提供各种服务。G2C 电子政务所包含的内容十分广泛,主要的应用包括公众信息服务、电子身份认证、电子税务、电子社会保障服务、电子民主管理、电子医疗服务、电子就业服务、电子教育、培训服务、电子交通管理等。

② B2G 模式即企业与政府之间通过网络所进行的交易活动的运作模式,如电子通关,电子报税等。B2G 比较典型的例子是网上采购,即政府机构在网上进行产品、服务的招标和采购。

指令支付是指将包含币种、支付金额等信息的数据指令通过网络传输给银行，银行根据此指令在支付双方的账户间进行转账操作，完成支付。使用指令支付的前提是支付方需要有银行账号，并存入足量的资金。

(四)根据支付时间分类

根据支付和交易发生的时间关系，可将电子支付分为预支付、即时支付和后支付三种。

预支付就是先付款，然后才能购买到产品和服务。如中国移动公司的"神州行"采用的就是预支付方式，消费者先购买充值卡支付了通信费，然后才开始使用通信服务。

后支付是消费者购买一件商品之后再进行支付。在现实生活的交易中，后支付比较普遍。

即时支付指交易发生的同时，资金也从银行转入卖方账户。随着电子商务的发展，即时支付方式越来越多，它是"在线支付"的基本模式。如一些数据商品的在线交易，在交易中买方得到商品的同时，资金也同时转账到卖方的账户。

为了使读者更好地理解电子支付的分类方式，我们将以上的电子支付的类型归纳在表 2-1 中。

表 2-1　电子支付的分类以及应用举例

分类依据	分类	应用举例
根据交易主体分类	B2C 型	消费者使用网络银行在当当网上购买商品
	B2B 型	企业之间使用电子支票进行货款结算
	B2G 型	企业通过网络进行网上报税
	C2C 型	消费者之间通过淘宝网进行个人闲置物品的交易
	G2C 型	消费者通过网上银行缴纳交通违章处罚金
根据交易金额大小分类	商业级支付	电子兑汇系统以及电子支票
	消费级支付	信用卡、电子钱包、个人网上银行
	微支付	手机 SIM 卡支付
根据支付信息形态分类	电子代币支付	电子现金支付
	指令支付	网络银行支付、网络转账支付、信用卡支付
根据支付时间分类	预支付	移动公司的"神州行"
	后支付	普通商品
	即时支付	数据商品的在线交易

■二、电子支付系统

电子支付系统指的是支持消费者、商家和金融机构通过 Internet 使用安全电子交易手段实现商品或服务交易的整体系统。它使用新型的支付工具——电子货币，完成数据流转，从而实现电子支付。电子支付系统中包含了购物流程、支付工具、互联网安全技术、信用及认证体系以及现有的金融体系，是一个庞大的综合性系统。电子支付系统比传统支付系统复杂，参与方较多，一般要涉及消费者、商家、消费者开户行、商家开户银行、支付网关、银行专用网络、CA 认证中心，其构成如图 2-1[①]所示。

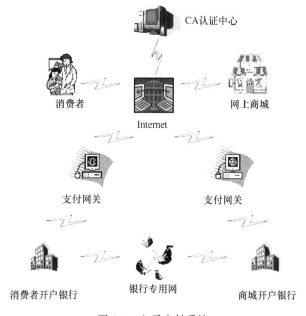

图 2-1　电子支付系统

消费者一般是指商品交易中负有债务的一方。消费者使用支付工具进行网上支付，是支付系统运作的原因和起点。

网上商城是商品交易中拥有债权的另一方。网上商城可以根据客户发出的支付指令向金融体系请求资金入账。

电子支付中的各种支付工具主要依托于银行信用，没有信用便无法运行。作

---

① 陈实.我国电子支付问题及发展策略研究.北京：北京邮电大学硕士论文.2006 年。

为参与方的银行方面会涉及消费者开户行、商城开户银行、支付网关和银行专用网等方面的问题。

消费者开户行是指消费者在其中拥有自己账户的银行,消费者所拥有的支付工具一般由开户行提供,消费者开户行在提供支付工具的同时也提供了银行信用,保证支付工具的兑付。在信用卡支付体系中把消费者开户行称为发卡行。

商城开户银行是指网上商城在其中拥有自己账户的银行。网上商城将消费者的支付指令提交给其开户行后,就由商城开户银行进行支付授权的请求以及银行间的清算等工作。

支付网关[①](payment gateway)是银行专用网和 Internet 之间的接口。支付信息必须通过支付网关才能进入到银行支付系统,进而完成支付的授权和获取。支付网关的主要作用是完成两者之间的通信、协议转换和进行数据加密、解密,以及保护银行专用网的安全。支付网关的建设关系着支付结算的安全性及银行自身的安全性,必须十分谨慎。它必须保证交易中同时传输的交易信息与支付信息在传输过程中不被无关的第三者阅读:网上商城不能看到消费者的支付信息,如卡号信息、授权密码等;银行不能看到其中的交易信息,如商品种类、商品数量、商品单价等。这就要求支付网关必须由网上商城以外的银行或其委托的发卡组织来建设,同时要求网关不能分析交易信息,对支付信息也只是起保护与传输的作用。

银行专用网是银行内部及行间进行通信的网络,具有较高的安全性。例如,我国的银行专用网包括中国国家现代化支付系统(China National Automatic Payment System,CNAPS)、人民银行电子联行系统、商业银行电子汇兑系统、银行卡授权系统等。

网上支付系统使传统的信用关系虚拟化,代表支付结算关系的参与者只不过是网络上的电子数据。如何确认这些电子数据所代表的身份以及身份的真实可信性,这就需要建立 CA(Certificate Authority)认证中心[②]来确保真实的信用关系。认证机构为参与的各方,包括消费者、网上商城与支付网关,认证机构通过发放数字证书,以确认各方的身份,保证网上支付的安全性;认证机构还必须确认参与者的信用状况,这一般通过参与者在银行的账户状况和历史交易记录等来判断,因此也离不开银行的参与。

需要说明的是,以上讨论的电子支付出现在网上交易中,它与另外一种类型的

---

① 支付网关是银行专用网和 Internet 之间的接口,是由银行操作的将 Internet 上传输的数据转换为金融机构内部数据的一组服务器设备,或由指派的第三方处理商家支付信息和顾客的支付指令。

② CA 认证中心是采用 PKI(public key infrastructure)公开密钥基础架构技术,专门提供网络身份认证服务,负责签发和管理数字证书,且具有权威性和公正性的第三方信任机构,它的作用就像我们现实生活中颁发证件的公司,如护照办理机构。

电子支付——持卡 POS 消费有着本质的区别。在网上交易的电子支付中,消费者发出的支付指令,在由网络商城送到支付网关之前,是在 Internet 上传送的,而持卡 POS 消费从商户到银行之间使用的是专线。

从目前的情况来看,电子支付系统主要分为四类:大额资金转账系统(HVPS 或 LVPS)、批量电子支付系统(bulk electronic payment system)、联机(on-line)小额支付系统、电子货币系统。

大额资金转账系统是一个国家支付系统的主动脉。大额资金转账系统能够把各个地方经济和金融中心联结起来,形成全国统一的市场,对经济发展、金融市场的发展乃至国家的整个金融体制具有十分重大的意义。此外,大额资金转账系统还对重要的跨国市场提供多种货币交易的最终结算服务。由于这些原因,大额转账系统的设计和运行是决策者和银行家关心的主要问题。发达国家十几年来一直都在努力改造、强化或建立它们的跨行大额资金转账系统。在从计划经济向市场经济过渡的国家里,建立起大额资金转账系统被认为是发展市场经济中应首先考虑的问题之一,因为大额资金转账系统不仅能满足社会经济对支付服务的需求,而且支持正在形成的金融市场,为中央银行采用市场手段实施货币政策创造条件。

批量电子支付系统是满足个人消费者和商业部门在经济交往中一般性支付需要的支付服务系统(亦称小额零售支付系统)。这类系统能够支持多种支付应用,大体上可以把这些支付交易划分为两大类:经常性支付和非经常性支付。与大额资金转账系统相比,小额支付系统处理的支付交易金额较小,但支付业务量很大(占总支付业务的 80%～90%),所以这类系统必须具有极强的处理能力,才能支持经济社会中发生的大量支付交易。大额资金转账系统对数量较少的专业化市场的参加者提供支付服务,而小额支付业务系统实际上对经济活动中每一个参加者提供支付服务,因此,小额支付系统服务的市场很大,产品千差万别。

联机小额支付系统从概念上讲,应划为批量电子支付系统范畴,但由于这类系统具有的特点,一般都单列为一类,即联机的小额支付系统。因为这类支付系统的客户一般使用各种类型的支付卡作为访问系统服务的工具,所以又可称银行卡支付系统。联机小额支付系统要求支付信息的传送要实时进行,因而它比电子批量支付系统要求有更高的处理速度,但不要求大额支付系统中那种成本昂贵的控制和安全措施。

电子支付作为一种新型的支付手段,对未来支付体系的影响现在还很难估量。近几年的发展趋势表明,电子支付一旦被广泛接受,就可能不再局限于小额和零售支付。电子支付系统提供的便利和对交易费用大幅度的节约,使它有可能成为未来社会支付体系中的一个重要系统。

■ 三、电子支付国外发展概况

(一)美国电子支付市场

目前美国的消费支付工具主要有两类:纸质支付工具,包括现金、支票、旅行支票、官方支票、汇票;与纸币具有直接或间接依附关系的电子支付工具,有信用卡和借记卡、电子支票等电子货币。两类支付工具所占份额如表 2-2 所示。随着 IT 技术和互联网的发展,信用卡和借记卡以其安全、高效、便利等特点,在消费支付领域受到人们的广泛欢迎,并逐渐替代现金、支票等纸质支付工具,成为支付方式的主要发展方向。

表 2-2　两种支付工具所占比例

年份	纸质支付工具所占比例/%	银行卡等电子支付工具所占比例/%
2001	63.14	36.86
2002	59.86	40.14
2007	42.96	57.04

美国的借记卡出现在 20 世纪 70 年代中期,借记卡既继承了传统存折的性质,又具有电子支付工具安全、方便、快捷的优点,在很大程度上是支票和现金的替代品。凭借这些优势,借记卡在 20 世纪 90 年代的美国得到迅速的发展。

按照交易流程的不同,美国的借记卡分为签名借记卡和密码借记卡两种。大部分借记卡能同时进行签名交易和密码交易,因此借记卡上同时带着签名借记卡品牌和密码借记卡品牌标识,但签名交易是美国借记卡支付的主流方式。签名借记卡通过核对持卡人的签名进行身份验证,其交易流程和信用卡完全相同;密码借记卡则要求持卡人输入个人密码进行身份确认。

美国市场上的签名借记卡品牌只有两种:Visa 和 MasterCard。截至 2003 年末,Visa 和 MasterCard 签名借记卡的发行数量分别为 1.46 亿张和 0.53 亿张,能够受理 Visa、MasterCard 签名借记卡的商户数量达 520 万家。其中,Visa 在美国签名借记卡市场上继续保持绝对优势地位:2003 年,消费交易金额为 3044 亿美元,比 2002 年增长了 23%,市场份额也从 2002 年的 78.12% 增长到 78.86%。2003 年,MasterCard 签名借记卡的消费交易金额为 816 亿美元,比 2002 年增长了 17%,市场份额从 21.88% 减少到 21.14%。

在美国,信用卡扣率①为交易金额的 1.54％再加 10 美分,而借记卡的扣率相对较低,低扣率对一些商户,尤其是中小商户具有很大的吸引力。因此,借记卡在美国的应用主要集中在加油站、饭店、超市等行业。

美国的信用卡产生于 1950 年,经过五十多年的发展,信用卡逐渐成为一个比较成熟的支付工具和消费信贷工具。截至 2003 年末,美国信用卡的发卡总量达到 6.49 亿张,交易总额(包括消费交易和预借现金)为 1.53 万亿美元,其中消费交易部分为 1.29 万亿美元。

目前,美国广泛接受的信用卡品牌主要有 Visa、MasterCard、美国运通(America Express)、发现(Discover)和大莱(Diners Club)。截至 2003 年末,Visa、MasterCard、美国运通、发现、大莱的信用卡发卡量分别为 2.84 亿张、2.73 亿张、0.36 亿张、0.5 亿张、0.02 亿张,受理商户数量分别为 520 万、520 万、350 万、490万、200 万。其中,Visa 和 MasterCard 是美国信用卡市场上的两大主导品牌:2003年,Visa 信用卡在消费交易金额中所占份额最高,共发生消费交易 5409 亿美元,占 41.94％;MasterCard 次之,发生消费交易 4048 亿美元,占 31.38％。

2003 年,从信用卡业务的经营利润来看,大部分发卡机构的信用卡赢利都在增长,最高的是花旗银行(Citi Bank),从信用卡发卡业务中获得的利润达到 28.4亿美元,年增长率 16％。美信银行(MBNA America Bank)的净利润增长率更是高达 32％。信用卡业务的主要收入来自于透支利息。

美国信用卡市场高额利润的背后也隐藏着巨大的风险,经济不景气和失业率指数的不断升高,致使美国个人破产率不断上升,信用卡经营的信用风险日益增加。2003 年,Visa、MasterCard 信用卡的坏账冲销占应收账款余额的比例达到 6.71％(2002 年这一比例为 6.57％,2001 年为 5.9％)。坏账率的不断上升给信用卡发卡机构的经营带来了相当大的负面影响,一些风险管理措施不力的发卡机构遭受了沉重的信用损失。例如,普罗文迪安金融公司(Providian Financial),2003年 2 月份其坏账损失占应收账款的比例达到 17％。风险损失使该公司在 2003 年被挤出了全美前十大信用卡发卡机构的行列。与此同时,第一资本(Capital One)、Metris 等也产生了巨大的信用损失,给他们的经营带来了重创。

(二)加拿大电子支付市场

银行卡同样也是加拿大最主要的电子支付工具。截至 2003 年末,加拿大银行发卡数量为 8880 万张,人均持卡量 4 张;消费交易金额共计 2090.8 亿美元,银行卡交易在整个社会消费支出中所占比例已经超过 40％。从加拿大银行卡市场的

---

① 所谓扣率,是指特约商户在受理信用卡消费结算后,根据不同行业分别按交易额的一定比例向发卡行支付的手续费。

整体规模来看,银行卡产业的发展已经相当成熟。尽管如此,近几年来,加拿大银行卡支付市场仍然保持了较快的增长速度:2001 年、2002 年、2003 年,加拿大银行卡消费交易总额的年增长率分别为 11.07％、11.03％和 10％,同期银行卡消费交易笔数的年增长率分别为 7.6％、10.7％和 8.2％。

加拿大目前的借记卡品牌只有一个——IDP,由加拿大借记卡组织 Interac Association 拥有和运营。Interac Association 运营着加拿大唯一的一个全国性 EFT 网络,它是在加拿大各家银行的 ATM 网络基础上发展而来。最初是加拿大五大银行之间进行合作,通过两两连接,实现 ATM 跨行取款,随着越来越多会员机构的加入,而逐渐发展成一个全国性的 ATM 网络。在 ATM 业务的基础上,Interac 又开展了借记卡 POS 消费业务,从而建立了加拿大唯一的借记卡品牌。目前在加拿大,Interac 网络提供 ATM 跨行处理服务,所有的借记卡和信用卡的跨行 ATM 业务都通过其网络处理,同时它也运营着 IDP 品牌借记卡的跨行网络转接业务。在加拿大,只要加入借记卡组织 Interac Association 的发卡机构,就能够发行借记卡。目前加拿大发行能够取款和消费的借记卡的机构共有 90 多家,包括银行、信用社和信托公司等。截至 2003 年末,IDP 品牌的借记卡在加拿大的发卡量为 3410 万张,受理商户数量为 37 万家。2003 年,IDP 借记卡实现消费交易金额 833.6 亿美元,取现金额 62.7 亿美元,分别比 2002 年增长了 10.1％和 17.9％;发生消费交易笔数 25.6 亿笔,总交易笔数 26 亿笔,分别比 2002 年增长了 7.6％和 8.3％。

密码借记卡的广泛应用是加拿大银行卡市场的一个显著特点。与美国不同,加拿大人非常倾向于在购物时使用借记卡进行支付,在 2003 年的一项调查中,有 46％的加拿大人愿意使用借记卡,倾向于使用信用卡的只有 25％。2003 年,加拿大借记卡消费交易金额 833.6 亿美元,在 42 亿笔银行卡消费交易中,借记卡占比 60.9％,是世界上使用借记卡最频繁的国家之一。在加拿大,借记卡的交易都是采用密码认证的方式。最近几年,加拿大借记卡消费金额的年增长率远远高于信用卡消费金额的年增长率。

加拿大是全球第五大信用卡市场,信用卡发卡量超过 5000 万张,如果按有资格申请信用卡的人口计算,加拿大人均持卡数已超过 3 张。加拿大信用卡市场已经逐步走向成熟,目前的年增长率略高于 10％。

在加拿大,信用卡品牌主要有 Visa、MasterCard、美国运通和大莱,其发卡量分别为 2450 万张、2660 万张、340 万张和 20 万张。加拿大市场禁止双重发卡,因此,所有发卡机构都只能选择发行一种品牌的信用卡。Visa 和 MasterCard 两大开放式网络通过会员机构开展发卡业务和收单业务,目前在加拿大的受理商户数量大约有 60 万家。美国运通和大莱在加拿大都是自己发卡和收单,运营着封闭式网络,目前在加拿大的受理商户数量分别为 35 万家和 17 万家。

加拿大发行信用卡的机构包括银行、信用社和零售商等,大约有 30 多家发卡机构。加拿大信用卡市场集中度较高,前十家发卡机构的信用卡消费交易金额占到市场总量的 82.5%。三家最大的国内银行,加拿大帝国商业银行(Canadian Imperial Bank of Commerce,CIBC)、加拿大皇家银行(Royal Bank of Canada,RBC)和丰业银行(Bank of Nova Scotia)在发卡市场排名前三位,共占有市场份额 46.2%。加拿大帝国银行是加拿大最大的发卡机构:2003 年,其信用卡应收账款余额达到 80.2 亿美元,市场份额接近 20%;信用卡消费交易金额 356 亿美元,市场份额 28.3%。加拿大皇家银行是第二大信用卡发卡机构:2003 年,其信用卡应收账款余额为 59.5 亿美元,市场份额 14.2%;信用卡消费支付金额 185 亿美元,市场份额 14.7%。美国的美信银行在加拿大市场上的经营也相当成功:由于业务量迅速的增长,2003 年,其信用卡应收账款余额达到 36 亿美元,市场份额 8.7%;但在信用卡消费交易金额中,美信银行的排名只有第 9 位,市场份额 2.7%。在前 10 家机构中,有 5 家机构发行 Visa卡,其余发行 MasterCard 卡。

近年来,除了花旗等银行之外,美国的专业发卡机构美信银行、第一资本,零售商 Tire[1]、西尔斯(Sears)[2]等也都纷纷进入加拿大发卡市场,并且市场份额逐年增长,在加拿大发卡市场上占据了越来越重要的地位。在加拿大前十位发卡机构中,美国的机构就占了 4 个。美信银行目前已经成为加拿大第 4大发卡机构,市场份额 8.7%;花旗银行在收购了原加拿大信托(Canada Trust)的 Visa 品牌信用卡后,开始改发 MasterCard 卡,目前位居发卡机构的第 7 位,市场份额 4.6%;零售商 Tire 位居发卡机构的第 9 位,市场份额 4.3%;第一资本位居发卡机构的第 10 位,市场份额 3.7%。此外,零售商西尔斯在发卡机构中也排名 16 位,市场份额 0.3%,这几家机构合计的市场份额已经达到 21.7%。激烈的市场竞争使得信用卡的年费和循环利率不断下降。目前加拿大信用卡的循环年利率范围为 8.9%~13.9%,年费为 10~20 美元不等。对于标准的银行信用卡,通常是免年费,利率范围 17.75%~19.5%。很多加拿大银行都提供免年费的信用卡及特殊的低利率信用卡。多伦多道明银行(Toronto-Dominion Bank)发行的道明翡翠 Visa 卡(TD Emerald Visa Card)最低利率仅为 6.4%。

---

[1]　Tire 公司是加拿大最大的零售商,公司在汽车、运动用品、休闲用品和家居产品行业处于领导地位。

[2]　美国西尔斯公司诞生于 1887 年,它在一个小钟表店的基础上发展起来;从公司成立到 20 世纪初,西尔斯主要以邮购销售为主;第二次世界大战后,西尔斯成为当时的百货之王;1985 年,西尔斯进入信用卡市场,引入"发现者"信用卡。

四、电子支付国内发展现状

电子支付在中国的起步较晚，但发展速度十分惊人。目前国内应用较为广泛的电子支付类型包括基于银行卡的电子支付、基于储值卡的电子支付、互联网支付及移动支付。

(一)基于银行卡的电子支付

国内外各银行发行的银行卡(包括信用卡与借记卡)是目前中国应用最广的电子支付工具。20世纪70年代末期，当中国打开国门，大胆引进国外的先进科学技术和管理经验的同时，信用卡作为国际流行的电子支付工具也进入了中国，并取得了较快的发展。1979年，中国银行广东省分行首先与香港东亚银行签订协议，开始代理东美信用卡业务，信用卡从此进入了中国。不久，上海、南京、北京等地的中国银行分行先后同香港东亚银行、汇丰银行、麦加利银行及美国运通等发卡机构签订了兑现信用卡协议书。1985年3月，中国银行珠海分行发行的"中银卡"则是我国自主发行的第一张信用卡。1993年，我国开展的"金卡工程"[①]为银行卡业务的发展带来了良好契机，此后，我国银行卡业务进入快速的发展阶段。目前，国内所有全国性商业银行以及部分城市商业银行均已开办银行卡业务。

根据中国人民银行统计，2006年，我国新增银行卡2.16亿张，其中借记卡2亿张，信用卡1560万张。截至2006年底，我国银行卡总量11.75亿张，同比增长23%，其中借记卡11.19亿张，增长22%，信用卡5600万张，增长38.9%。表2-3为1996～2006年中国银行卡发行规模。

表 2-3　1996～2006年中国银行卡发行规模

年份	发卡数量/万张			增长率/%		
	银行卡	借记卡	信用卡	银行卡	借记卡	信用卡
1996	4170.8	1906.7	2063.9	—	—	—
1997	7175.4	4331.6	2175	72.04	127.18	5.38
1998	11 601.4	8705.8	2302.2	61.68	100.98	5.89
1999	18 006.2	15 640.1	2366.1	55.21	79.65	2.73
2000	27 743.5	25 245.1	2498.5	54.08	61.41	5.59

---

① "金卡工程"也称"电子货币工程"，是以计算机、通信网络为基础，以信用卡为核心介质，借助各种现代化的电子设备(如ATM及POS机等)，通过电子信息的转移来实现货币流通。它涉及金融、商业、旅游、通信、电子、工业等多个部门，是一项跨部门、跨地区、跨世纪的社会系统工程。

续表

年份	发卡数量/万张			增长率/%		
	银行卡	借记卡	信用卡	银行卡	借记卡	信用卡
2001	38 282.5	35 635.3	2647.3	40.00	41.16	5.96
2002	49 783.6	46 938.8	2844.7	30.00	31.72	7.46
2003	61 400	54 500	2587	30.63	34.31	−9.05
2004	81 500	78 200	3063	26.00	25.00	18.40
2005	95 900	91 900	4040	17.67	17.52	31.89
2006	117 500	111 900	5600	23.00	22.00	38.90

数据来源:中国金融年鉴(历年)。

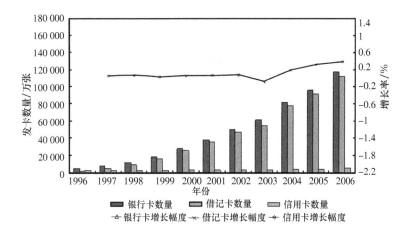

图 2-2　1996~2006 年中国银行卡发行规模

与此同时,银行卡消费环境得到很大改善。2006 年受理银行卡的特约商户增加 11.4 万家,POS 终端增加 18.8 万台。截至 2006 年底,国内受理银行卡商户共 52 万家,POS 终端 81 万台,同比增长 34%,同期 POS 跨行交易量同比增长 57.3%,交易额同比增长 81.3%。2006 年,国内 ATM 终端增加 1.4 万台,年底,全国 ATM 终端总数达 9.8 万台,同比增长 19%。2006 年底,受理银联卡的境外商户达到 5.5 万家,POS 终端超过 8 万台,境外受理银联卡的 ATM 总数达 23.57 万台,受理国家和地区 24 个。图 2-2 为 1996~2006 年中国银行卡发行规模。

银行卡消费也初显规模。如图 2-3 所示,据统计,2006 年全国银行卡支付的消费交易额为 1.89 万亿元,同比增长 97%,占社会消费品零售总额的比重达

17％,比2005年增长了7个百分点。目前,在北京、上海、广州、深圳这四个中国最发达的城市,银行卡支付的消费交易额占社会消费品零售总额的比重达到了30％,已接近发达国家水平。

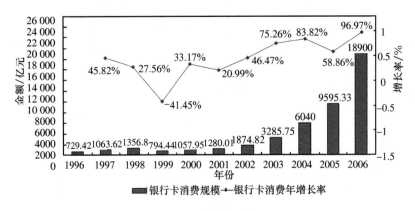

图2-3　1996～2006年中国银行卡消费规模

(二)基于储值卡的电子支付

储值卡是指非金融机构发行的具有电子钱包性质的多用途卡种,不记名,不挂失,适应小额支付领域,相当于电子钱包。基于储值卡的电子支付的发展一般以城市为中心,发展特色业务,它可用于公共交通、餐饮连锁店、停车场、加油站及超市,并可扩大到公用事业收费,比如水电费、煤气费等。储值卡的资金清算,由发行者为商户提供交易数据处理服务,并帮助银行完成发行者和商户之间的资金划转。

香港八达通卡公司发行的八达通卡,配合八达通系统在商户的推广,可在公共交通、停车场、零售、自助终端、康乐设施、校园、出入保安系统等发挥功能。目前八达通卡在深圳的部分商户也可完成消费。

上海付费通公司发行的申付卡,是政府方便市民缴纳每月水、电、燃气、通信等公共事业费账单而推出的便民交费卡。充值后,在付费通网站即可完成账单付费。

广州羊城通公司发行的羊城通卡,发行量超过450万张,日刷卡量220多万次,集“公交通、电信通、商务通”为一体。它的应用范围包括汽车、电车、轮渡、出租车、停车场等公交设施;200电话、公用电话等电信设施;超市、便利店、餐饮、动物园、书城、影院等领域。

(三)中国新型的支付方式

以互联网、手机为基础的新型支付方式自2004年以来得到飞速发展。图2-4

为 2006Q3~2008Q3 中国第三方网上支付交易规模,2005 年,电话支付、机顶盒支付等各种新型支付终端也进入支付市场,第三方支付服务商迅速崛起。2008 年第三季度,中国第三方网上支付交易规模达到 718 亿元,同比增长 181.6%,是 2006年全年交易额的 224.4%。在所有的网上支付交易中,航空电子客票、网上缴费、网上购物、网络游戏所占的比例最大,四者总额占网上交易总额的 90% 以上。

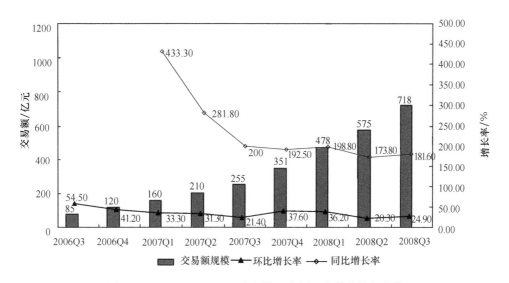

图 2-4　2006Q3~2008Q3 中国第三方网上支付交易额规模

我们所熟知的支付宝就是第三方支付平台。支付宝是一种储值账户,从支付宝卡通或网上银行给支付宝账户充值后,可用于网络购物付款。支付宝的发展速度十分令人吃惊:2007 年平均每月新增加的支付宝用户超过 500 万户;截至 2008年 8 月,支付宝的注册用户超过 1 亿户,成为世界第二大第三方支付平台,仅次于美国的 Paypal。尽管和 Paypal 还有 8000 万注册用户的差距,但 Paypal 的成绩是于 10 年间在全球 190 个市场取得的,而支付宝达到目前规模仅仅在庞大的中国市场花费 5 年时间。因此,有不少分析师乐观地认为,支付宝最终将成为全球最大的第三方支付平台。

2004 年 10 月,中国银联在长沙推出基于手机短信的麦当劳电子优惠券、电子导诊、电子 VIP 卡和影院消费等业务。2005 年 6 月,中国银联在上海国际电影节推出了电子票务应用。截至 2007 年 6 月底,全国手机支付定制用户总数 661.12万户,截至 2007 年上半年,手机支付累计交易 2454.2 万笔,交易金额 38.7 亿元。

当然,中国作为发展中国家,与西方发达国家相比,电子支付的普及和应用水平还有一定的差距。尽管现在的市场竞争看似白热化,各金融机构、商业机构宣传和推广电子支付的力度也非常大,但从总体来说,现阶段我国的电子支付市场还处于起步状态,今后的发展空间还十分巨大。

■ 小结

　　电子支付伴随着电子商务的发展而逐渐走向成熟。相对传统的支付手段,电子支付具有快捷、高效、低成本的优势。目前,电子支付在国内外已被大众广泛接受,特别是在居民消费支付中,电子支付已逐渐替代现金、支票等纸质支付工具。电子货币与电子支付密不可分,在电子支付中,电子货币扮演着支付工具的角色。电子货币近年的发展势头十分迅猛,有部分专家学者甚至断言,电子货币最终将完全取代传统纸币。

◎ 关键词

　　电子货币　　电子支付　　电子商务

复习思考题

　　1.电子货币相对传统货币具有哪些特点?

　　2.按照支付形式分类,电子货币有哪些种类?请分别举例说明。

　　3.简要论述电子支付对电子商务的影响。

第二部分 业务篇

第三章

网 络 银 行

现代银行自诞生之日起就是一个信息密集型行业。伴随着以互联网为代表的信息技术的不断进步,银行的组织结构、功能和服务手段发生了深刻的变化,集中体现在网络银行这一新事物。得益于互联网在国内的普及,网络银行也进入寻常百姓家,正成为现代生活重要的工具。那么,究竟什么是网络银行? 它与传统银行的联系与区别是什么? 网络银行的发展模式与业务又有哪些? 怎样才能做好网络银行的经营管理工作? 这些都是本章尝试回答的问题。

第一节　网络银行概述

1995 年 10 月,世界上第一家网络银行——安全第一网络银行(SFNB)开业。短暂的观望后,花旗、美洲银行、摩根大通、汇丰、德意志等国际金融集团陆续开展各自的网络银行业务。国内的网络银行业务起步并不算严重滞后。SFNB 开业的半年内,中国银行即于 1996 年 2 月建立了 Web 站点。随后,中国建设银行、招商银行、中国工商银行、交通银行等各大银行相继开办了网络银行业务。银行的存在不仅是维持市场经济高速运转的内在要求,也是享受便捷现代生活的必备条件。网络银行作为银行崭新的业务渠道,正被越来越多的人使用。编者将概括介绍网络银行的发展历程、定义和基本特征。

一、网络银行的发展现状

(一)美国网络银行发展现状

美国是网络银行的发源地,其网络银行起步于 1995 年,发展十分迅速。如表 3-1 所示,根据艾瑞咨询发布的报告,在美国各渠道的零售银行业务中,网络银行①业务交易量的增长速度最快,2006 年交易量为 118 亿美元,预计到 2010 年交易量将快速增长到 310 亿美元。网络银行的增长速度远高于 ATM、银行网点、电话银行等渠道业务的增长速度,其竞争优势由此可见一斑。

表 3-1   美国不同渠道的零售银行业务交易量

单位:亿美元

	2006 年	2007 年	2008 年	2009 年	2010 年
ATM 交易量	144	154	146	146	147
增长率/%		2.2	1.4	1.4	0.7
电话银行交易量	135	147	159	170	178
增长率/%		8.9	8.2	6.9	4.7
网络银行交易量	118	153	197	248	310
增长率/%		29.7	28.8	25.9	25.0

数据来源:艾瑞咨询集团,《中国网上银行行业发展报告 2007—2008 年简版》,第 7 页。

再来看美国网络银行的用户数量。根据艾瑞咨询集团整理的资料,2006 到 2011 年,美国成年网民中使用网络银行进行查询、投资理财等活动的用户数量稳步增长。2006 年,美国成年网民中网络银行用户达 7280 万人,并预计该用户数量将持续稳定增长,2011 年将突破 1 亿。这表明网络银行在美国成年网民中的渗透率正在逐步提高。

(二)中国网络银行发展现状

中国互联网络信息中心(CNNIC)发布的《第 23 次中国互联网发展统计报告》指出,截至 2008 年底,中国使用网络银行的用户数量达到 5800 万户。如图 3-1、3-2 所示。根据艾瑞统计,2007 年中国网络银行交易额规模总体达 245.8 万亿元,较 2006 年增长163.1%。其中,企业网银占 93.6%。2007 年个人网络银行的增长速度超过了企业网络银行增长速度,个人网络银行交易额占整体网络银行交易额

---

① 该报告所指的网上银行指互联网银行,也就是本章所定义的网络银行。

的比重也保持了近年来的持续增长态势。该报告预计到 2009 年,个人网络银行的交易额占比将超过 10%。

从图 3-1、图 3-2 数据可以看出,国内的网络银行正处于高速发展阶段。当然,与美国相比,我国网络银行使用率仍较低。CNNIC 在《第 23 次中国互联网发展统计报告》中指出,虽然 2008 年我国网络银行使用率为 23.4%,且用户增长率较快(半年用户增长率达到 47.1%),但使用率远低于美国网民 53% 的使用率,也低于韩国网民 39.1% 的使用率。这说明国内的网络银行业务仍有较大的发展空间。

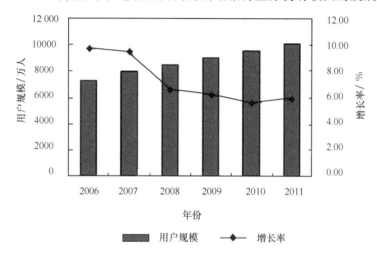

图 3-1 美国网络银行用户规模

数据来源:艾瑞咨询集团,《中国网上银行行业发展报告 2007—2008 年简版》,第 8 页。

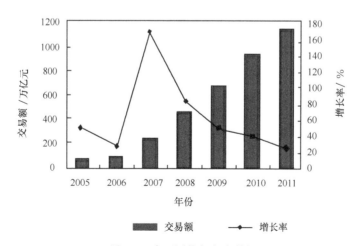

图 3-2 中国网络银行交易额

数据来源:艾瑞咨询集团,《中国网上银行行业发展报告 2007—2008 年简版》,第 9 页。

二、网络银行的定义和基本特征

(一)网络银行的定义

虽然网络银行正逐步被更多用户使用,但由于网络银行仍处于快速发展阶段,目前学界尚未形成网络银行的统一定义。那么,网络银行究竟指什么? 这是编者准备探讨的问题。

先来考察以下三个权威机构对网络银行或相似概念——电子银行的定义。

首先介绍巴塞尔银行监管委员会(BCBS)的定义。1998 年,巴塞尔银行监管委员会发表了《电子银行与电子货币活动风险管理》报告。在该报告中,电子银行被定义为"那些通过电子信道,提供零售与小额产品和服务的银行。这些产品包括存贷款、账户管理、金融顾问、电子账户支付以及其他一些诸如电子货币等电子支付的产品和服务"[①]。这个定义是国际权威金融机构首次以书面形式对电子银行做出的定义。但该定义仅局限于"小额产品和服务",仍不完善。2000 年 10 月,BCBS 发布了关于电子银行活动的白皮书,将电子银行的定义扩大为包括"批发和大额业务"。[②]

其次来看欧洲银行标准委员会(ECBS)的定义。1999 年,欧洲银行标准委员会在其发布的《电子银行》公告中,把网络银行定义为"那些利用网络为通过使用计算机、网络电视、机顶盒及其他一些个人数字设备连接上网的消费者和中小企业提供银行产品服务的银行"[③]。这一定义立足于银行客户,范围较窄。

最后介绍美国财政部货币监理署(OCC)的定义。同样在 1999 年,美国财政部货币监理署发表了《网络银行检查手册》。在这本手册中,OCC 立足于金融监管,将网络银行定义如下:"网络银行是指一些系统(systems),利用这些系统,银行客户通过个人电脑或其他的智能化设备进入银行账户,获得一般银行产品和服务信息"[④]。OCC 明确使用了 Internet Banking,而不是 Electronic Banking。对比上述三家机构给出的定义,OCC 的定义最为全面,因为它表明了网络银行是一种独立运行的组织。

需要明确的是,网络银行仍属于银行这一范畴,只是其服务方式、手段和传统

[①] BCBS. Risk Management for Electronic Banking and Electronic Money Activities. Basle Committee on Banking Supervision,1998。

[②] BCBS. Electronic Banking Risk Management Issues for Bank Supervisors. Electronic Banking Group Initiatives and White Papers. Basle Committee on Banking Supervision,2000。

[③] ECBS. Electronic Banking. European Committee for Banking Standards ,1999。

[④] OCC. Internet Banking—Comptroller's Handbook Comptroller of the Currency Administrator of National Banks,1999。

银行相比发生了显著变化。在定义网络银行时,本章认为不能割裂网络银行与传统银行继承与发展的辩证关系,而应将网络银行作为一种全新银行组织形态。综合以上分析,本章认为网络银行是:以现代通信技术和互联网技术为基础,采用电子数据形式,通过互联网开办银行业务的银行。

值得指出的是,上述定义是广义上的网络银行。一般而言,广义的网络银行包含了以下三个层次的信息系统:银行内部的信息系统、银行同业的信息系统、银行与客户间的信息系统。本章从狭义的角度出发,认为网络银行指的是银行与客户间的信息系统,"网络银行"这一概念中的"网络",若无特殊说明,均指互联网。

(二)网络银行的基本特征

从上述银行的基本定义,可以归纳出网络银行与传统银行的区别,即网络银行的基本特征。

1. 高度数字化

这是网络银行与传统银行最显著的区别。网络银行开展的业务借助计算机等终端和互联网完成,数字化程度比传统银行高,几乎不需要人工介入。数字化的服务形式,极大地减少了网络银行的运营成本。

2. 受地域和时间限制大大减少

由于互联网的开放性和服务的数字化形式,网络银行开展业务时受地域和时间的限制较少。在全球范围内,只要能够接入互联网,那么客户可以在任何时间、任何地点、任何方式(即"3A",anytime, anywhere, anyhow)获得银行服务。这是传统银行无法实现的。此外,客户的使用银行服务的交易成本和所处位置无关,而使用传统银行服务的成本与地理距离呈正相关关系。

3. 平均成本递减

同其他数字产品类似,高度数字化的网络银行服务具有显著的平均成本递减性。网络银行构建的信息化系统的固定成本巨大,而在承载范围内提供服务的边际成本几乎为零,这就导致了平均成本将随着业务量的增长而迅速下降。根据中国工商银行上海分行的测量结果,网络银行的单笔业务成本约为柜台的一半[①]。

4. 客户价值的差异化

网络银行服务的价值,不仅由网络银行自身决定,也受网络银行客户自身的影

---

① 中国工商银行课题组.电子银行效益评价.新金融,2003(6)。

响。这是由于网络银行基本属于自助式服务,客户信息知识和技术水平的高低不同,他们所能获得的服务及附加值也存在明显差异。这也意味着网络银行不应仅仅沿用传统银行的"大众营销"方式,而应细分客户群体并提供不同的服务。

第二节 网络银行的模式和业务

在了解网络银行的发展历程、定义和基本特征后,有必要进一步认识网络银行的发展模式和主要业务。就网络银行在过去十多年的发展历程分析,网络银行的发展模式可以分为分支型网络银行和纯网络银行,而业务则可根据新技术的应用程度划分为基础网络银行业务和新兴网络银行业务。

一、网络银行的发展模式

(一)分支型网络银行

分支型网络银行,是在传统的"砖墙式"银行基础上,通过建立互联网门户站点以提供银行服务的网络银行。分支型模式的网络银行是目前网络银行主流的发展模式,约有90%以上的网络银行属于分支型网络银行[①]。从功能上看,分支型网络银行相当于银行的"互联网分行"或"互联网营业部",既为其他非网络分支机构提供辅助服务,如账户查询、转账汇款等,又能够单独开展业务,如网上支付。分支型网络银行不能脱离传统银行,仍然需要依托于传统银行分支机构,部分业务必须由柜台完成,例如开立银行账户。

根据具体的发展模式,分支型网络银行可再细分为以下两种模式。

1.延伸模式

延伸模式,指将传统银行相关业务转移到互联网。这是当前世界范围内网络银行最主流的发展模式。伴随着信息与通信技术的发展,转移至互联网的业务越来越丰富,从最初单一的查询业务发展到现在的转账汇款、网上支付、信用卡等业务。

这种模式的典型代表有美国的 Wells Fargo 银行。它在 1992 年便开始建设其银行网络和以网络银行服务为核心的信息系统。我们所熟悉的国内各大商业银行的网络银行,也属于这种模式。

---

① 谢平,尹龙.网络银行:21世纪金融领域的一场革命.财经科学,2000(4).

2．并购模式

并购模式,指银行通过收购现有的网络银行(主要是纯网络银行),以迅速开展网络银行业务或提高市场份额。就网络银行发展历程看,大银行往往不如区域性小规模银行积极和富有创造性,如同本章第一节所介绍,它们倾向于采取观望或等待策略。直到对整体形势有了足够认识后,银行巨头才根据自身的核心竞争力采取相应的发展模式。因此,并购模式符合这一发展策略。

例如,1998 年 10 月加拿大皇家银行(Royal Bank of Canada,RBC)通过并购安全第一网络银行(SFNB)成功地进入了美国金融市场。此次收购,RBC 不仅扩大了其在美国金融市场的份额,还以较低的成本将业务拓展到新兴的网络银行领域。据估计,当时 RBC 在美国设立一家传统型分行需要 2000 万美元(恰好是 RBC 收购 SFNB 的支出),另外还需要每年数十万美元的运营费用(远高于维护 SFNB 的费用)。因此,这次收购,被视为是一次低成本、高收益的典范。

出于相似的考虑,2007 年花旗银行斥资 11.3 亿美元收购英国的纯网络银行 EGG 银行。EGG 银行是 2007 年全球规模最大的网络银行。作为非英国本土银行,花旗银行意图通过收购 EGG 银行来廉价且迅速地在英国扩张。

(二)纯网络银行

纯网络银行(Internet Only Bank),指仅以互联网为依托提供银行服务的网络银行。纯网络银行与分支型网络银行的最主要的区别在于它不依赖于实体银行柜台,也没有分支机构。目前这种模式的网络银行为数不多,主要集中在北美和欧洲等发达地区。由于纯网络银行没有分支机构,所以其客户一般来自其他银行的客户群。因此,纯网络银行在提供网上金融服务时,特别注重产品和服务的差异性。例如,通过提供较高的利息吸引客户,对各种在线服务采取低价或者免费策略。我国尚没有纯网络银行,现有的网络银行都是依赖于传统银行一样的分支型网络银行。

从美国的纯网络银行实践来看,有两种不同的发展理念。一种是以 FIBI(First Internet Bank of Indiana)为代表的全方位发展模式,另一种是以 Compu Bank[1]为代表的特色化发展模式[2]。

1．全方位发展模式

采用全方位发展模式的网络银行提供传统银行的所有柜台式服务项目。这些

---

[1]　Compu Bank 于 2001 年被美国另一家网络银行 NETBANK 收购。

[2]　岳意定,吴庆田.网络金融学.南京:东南大学出版社.2005 年,第 105～106 页。

银行的管理层认为纯网络银行并不存在局限性,而认为伴随着信息技术的逐步完善,纯网络银行最终将完全取代传统银行。采用全方位发展模式的银行,致力于开放新的网络银行服务,以满足客户的多样化需要。

2. 特色化发展模式

采用特色化发展模式的网络银行侧重于互联网的特色业务,而不是提供所有柜台式服务。这些银行的管理层认为纯网络银行具有局限性,不可能如传统银行一样提供全面的服务,例如现金管理服务、安全保管箱等。因此,他们认为纯网络银行只有提供特色化服务才能在竞争中生存。Compu Bank 只提供在线存款服务,而日后收购 Compu Bank 的 Net Bank 的特色服务同样在于存款利息较高。当然,我国的存款利率尚未完全市场化,各商业银行必须执行央行的利率政策,暂不能自行决定存款利率。

(三)两种发展模式的区别及评价

从本质上讲,分支型网络银行属于金融创新,银行应用信息技术成功地改变了传统柜台业务的实践;纯网络银行属于金融分化,是基于互联网的新型金融机构[1]。就实践分析,纯网络银行发展并不顺利。以 SFNB 为例,激烈的市场竞争导致了其于 1996 年和 1997 年连续两年亏损,最终被加拿大皇家银行收购。而分支型网络银行则能充分发挥现有客户基础等优势,并结合互联网技术以实现金融创新,因此发展迅猛。虽然 SFNB 没有取得巨大成功,但它探索并尝试了互联网这一新型银行渠道,也促进了传统银行通过互联网开展业务,对网络银行的发展有着不可忽视的作用。

■ 二、网络银行的主要业务

按照不同的划分标准,我们可以对传统银行开展的业务进行不同的分类。例如,根据风险高低,可以将银行业务划分为资产业务、负债业务和中间业务;按照不同服务对象,可以分为个人客户业务和公司客户业务。划分传统银行业务的标准仍适用于网络银行,但学界一般采取更符合互联网环境的标准,即根据新技术的应用程度高低来划分。按此划分思路,美国货币监理署(OCC)将网络银行业务分为基础网络银行业务(traditional banking oline)和新兴网络银行业务(new banking due to IT)。

---

① 滑文武.我国网络银行发展研究.武汉:武汉大学学位论文,2006,5。

(一)基础网络银行业务

美国货币监理署(OCC)1999 年 10 月发布的《网络银行——监管者手册》(*Internet Banking-Comptroller Handbook*)将网络银行业务划分为三类:信息服务(informational service)、交流服务(communicative service)、交易服务(transactional service)。编者认为这一划分方式也适用于基础网络银行业务。

1. 信息服务

信息服务是银行通过互联网提供的最基本的服务。通过在互联网设立门户站点,银行能够及时向客户提供综合、实时、全面的银行信息,同时也提高了信息服务的效率。信息服务的主要内容包括了银行能够提供给客户(包括个人客户和公司客户)的产品、服务和金融信息。纵览国内各大商业银行的门户网站,可以将信息服务归纳为以下三大类别。

(1)银行自身信息:银行新闻、年度财务报告、银行分支机构等。

(2)银行产品和业务介绍:包括个人业务、公司业务等。

(3)金融信息:包括利率、汇率、黄金、股票等市场行情。

2. 交流服务

交流服务包括客户信箱服务、查询服务、贷款申请、账户资料更新。其中,查询服务是目前主要的交流服务,下文将重点介绍查询服务。

按查询内容分类,查询服务可分为账户查询和信用查询。账户查询包括余额明细查询、当天及历史交易明细查询、付款方信息查询;信用查询包括在银行发生的信用情况查询,信用结构查询、余额查询、当前和历史交易记录查询。对于个人客户,查询服务节省了前往银行的时间和相应交通费用。而对于企业客户,尤其是集团企业总部,查询服务作用更显著。通过查询业务,企业总部能及时了解各分公司的账户交易、余额和历史交易信息。该项服务,既便于总部有效地控制财务风险,又能优化集团内部各公司的闲置资金,提高资金的使用效率。

3. 交易服务

交易服务指银行和客户间、客户与客户间通过网络银行发生的实质性资金往来业务。只有具备提供交易服务的能力,网络银行才是真正意义上的网络银行[①]。交易服务可以划分为个人业务和公司业务。

---

① 美国《网络银行报告》(*Online Banking Report*)认为,"真正的网络银行"必须能够提供划拨款项、支付账单等银行业务。

交易服务个人业务一般包括：

(1)转账,包括个人客户不同储蓄账户间的转账、同行账户转账、跨行转账。

(2)缴费,包括缴纳手机费、电话费、水费、电费等各种日常生活费用。

(3)投资理财,包括基金业务、外汇买卖、黄金业务、债券业务、保险业务、银证业务、银行存管、证券管理、理财产品等服务。

(4)信用卡,包括信用卡开卡、信用卡查询、信用卡还款、购汇还款、信用卡管理等内容。

交易服务公司业务一般包括：

(1)转账,包括公司不同账户间的内部转账、与其他公司的外部转账。

(2)资金管理,包括对下级单位账户进行实时监控、对下级单位账户的资金进行定时、定金额、定余额、零余额等各种方式的自动归集、对自有账户资金对外支付时间进行预先定制。

(3)代收代付,包括收付款项、发放工资等。

(4)金融交易,基金、外汇、保险、债券交易等。

(二)新兴网络银行服务

新兴网络银行服务,指充分利用互联网的技术优势为客户提供的新型金融服务,目前的实践有网上支付、账户整合和银企直联。

1. 网上支付

网上支付是在 B2C、C2C 等电子商务活动中发生的网络支付行为。根据艾瑞咨询的统计,2008 年中国网络购物交易额为 1281.8 亿元,而在这上千亿的交易中大多数是通过网上支付完成。开展网上支付,银行能够充分发挥其在公众中的信用优势,进而促进网络银行其他业务的发展。

2. 账户整合

账户整合指网络银行提供的可以供客户同时了解在多家银行、证券公司、保险公司开设的各类账户的交易情况。这是欧美等发达地区的网络银行提供的新型理财服务,但我国尚未开展此项业务。

3. 银企直联

银企直联是通过互联网或专线将企业的财务系统与银行连接起来。通过银企直联,企业用户可直接在自身财务系统中管理其银行财户。这免去了企业用户在财务系统与网银系统中的重复录入,提高了工作效率。

第三节　网络银行的系统建设

认识网络银行的系统(包括技术结构及如何实现)能对网络银行有更具体和深入的认识。编者并不打算介绍深奥的计算机和网络知识,而是结合实务介绍网络银行的技术结构、建设目标和思路、技术平台建设等内容。

■ 一、网络银行的技术结构

图 3-3 描绘了网络银行的技术结构,它涉及了银行内部信息系统和银行与客户间的信息系统,而本章所研究的网络银行仅指银行与客户间的信息系统。

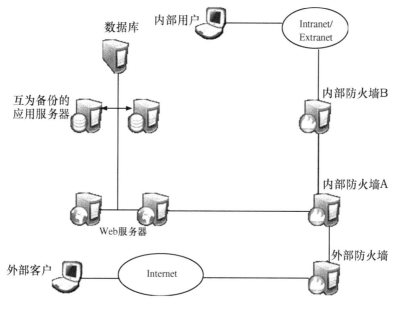

图 3-3　网络银行技术结构图

客户端分为内部用户和外部客户两类。外部客户,即网络银行的客户,一般通过互联网登录网络银行,需要通过外部防火墙认证。而内部用户使用 Intranet 或 Extranet 登录网络银行,也需要通过图中内部防火墙 B 的认证。这两道防火墙将系统与外部网络隔开,以保障网络银行系统的安全性。

Web 服务器位于应用服务器和客户端之间,是网络银行系统内部应用逻辑与外部公众网络间的接口。Web 服务器存放和管理 Web 网页,向前台提供客户交易界面和基本的静态信息。Web 服务器使用安全超文本传输协议(Https),对客户浏览器提供标准的通信支持。

　　应用服务器与 Web 服务器构成了网络结算应用系统的运行环境。应用服务器实现网络交易业务的逻辑控制和流程处理,完成与 Web 服务器及数据库之间的信息交换。

二、网络银行的建设目标和思路

(一)建设目标

在网络银行建设中,应实现连续拓展、高度可靠、高度安全、集成多功能的目标。下面分别论述这四个目标。

1.连续拓展

金融创新要求网络银行应具备调整和扩充系统功能的能力,在拓展的同时保持各项应用和全部数据的一致性,以适应全新的应用环境。

2.高度可靠

网络银行由于用户所在网络的结构复杂、用户分布广泛且计算机和网络应用水平差异较大,网络银行服务体系的建设必须实行统一、安全的管理,以确保所有数据录入、加工、处理、存储、传输全程准确可靠。

3.高度安全

安全性是网络银行正常运行的基石。若无法保障安全性,那么网络银行不可能赢得用户的信赖。

4.集成多功能

网络银行系统必须能够实现同银行现有其他信息系统的有机集成,具体体现为业务服务、经营管理、客户服务这三者的集成。

(二)网络银行系统建设的基本思路

要实现上述目标,在网络银行系统建设前必须形成具体的、可执行的基本思路。网络银行的建设实质是网络银行软件包的开发和设计,其基本思路一般分成以下三项步骤:系统分析——系统设计——系统调试及运行。[①] 下文依次介绍这三项步骤。

1. 系统分析

系统分析包括市场调研和可行性分析。

首先是市场调研。市场调研必须涵盖用户的基本情况、用户的外部环境、用户关于网络银行的构想和目标、用户的技术能力和设备状况。完成调查后,撰写调查报告,以便提出网络银行设计的初步设想。

其次是可行性分析。可行性分析包括了从技术和经济这两方面论证网络银行构建的可行性。

技术可行性分析涵盖用户的软件、硬件系统能否适应系统的运行要求、能否和银行现有其他信息系统衔接等方面。经济可行性分析则评估构建网络银行的成本和收益。成本一般包括计算机软件硬件、网络设备等的购置、安装、开发、运行、维护费用等;收益不仅指网络银行投入使用后产生的效益提高和成本降低,也包括客户增加带来的经济效益和品牌价值提升。

相比技术性分析,经济可行性分析较难定量,尤其是界定网络银行带来的效率提高和品牌价值提升。但这并不意味着放弃经济可行性分析,我们仍应尽可能准确地估计经济效益。

2. 系统设计

完成系统分析后,网络银行建设就到了构造系统逻辑、提出系统设计方案的阶段。

设计首先需要整体构思,将系统分解为若干功能模块,这些模块都是具有基本功能的独立单元,模块又可以进一步细分为小模块,如此反复分解直至不可再分。这种划分使得网络银行的设计思路变得清晰,有利于设计人员分工合作。

系统设计的主要内容是后台业务处理系统。后台业务处理系统关系到网络银行提供服务的能力和安全防范能力,它与前台业务处理系统的关系类似于传统银行的内部业务处理系统与柜台服务的关系。客户向网络银行的前台发送业务请求,这些业务请求经过网络银行后台处理后,客户才能获得相应结果。

图 3-4 展示了网络银行前台业务处理系统与后台业务处理系统的关系。

---

① 岳意定,吴庆田. 网络金融学. 南京:东南大学出版社,2005 年,第 137~138 页。

图 3-4 网络银行前台与后台业务处理系统

资料来源:岳意定,吴庆田.网络金融学.南京:东南大学出版社,2005年,第138页。

3.系统调试及运行

完成设计后,必须调试网络银行的运行情况。调试一般分为三个环节。首先测试各个模块,检查各模块能否正常运行;其次是组装调试,即将若干功能相关的模块组合成单元,并测试各单元之间的协调性和通信接口,检查各单元之间衔接是否良好;最后是整体调试,即在系统组装完毕后,调试整个网络银行系统。在系统调试中,只有实现了设计中全部网络银行的功能,才能将网络银行系统投入试运行。在试运行过程中,还需要加强对硬件、软件和数据的维护。

三、网络银行的平台建设

(一)基础技术平台建设

基础技术平台包括网络系统、硬件系统、网络管理系统和数据库系统。根据前述网络银行的建设目标,基础技术平台必须具有良好的安全性、稳定性、操作性。目前大部分的网络银行平台都是运行在基于 UNIX 操作系统和大型数据库的系统上。编者并不打算介绍复杂的计算机和网络知识,仅扼要介绍对平台建设的要求和常用产品等基础内容。

1.网络操作系统

从技术构成看,网络操作系统是网络银行系统运行的平台,在整个系统中起着举足轻重的作用。目前网络银行更倾向于采用 UNIX 平台作为其操作系统。这是因为 UNIX 平台在系统运行性能、稳定性、可扩展性、与大型数据库连接能力、与前台工具配合能力等方面更优秀。此外,从经济方面考虑,UNIX 平台所需的硬件投资更小。从综合技术与经济性考虑,目前大多数网络银行的关键应用和高性能应用都基于 UNIX 平台。

2.数据库

数据库平台是整个系统运行的核心。由于全部业务数据都将存放在数据库中,因此要求网络银行数据库满足以下要求:足够高的安全性、可靠性、可伸缩性;大量数据处理、存储和管理的能力;基于开放式的体系结构;支持分布式数据库处理能力;具有决策支持能力;同时支持来自 Internet 和 Intranet/Extranet 的访问。目前银行常用的大型数据库有 SQL Server、Sybase、Oracle、DB2 等。

(二)网络银行的安全平台建设

根据构建网络银行的安全性目标,所选用的软硬件产品都必须具备良好的安全特性,并支持最新、通用的安全协议和认证算法,还要在应用层[①]上对安全问题进行综合设计和实现安全管理。

1.安全与认证体系

网络银行的用户通过互联网访问网络银行的账务处理系统,下达交易指令,在互联网上进行实时资金清算,而互联网属于开放网络,因此必须建立安全与认证体系以保证网络银行系统的安全可靠性。

数字签名和加密技术能很好地解决网络交易的安全性问题,它包括用户合法性、指令加密性、完整性、不可抵赖性等内容。在设计网络支付系统的安全方案时,应充分考虑网络银行的特殊安全需求,还应考虑系统的实用性、可靠性、经济性和可扩充性。

2.认证中心(CA)

认证中心作为在线公证人和可信任的第三方,可以确认发送的接收网络支付或其他通信方的身份。其主要任务是受理数字证书的申请,签发和管理数字证书。在建设网络银行系统时,应充分利用国家权威机构已建立好的 CA 提供的认证服务。

由于网络银行的用户众多,与数据库类似,认证中心同样必须具备维护大型的存储数字证书数据库的能力,并且能够快速处理与数字证书数据库相关的、来自证书方的大量证书。

就实践看,我国不仅有央行建立的中国金融认证中心(CFCA),还有各地方政府建立的地方金融认证中心。此外,几大商业银行,如中国工商银行、中国银行等,

---

① 应用层(Application layer)是七层 OSI 模型的第七层。应用层直接和应用程序接口并提供常见的网络应用服务。

也相继成立了各自的数字认证中心。这些认证机构十分有力地推动了网络银行的安全体系建设。

第四节　网络银行的经营与管理

网络银行虽然是新兴的金融现象,但不管是纯网络银行还是分支型网络银行,其本质都是银行。因此,有必要先认识网络银行与传统银行在经营方针和管理理论的关系,在此基础上进一步阐述网络银行经营管理的各项策略。

一、与传统银行经营管理的关系

(一)经营方针

1.盈利性

盈利性是银行的基本方针,能否盈利直接关系到银行的生存和发展,也是银行从事各种活动的出发点。充足的盈利可以扩充银行资本,扩大经营规模,提高银行信誉和竞争力。反之,若银行无法实现盈利的目标,投资者必将丧失信心,银行的信誉也将下降,甚至有可能引发信用危机,导致客户挤兑,危及银行的生存。

对于网络银行而言,盈利性仍是基本的经营方针。不同的是,网络银行的经营者需要思考如何根据互联网的特征维持并提高银行的盈利水平。

2.安全性

安全性是指银行的资产、收入、信誉以及银行其他经营发展的条件免遭损失的可靠性程度。银行因其自有资本所占比重很小,大部分资产源于负债,因此属于高风险行业。

网络银行除了要面对因高负债率而带来的风险,还需要管理好互联网环境下的操作风险、信誉风险和法律风险。

3.流动性

流动性指银行满足存款人提取现金、支付到期债务和借款人正常贷款需求的能力。银行的流动性主要体现在两个方面:一是资产的流动性,指银行持有的资产能够随时得到偿付或在不贬值的条件下有出售渠道;二是负债的流动性,指银行能够轻易地以较低成本随时获得所需资金。

对于网络银行,仍需要保持足够的流动性,与传统银行并无重大区别。

上述三条经营方针既相互矛盾又相互统一。矛盾体现在:盈利性和安全性、流动性呈现反向变动。盈利性是对利润的追求,这种要求越高,往往风险越大,安全性和流动性越低。而安全性、流动性高的业务,往往盈利性低。而统一体现在:在一定范围内,盈利性、安全性、流动性可以达到某种可接受的程度。对于网络银行,仍需协调上述三条方针。

(二)管理理论

在经营管理模式上,传统银行的早期经营管理模式侧重于解决流动性问题,其主要理论基础有资产转移理论(shift ability theory)、资金池(pool of funds)和预期收入理论(anticipated income theory)。20 世纪 80 年代后,银行的盈利问题受到了关注,银行的目标调整为:达到流动性要求,获得最大盈利。随之出现了资产负债管理理论(asset liability management theory),银行的经营管理模式普遍采用的是缺口管理。在这一管理模式下,弥补期限或利率缺口的主要途径有两条:一是有效地增加储蓄;二是有效地控制资产质量,同时满足流动性的要求。流动性管理、资产管理和负债管理成为银行管理的主要方面和基本经营模式[①]。

网络银行的管理理论与上述理论基本一致,并无特殊之处。当然,伴随着网络银行的发展,理论会随着现实情况而更新,以更好地解释现实和指导实践。

(三)网络银行经营管理的独特之处

对于网络银行而言,仍然要做好传统银行管理,比如风险管理、流动性管理、资产负债管理、资本管理等内容。这一部分内容可以参考标准的商业银行管理教材,编者不再论述,而将重点阐述网络银行经营管理的独特之处。

如同论述银行经营方针时所指出的,由于网络银行的发展环境、业务种类、技术复杂性等原因,网络银行还应特别关注以下三方面内容:定价策略、风险管理、创新管理。

■ 二、网络银行的定价策略

网络银行的定价策略不同于传统商业银行。网络银行是一种全新的服务形式,制定定价策略时必须充分考虑其市场地位、成本结构、用户特征等因素。一般

---

① 谢平,尹龙.网络银行:21 世纪金融领域的一场革命.财经科学,2000(4)。

而言,网络银行可以采用的定价策略有免费策略、优惠价格策略、客户价值定价策略。

(一)免费策略

网络银行对部分服务采用免费策略的理由有以下三点:首先,网络银行的成本结构。前文已指出,建设完整的网络银行需要耗费巨资,而在可承载范围内,每增加一笔业务的边际成本几乎为零。因此,网络银行提供服务的平均成本将随着业务量的增加而递减。这也构成了网络银行采用免费策略的基础。其次,网络银行处于发展阶段,客户对其存在着一定疑虑,比如安全性考虑。采用免费定价策略,能更好地激励客户接受网络银行。最后,免费策略有助于提升网络银行的市场占有率。不论是纯网络银行还是分支型网络银行,都面临激烈的市场竞争,免费策略有利于提高竞争力。例如,2009 年 5 月 1 日,花旗银行(中国)宣布个人网络银行的用户不需要支付境内人民币转账费用。此举弥补了花旗银行(中国)实体网点的不足。

网络银行可以采取免费策略的项目还有小额账户管理费等。当然,网络银行并不是对所有服务都采用免费策略,下面介绍另外两种策略。

(二)优惠价格策略

采用信息技术和网络技术处理业务流程,不仅可以为客户节省时间和精力,也能为银行节省运营成本(主要是维持传统银行网点必须的费用,如店面租金、员工薪资等)。根据 Booz Allen 和 Hamilton 公司的调查结果,网络银行的经营成本仅仅相当于其营业收入的 15%～20%,而传统银行的经营成本约占经营收入的 60%[①]。因此,网络银行能够将这部分成本节约通过优惠价格的形式转移给用户。

优惠价格一向是网络经济活动主体的常用策略,从电子商务的鼻祖 Amazon 开始,到国内的当当、携程等公司,都较好地利用了网络渠道的低成本优势。就国内网络银行的实践看,优惠价格策略是被采用较多的一项定价策略。例如,各家商业银行对网络银行的转账汇款都设定了比柜台方式更低的手续费。根据艾瑞 2008 年的报告,约有 33.6%的受访者因手续费优惠而使用网络银行[②]。

(三)客户价值定价策略

本章第一节曾指出,网络银行特征之一是客户价值的差异化。而客户价值定价策略便是针对这一特征而制定的策略。

---

① 顾浩,胡乃静,董建寅.银行计算机系统.北京:清华大学出版社,2006 年,第 212 页。
② 艾瑞咨询集团.《中国网络银行行业发展报告 2007—2008 年简版》.第 13 页。

　　客户价值定价策略是指网络银行利用其强大的客户信息处理系统对每一位客户的各种价值驱动因素加以综合分析,并定义"客户价值"。网络银行再针对不同价值的客户,提供符合其消费特征的个性化服务,相应地采取不同的定价策略和灵活的收费标准①。由于客户价值定价策略是针对每一个客户的需求收取相应的费用,因此客户价值定价策略本质上属于完全价格歧视②。

　　客户价值定价策略一般应用于网络银行发展的成熟期。此时,网络银行已经建立起了较完善的客户信息处理系统,积累了足够的客户资料。通过整理及分析客户资料,不仅能加深银行对客户金融服务需求的认识和理解,也能有针对性地向客户提供所需要的金融产品及服务,提高客户在银行服务过程中的满足感,最终稳定银行的客户群体。

　　实施价值定价策略的技术支持是网络银行客户信息系统所具备的强大信息处理能力。当客户在使用网络银行服务时,网络银行利用完善的客户信息处理系统分析该客户的服务需求来提供个性化的产品组合及服务,并根据该客户的价值收取相应的费用。

　　由于我国目前网络银行正处于起步和完善阶段,客户价值定价策略尚未得到广泛运用,但会是网络银行的发展趋势之一。

三、网络银行的风险管理

(一)网络银行面临的主要风险

　　网络银行在提供更为快捷和高效服务的同时,也带来了新的风险。根据艾瑞2008年的报告,约有68.3%的受访者因为安全性考虑拒绝使用网络银行③。前文曾指出,银行本身是高风险行业,因此网络银行除了具有传统银行在经营过程中面临的信用风险(credit risk)、流动性风险(liquidity risk)、利率风险(interest risk)和市场风险(market risk)外,还面临着由信息网络技术平台和提供虚拟金融服务带来的特有风险。巴塞尔银行监管委员会(BSBC)于1998年指出,操作风险、信誉风险、法律风险是网络银行面临的主要风险④。由于风险管理的重要性,本节将用较多篇幅阐述,并结合实际案例来介绍这三类风险。

---

　　①　王莊.网络银行服务的定价策略.中国物价,2007(05):9～11.
　　②　完全价格歧视,是指厂商可以向每个顾客索要其愿意为所买的产品或服务支付的最高价格,又称一级价格歧视。
　　③　艾瑞咨询集团.《中国网络银行行业发展报告2007－2008年简版》.第12页。
　　④　BSBC. Risk Management for Electronic Banking and Electronic Money Activities. March,1998. 本书所用译文主要参照《金融干部网上银行读本》,下同。

1. 操作风险(operational risk)

在网络银行系统中,操作风险主要指由于系统可靠性或完整性的重要缺陷而造成的潜在损失,可能是由于网络银行系统不恰当的设计,也可能是由于客户误操作。操作风险主要有以下三种表现形式。

第一,安全性风险(security risk)。安全性风险包括了黑客攻击风险、内部员工非法侵入风险、数据安全风险和病毒破坏风险。黑客可以通过互联网攻击银行的信息系统,有可能删除和修改网络银行的程序,窃取银行及客户信息,甚至非法转账。

例如,2005 年 6 月 17 日,万事达国际信用卡公司证实,一家第三方服务公司(Card Systems Solutions)遭受黑客攻击,导致了近 4000 万用户资料的泄露。虽然这并不是专门针对网络银行的攻击事件,但也说明了黑客攻击的危险性[①]。内部员工则可能非法利用其访问权限窃取客户的信息,甚至盗窃客户在银行的存款。病毒破坏,例如蠕虫、木马等病毒的侵入破坏,有可能导致拒绝服务、篡改网页、网络银行瘫痪等问题。

第二,系统的设计运行与维护风险(systems design, implementation and maintenance)。系统设计的风险指网络银行所采用的系统并没有进行良好的设计或安装。例如,如果客户终端软件与银行使用的系统无法兼容,将导致信息传输失败。一个典型例子是,目前国内主要商业银行都根据用户使用的主流浏览器 Internet Explorer 来建设其网络银行系统,而不是针对其他浏览器。这就是为了避免出现技术选择风险。

第三,客户误操作风险(customer misuse of products and services)。若网络银行没有预先告知客户有关注意事项,则客户可能会进行不恰当的操作,或有意地"错误"操作。倘若此时缺乏有效的技术手段来取消错误操作,客户的交易就可能生效,银行将因此蒙受损失。

2. 信誉风险(reputational risk)

信誉风险是指网络银行未能满足客户的意愿,使公众对银行产生负面效应而造成损失的风险。网络银行的信誉风险一般表现以下三个方面:

第一,系统存在技术缺陷,客户无法登录系统或者账户信息受损,消息扩散后,可能会导致客户对网络银行的不信任。

例如,2008 年 6 月 30 日,汇丰银行网上理财业务出现故障后,客户无法登录网上银行系统,受影响的客户不能进行任何网上交易。汇丰银行这一次故障还导致

---

① 新闻链接 http://news.xinhuanet.com/legal/2005-06/21/content_3114541.htm。

了与其系统相连的恒生银行网络银行的系统故障①。从故障表现推断,该故障应该来自于内部的计算机系统。另外一个例子是通信故障,2009年1月21日北京农村商业银行的网络银行系统与通信运营商北京联通通信出现故障,因而导致网络银行用户无法进行账户查询、转账等操作。②

这两次故障,虽然没有造成直接的经济损失,但却导致了部分用户质疑网络银行的稳定性。国内学者王维安指出,银行业的磁盘阵列破坏1小时的平均损失将达29301美元③。

第二,系统存在重大的安全缺陷,黑客侵入或者病毒被植入银行系统,造成数据破坏,系统紊乱或损毁,致使大批客户失去对该行的信任而流入它行。

第三,由于网络银行一般使用同种或相似的系统或产品,一旦某家银行出现问题,用户就会猜疑其他银行也将出现同样问题,从而有可能降低网络银行业的整体可信性。

3. 法律风险(legal risk)

法律风险是指有关网络交易的法律法规相对于网络银行和电子货币的发展滞后。当网络银行发生交易纠纷时,现行法律并无明确规定或规定不够清晰,致使当事人无法分清各自责任,因此得不到法律的保护。

由于网络银行属于新兴业务,有关法律法规的不健全或尚未确立,必然导致交易的失效性及各方的权利义务不明。这主要表现在一些国家尚未有配套的法律法规与之相适应,银行无法可依;或者是有相关法律但很不完善;另外各国关于网络银行立法进度不完全一致,也增加了跨国境经营网络银行的法律风险。

我国已经通过了《中华人民共和国电子签名法》、《电子银行业务管理办法》等法律法规,这对于减少国内网络银行的法律风险具有重要作用。

(二)风险管理的对策

BSBC认为,风险管理应从评估风险、管理和控制风险、监控风险三方面入手④。

1. 评估风险(assessing risk)

评估风险应持续进行,一般包括以下三个步骤。

首先,应通过严格的分析过程以确定风险及量化风险。当不能量化风险时,

---

① 汇丰恒生网上银行又故障 汇控购KEB再现暗涌, http://business. sohu. com/20080701/n257854144. shtml。

② 农商行网银故障客户在线难交易, http://tech. 163. com/09/0121/07/505RSPAM000915BF. html。

③ 王维安,张建国,马敏. 网络金融. 北京:高等教育出版社,2002年,第140页。

④ BSBC. Risk Management for Electronic Banking and Electronic Money Activities. 1998。

管理层则应确定潜在的风险可能会以何种方式出现,以及该采用哪些应对措施。其次,确定银行的实际风险承受能力。最后,管理层通过比较其实际风险承受能力与其评估的可能风险程度,以确定可能的风险程度是否在可承受范围内。

2. 管理和控制风险(managing and controlling risk)

完成评估风险工作后,网络银行管理层应该采取合理有效的措施来管理和控制风险。风险管理程序一般包括以下内容:实施安全策略和措施、测评及升级产品和服务、信息披露和客户培训等。网络银行的管理层应当保证风险控制的部门独立于业务部门,以保障管理和控制风险的效果。

1)安全策略和措施

安全策略和措施是风险管理与控制的指导性文件。安全策略阐述了管理人员维护信息安全的目的,说明了网络银行的安全结构,建立了银行风险承受能力的指南。安全措施是软件、硬件工具和人事管理的组合,意图建立一整套安全的系统和操作。

从技术角度看,安全措施涉及了计算机主机系统、交易服务器、数据库服务器、网络链接、应用系统等方面;从人事管理看,安全措施涉及了管理员设置、对员工不当行为的防范。不同管理员①应承担不同的工作,并拥有不同的权限以互相制约。值得指出的是,防范员工的不当行为,也涵盖了对离职员工的防范。由于本书将专设网络金融安全管理这一章,在此不再赘述。

2)评估和升级

在公开推广新产品和服务前,细致全面的评估有利于减少操作风险和信誉风险。测试是检查网络银行相关系统和设备能否有效运行、能否实现预期效果的有效手段。对于新升级的系统或软件,则应制定小范围内的试点计划。完成小范围的测试和试运行后,再根据评估结果确定推广范围。同时,还要制订监控计划,定期检查现有硬件、软件的运行状况,以尽可能地减少系统运行缓慢甚至崩溃的风险。

3)信息披露和客户培训

信息披露和客户培训将有助于减少法律风险和信誉风险,也有利于督促银行保护客户隐私。一般而言,如果客户对网络银行的产品和服务了解越多,信息不对称程度越低,相应的,客户对网络银行安全性的信心越高,就会更好地为网络银行开展业务奠定基础。

客户培训的内容包括了在线培训和通过其他传统媒介(如使用手册)的教育。

---

① 管理员一般包括系统操作员、系统管理员、账户管理员、安全审计员、客户资料管理员等。

当网络银行采用了新的操作界面(例如,国内商业银行升级其网络银行系统)或者使用新的安全措施(例如,动态口令卡、USB 数字证书),则应该保证客户对这些新操作界面和安全措施有充分认识。虽然国内各大银行都重视指导客户使用网络银行,但就目前实践情况看,网络银行所使用的培训手段较为单一,并不利于信息技术水平不高的用户放心使用网络银行。

4)监控风险(monitoring risk)

得益于技术创新和金融创新,网络银行业务和产品更新速度较快。创新一方面能够提升网络银行的竞争力,另一方面也要求网络银行提高监控风险的能力。监控风险包括系统测试和监视、审计两方面内容。

首先来看系统测试和监视(system testing and surveillance)。系统运行测试将有助于发现异常的活动模式,避免严重的系统故障、中断和攻击,一般通过入侵测试①来完成。这种测试能够发现网络银行安全机制设计的漏洞,也能够识别、隔离和确认系统运行中存在的缺陷。监视是指使用软件和审计应用(audit applications)来跟踪某项活动。监视主要集中于监控常规操作、调查异常事件,并通过检查各部门遵守安全策略的情况来持续判断网络银行系统的稳定性。与入侵测试相比,监视属于被动监控,而入侵测试属于主动监控。二者结合才能够最大限度地减少网络银行的风险。

其次是审计。审计(包括内部审计和外部审计)为发现系统不足和尽量减少风险提供了重要且独立的控制机制。审计人员的任务就是保障银行制定了恰当的标准、策略和程序,并确保其始终遵守这些规定。

合格的审计人员必须具备足够的专业知识。除了专业知识,内部审计人员还必须独立于风险管理决策人员。为了督促内部审计,网络银行管理层可以寻找具备资格的外部审计人员(例如,计算机安全顾问),对网络银行进行独立的评估和审计。只有内外结合,才能避免审计流于形式。

■ 四、网络银行的创新管理

(一)目前网络银行创新存在的问题

产品和服务创新是网络银行的生命线。网络银行的产品体系、产品创新机制与传统银行存在较大区别。就国内实践看,大部分商业银行仍未建立完善的网络银行创新体系,创新的系统观念和战略性较薄弱。网络银行创新存在的问题具体表现在以下四个方面。

---

① 入侵测试指网络银行主动采用可控的、非常规的程序来侵入系统。

1.创新不够充分

主要表现为服务缺乏针对性、系统性和高附加性。从本章第二节网络银行业务可知,现有网络银行业务基本是传统柜台业务的网络延伸,仍没有摆脱传统业务的束缚。

2.调研不够充分

由于网络银行缺乏对目标客户的选择、市场定位等战略性问题的充分调研和分析,导致客户细分没有完全到位,客户对创新产品的认同度不高。这直接影响了后续创新工作的效果。

3.产品创新机制和风险管理机制缺乏有效配合

网络银行对新产品可能存在的风险认识不足,由此带来了额外的经营风险。

4.创新周期过长

新产品从识别客户需求到研发成功和推出,这一创新周期往往过长,进而导致客户不满甚至转向使用其他网络银行。

(二)解决措施

针对上述四方面问题,我们必须以全新的思路来规划网络银行的产品创新体系,以下是相应的具体措施①。

1.创新战略

在创新战略上要根据银行整体发展战略,对市场和客户需求进行全面、深入、前瞻性的市场调研、论证和分析,确立产品创新的项目和范围。这与本章第三节所提出的网络银行建设思路有异曲同工之妙。

2.客户细分

运用先进的网络银行系统对现有和潜在客户进行市场细分,确定不同层次的客户群体,针对不同层次客户需求建立相应的产品体系。

3.创新机制和流程

确立合理的创新机制和创新流程。在产品开发中实行量化管理和项目管理制度,并由专人负责创新项目的统筹安排,减少信息传递时间和传递环节,缩短产品

---

① 葛兆强. 电子银行运营与管理模式研究(上). 金融电子化,2007(12). 该文所认定的电子银行范畴,也包括了本章研究的网络银行。

研发周期,不断提高产品研发效率。同时,以创新效果为核心,制订合理激励机制,充分调动创新部门员工的积极性。

4.创新业务部门

建立健全产品创新业务部门,加强创新工作的组织推动。通过成立专门的产品创新部门,全面负责网络银行新产品研发推广工作,增强产品创新的集中性、专业性和及时性,形成整体创新优势,确保有计划有步骤地推出新产品,强化新产品营销、推介和售后服务。面对"金融产品同质化、金融服务对象趋同化、金融服务差异化"的同业竞争特征,要对网络银行产品进行包装和设计,打造优秀的网络银行品牌。

5.创新的风险管理

加强产品创新的风险管理。熊彼特曾指出,产品创新是"创造性破坏",是对现有法律规定和秩序的突破。因此,产品创新通常会伴随一些法律风险和市场风险。为最大程度的规避风险,对于任何一项产品创新,需要市场部门、业务管理部门人员与法律相关部门、风险管理部门充分沟通,密切配合。

■ 小结

伴随着以互联网为代表的信息技术的不断进步,银行的组织结构、功能和服务手段发生了深刻的变化,集中体现在网络银行这一新事物。本章从网络银行这一基本概念出发,分析了它与传统银行的主要区别,并指出纯网络银行与分支型网络银行这两种主要发展模式和基础网络银行业务与新兴网络银行业务这两大类业务。同时,本章从网络银行的技术结构、系统建设的目标、思路和平台建设等几方面研究网络银行的系统建设。在网络银行的经营与管理方面,网络银行本质上仍属于银行,因此其经营方针与管理理论与传统银行并无重大区别。值得我们关注的是互联网环境的经营管理新内容,包括了定价、风险、创新这三方面。当然,网络银行仍处于发展进程,不断有新业务出现,这就要求理论要及时更新才能更好地指导实践。

◎ 关键词

分支型网络银行　纯网络银行　基础网络银行业务　新兴网络银行业务　定价策略　风险管理　创新管理

📖 **复习思考题**

1.请分析在我国建立纯网络银行的可行性,并展望其发展前景。

2.你使用过哪些网络银行的业务?请按本章的分类办法划分。除了教材介绍的业务,你认为网络银行还能够开展哪些业务?

3.除了定价、风险、创新这三方面,网络银行还应注重哪些方面的经营与管理?

☞ **案例分析**

案例名称:基于 Web 2.0 的下一代网络银行——以 IBM BTT 为例

案例来源:陈序明,单建洪,邵煜. 基于 Web 2.0 的下一代网络银行,见 http://www.ibm.com/developerworks/cn/web/wa-lo-web20bank/

案例内容:

Web 2.0 的定义和介绍很多,本案例基于 Web 2.0 的下一代网络银行角度,从商业应用模式和技术层面这两个层面简要介绍 Web 2.0。

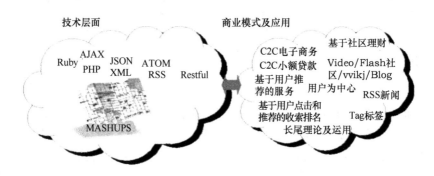

图 3-5　Web 2.0 商业模式及应用

首先,我们来看 Web 2.0 的商业模式及应用,如图 3-5 所示。Web 2.0 衍生的商业应用有很多,如 C2C 电子商务,基于视频的营销,长尾理论的 apple 音乐等等,这样的例子多不胜数,这里不多介绍。其核心思想是从传统的以企业为中心,转换为以终端用户为中心。Web 2.0 时代,终端用户在网络中扮演着越来越重要的角色,从社区的普及,blog、wiki 的流行,视频 flash 的流行,Web 2.0 标签的广泛应用,用户积极参与产品和服务的体验反馈,到终端用户在网络中开展商业活动等等,终端用户已经不再单纯是企业信息和服务的消费者,同时也是信息和服务的提供者。Web 2.0 时代,强调以用户为中心,各种商业应用都将更加注重用户需求和用户体验。

其次再来看 Web 2.0 技术。Web 2.0 技术和标准很多,但终归来说技术都是来源于市场并为市场服务。Web 2.0 的诸多技术,都是围绕着以用户为中心,辅助商业应用实现这一核心思想。比如,mashup 技术的产生,以及后来一系列 widget 标准的产生,加速了构建和整合网络应用的进程,提高了终端用户的用户体验,并加快了产品和服务的开发速度。

Web 2.0 理念及技术应用到了很多行业,但在金融业,由于其自身的特点,起步较晚。本文下面的篇幅将介绍 Web 2.0 理念和技术如何改变银行的网络银行,为银行客户提供属于自己的 Web 2.0 网络银行,从而增加银行的盈利能力和客户的黏合度。

IBM 基于 Web 2.0 的下一代网络银行

IBM BTT 基于 Web 2.0 的下一代网络银行,是以用户为中心的网络银行。从用户角度看,IBM BTT 基于 Web 2.0 的下一代网络银行为用户提供属于自己的个性化网络银行平台。用户登录网络银行后看到的操作界面可以根据自己的喜好定制,并且不同用户的操作界面互不影响,用户可以在自己的网络银行平台上订阅自己感兴趣的服务;从银行产品和服务角度上看,IBM BTT 基于 Web 2.0 的下一代网络银行是"金融产品超市",基于 mashup 技术,该平台提供了集成各种第三方服务的能力,为终端用户提供丰富的服务,提高了用户体验;从银行营销角度看,IBM BTT 基于 Web 2.0 的下一代网络银行为银行提供了营销平台、信息发布平台及服务平台。它和以往的网络银行不同,支持分类区分客户,为不同的客户在合适的时间提供合适的产品。在区分客户的基础上,更加了解客户,并容易对客户的兴趣点进行分析,便于实现目标营销以及渠道互动销售。在为客户提供更好的服务的同时,为银行创造了更多的利润。图 3-6 为 IBM BTT 基于 Web 2.0 的下一代网络银行架构图。

图 3-6 IBM BTT 基于 Web 2.0 的下一代网络银行架构图

与传统网络银行相比,IBM BTT 基于 Web 2.0 的下一代网络银行具有以下的特性。如图 3-7,3-8 所示。

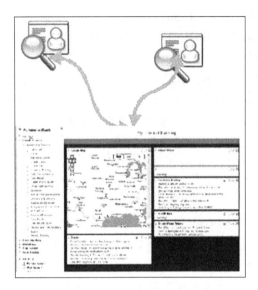

图 3-7   传统网络银行图

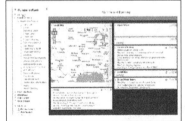   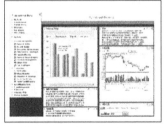

图 3-8   BTT 基于 Web 2.0 的下一代网络银行

用户在基于 Web 2.0 的个性化网络银行中,可以定制自己感兴趣的服务,并且可以随意定制界面布局、颜色、大小、位置等。使得网络银行完全符合自己的喜好和需要。

丰富的第三方服务

BTT 基于 Web 2.0 的下一代网络银行,基于 widget 标准,可以很方便地集成很多第三方服务,如 google map,yahoo stock,天气,财经新闻等,并组合成 mashup 应用,为客户提供更多的增值服务,提高客户体验。

如图 3-9 所示,以银行代销楼盘服务为例,左边可以显示的是可供销售的楼盘信息,右边是 google map 服务和 google 街景服务,下面是贷款计算器服务。这几个第三方服务,集成在一起组成了代销楼盘服务。这样的服务无疑比传统的文字加图片的描述,更加吸引用户,也能为用户提供更多的增值信息。

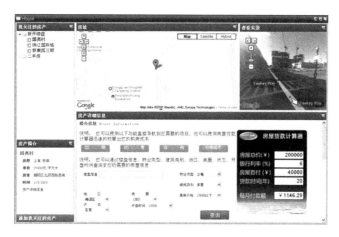

图 3-9　集成丰富的第三方服务

服务发布订阅模式

IBM BTT 基于 Web 2.0 的下一代网络银行,所有的银行服务都是基于服务发布订阅模式,让用户订阅感兴趣的服务,而非传统的强制查看模式。前者让用户可以只看到自己感兴趣的服务,而不会湮没在银行提供的成千上万的服务当中。同时,根据用户订阅的服务内容及用户的基本信息,银行还可以针对特定客户提供恰当的产品和服务。后者使用户湮没在众多服务和信息当中,从而最终失去使用网络银行的兴趣。

图 3-10 左边是一个服务列表,里面是从服务库中选出的服务列表。登录网络银行的客户可以订阅这些服务。右边的服务操作区是客户订阅的服务。客户订阅这些服务后,每次登录网络银行,都可以看见这些自己常用的服务,并且可以用标签的方式,方便地组织这些服务。

多语言支持

网络银行,是银行的一个重要渠道,它可以将银行的服务和产品延伸到全世界,是银行全球化竞争的重要渠道,所以网络银行的多语言支持至关重要。BTT 基于 Web 2.0 的下一代网络银行支持多语言。

图 3-10　服务发布订阅模式示意图

易用性

　　易用性对网络银行来说至关重要,直接关系着有多少客户会使用网络银行,或者能高效地使用网络银行达到自己的商业目的。网络银行,由于其办公无人化的特性,客户在使用的过程中会很容易造成使用问题,其中一个典型的问题是找不到自己所需要的服务。

　　BTT 基于 Web 2.0 的下一代网络银行,支持个性化,为每个用户定制感兴趣的服务。每个用户登录网络银行后,看到的都是属于自己的网络银行服务,熟悉和喜好的界面布局和服务列表,可以熟练、方便地使用网络银行。另外,BTT 基于Web 2.0 的下一代网络银行支持多服务窗口,让用户能够更快、更方便地使用网络银行。

　　为了让更多的用户能够方便地使用网络银行,BTT 下一代网络银行在设计上考虑了多种用户的使用习惯,提供了多种用户界面选择功能。BTT 提供类似桌面操作系统的网络银行界面,如图 3-11 所示。

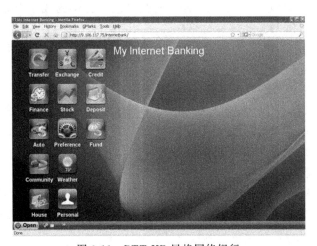

图 3-11　BTT XP 风格网络银行

很多用户,特别是不常上网的用户,他们对操作系统比较熟悉,会经常利用电脑操作日常软件,但对基于浏览器的网络银行不是很熟悉。BTT 提供图 3-11 所示的 与 Windows XP 操作系统类似的界面操作方式,降低了用户使用网络银行的学习曲线。

无障碍支持

网络银行的用户,有一部分为有障碍人士,如色弱、色盲等。这些客户也有很多是银行的优质客户,所以提供无障碍支持能够让网络银行更加普及。另外,银行关注残障人士,也是体现了银行的人文关怀。当前,很多国家和政府都强制要求银行和政府机关单位的网站提供无障碍支持。

BTT 基于 Web 2.0 的下一代网络银行支持无障碍访问,支持全键盘操作,支持语音读屏等,是符合 IBM 无障碍标准的产品。

案例讨论题:

请分析 Web 2.0 对网络银行的影响。

网　络　保　险

　　随着互联网技术的迅猛发展,全球商务电子化、网络化趋势已势不可挡。一种全新的保险经营方式——网络保险应运而生。网络保险主要指保险企业以信息技术为基础,以互联网为主要渠道开展企业经营活动的方式。网络保险的出现,不仅拓宽了保险公司的营销渠道,更重要的是有助于保险公司降低经营成本,提高经营管理效率,形成竞争优势。从目前的情况来看,保险业对因特网的兴起所产生的反应及举措大致可分为两种情况:一方面是世界各国保险公司中的大多数都已主动采取行动,建立各自的网站,逐步将公司的营运同网络接轨,扩大了保险公司直接面对客户销售的范围;另一方面表现为保险公司利用个人电脑和互联网为顾客提供更优质的服务。在我国,网络保险业务的发展还很不充分,只是局限于设立网页、介绍保险知识、推荐保险产品等方面,并没有真正的利用网络保险市场强大、及时的信息交互功能。面对网络保险的机遇与挑战,我国只有加快信息化步伐,着力构筑和完善网络保险的发展环境,才能不断提升保险企业的核心竞争力,从而在激烈的国际市场竞争中立于不败之地[①]。

　　① 战松.网络金融实务.成都:西南财经大学出版社,2006 年,第 364 页。

第一节 网络保险概述

■ 一、风险与保险

(一)风险的含义、构成要素与特征

风险有两种定义:一种定义强调风险表现为不确定性;而另一种定义则强调风险表现为损失的不确定性。若风险表现为不确定性,说明风险产生的结果可能带来损失、获利或是无损失也无获利,属于广义风险,金融风险属于此类;而风险表现为损失的不确定性,说明风险只能表现出损失,没有从风险中获利的可能性,属于狭义风险。

风险的构成要素主要包括风险因素、风险事故和风险损失:风险因素是指风险事故发生的潜在原因,是造成损失的内在或间接原因,包括物质风险因素、道德风险因素和心理风险因素;风险事故则是造成损失的直接的或外在的原因,是损失的媒介物,即风险只有通过风险事故的发生才能导致损失;风险损失是指非故意的、非预期的、非计划的经济价值的减少。

一般地,风险具有客观性、普遍性、偶然性、可测性和相对性(或可变性)等几个特征①。

(二)保险的含义与特征②

1. 保险的含义

从广义上说,无论何种形式的保险,就其自然属性而言,都可以将其概括为:保险是集合具有同类风险的众多单位和个人,以合理计算风险分担金的形式,向少数因该风险事故发生而受到经济损失的成员提供保险经济保障的一种行为。但是通常所提到的保险是狭义的保险,即商业保险。《中华人民共和国保险法》明确指出:本法所称保险,是指投保人根据合同约定,向保险人支付保险费,保险人对于合同约定的可能发生的事故因其发生所造成的财产损失承担赔偿保险金责任,或者当被保险人死亡、伤残、疾病或者达到合同约定的年龄、期限时承担给付保险金责任的商业保险行为。

---

① 中国保监会普及保险知识编写组. 保险知识学习读本. 北京:中国金融出版社,2006 年,第 2~3 页。
② http://baike.baidu.com/view/16482.htm。

2.保险的基本特征

第一是互助性,通过保险人用多数投保人缴纳的保险费建立的保险基金对少数受到损失的被保险人提供补偿或给付得以体现;第二是契约性,从法律的角度看,保险是一种契约行为;第三是经济性,保险是通过保险补偿或给付而实现的一种经济保障活动;第四是商品性,保险体现了一种等价交换的经济关系;第五是科学性,保险是一种科学处理风险的有效措施。

■ 二、网络保险的内容

(一)网络保险的基本含义

网络保险(online insurance),也称保险电子商务,有别于传统的保险代理人营销模式,是新兴的一种以计算机网络为媒介的保险营销模式,主要指保险公司或新型网络保险中介机构以因特网和电子商务技术为工具来支持保险经营管理活动的经济行为。它包含两层含义[①]:从狭义上讲,网络保险是指保险公司或新型的网络保险中介机构通过互联网网站为客户提供有关保险产品和服务的信息,并实现网上投保,直接完成保险产品和服务的销售,由银行将保费划入保险公司,即强调利用网络技术实现保险业务再造;从广义上讲,网络保险还包括保险公司内部基于 Intranet 技术的经营管理活动,以及在此基础上的保险公司之间、保险公司与公司股东、保险监督、税务、工商管理等机构之间的交易和信息交流活动。

网络保险表现为通过互联网实现保险业的电子化、网络化发展,主要是指实现保险信息咨询、保险计划书设计、投保、缴费、核保、承保、保单信息查询、保权变更、续期缴费、理赔和给付等保险全过程的网络化。

(二)网络保险的步骤

网络保险的具体程序具备以下几步:客户浏览保险公司的网站,选择适合自己的产品和服务项目,填写投保意向书、确认后提交,通过网络银行转账系统或信用卡方式,保费自动转入公司,保单正式生效。经核保后,保险公司同意承保,并向客户确认,此时合同订立。在整个过程中,客户都可以利用网上售后服务系统,对签订合同、划交保费等过程进行查询。

---

① 王维安,俞洁芳,严谷军.网络金融学.杭州:浙江大学出版社,2002 年,第 190 页。

三、网络保险的特性与比较优势

(一)网络保险的基本特点

网络保险与通过柜台交易及通过代理人、经纪人等中介人交易保险商品等传统的业务方式相比,有其自身的基本特征,主要有下列特点。

1.虚拟性与低成本[①]

网络保险使保险交易从物理网络转向虚拟数字网络,所有的交易都是在网络上以数字化形式进行,不需要具体的建筑物和地址,只需要申请一个网址建立一个服务器并与相关交易机构做连接,就可以通过 Internet 进行交易。网络保险使保险服务模式从具有物理实在性的传统柜台模式延伸到虚拟的柜台交易模式,使传统的销售渠道可以通过互联网实现虚拟再现,相当于将传统的销售渠道延伸到原有企业边界之外,扩大了保险公司的服务空间,形成了全天 24 小时的服务模式。它使保险公司在降低成本的同时提高了服务效率,具有了传统保险无法比拟的竞争优势。但是与此同时,虽然网络的参与者是实在的,但在网络中却比较难以合理的方式确认他们的真实身份,网络交易依赖于信用,主要是基于网络参与者的道德约束,这给网络上开展保险交易活动带来了很大的风险性。

显著降低成本是网络保险的一个重要特征。由于服务的虚拟性,对原有的事务性工作的场地和人员不再有要求,相对于传统的柜台销售和保险代理人销售,保险公司能够大大节约代理手续费、管理费用、办公场地费用。网络把空间的制约降低到了最低限度,使保险公司突破了营销人员上门营销的地理限制。

2.时效性

网络使得保险公司随时可以更加准确、迅速、简洁地为客户提供所需的材料,客户也可以方便、快捷地访问保险公司的客户服务系统,获得诸如公司交易信用记录、保险产品及费率等详细信息,实现实时互动。而且,当保险公司有新产品推出时,保险人可以用公告牌、电子邮件等方式向全球发布电子广告,投保人可以自行查询信息,了解新的保险产品的情况,这一做法有效地解决了传统传媒的时效性差的问题。

3.交互性

传统的保险营销自上而下单方向地将信息传递给受众,利用网络开展保险营

---

① 米全喜.网络保险发展研究.吉林大学硕士论文,2006 年,第 4 页。

销是一种自下而上的方式,它更强调互动式的信息交流,任何人都可通过网络表达自己。投保人可以直接将信息和要求传递给市场营销人员,大大提高了营销过程的互动性,使投保人由被动的承受对象和消极的信息接受者,变为主动参与者和重要的信息源。在整个过程中,保险企业与投保人保持不断的、信息密集的双向沟通和交流,让投保人参与到营销过程的各方面。从保险产品设计、制作、定价到售后服务,网络保险能真正体现以客户为中心的营销思想。

4. 个性化

在我国,传统保险业在展业时推行的是人海战术,营销人员的素质普遍不高,令公众信任感缺失,严重阻碍了保险业的正常发展。运用电子商务网络展业,其服务水平得到了巨大的提升。第一,在线投保不受时空限制,可以为客户提供最完善的服务。即使身处不同的地理位置,保险人与投保人仍可以进行全天沟通和网上交易,投保不受时间限制。第二,保险公司利用网络可以对公司员工和代理人进行培训,提高营销人员的基本素质,保证服务水平,提高保险业展业的效率和水平。

5. 产品多样化[①]

运用网络技术和电子商务可以在很大程度上解决传统的保险业务中存在的险种同构的问题。一方面,保险人可根据消费者网络反馈制定新产品的开发规划。这一过程其实已存在于传统的保险业中,但是网络技术的发展使得双方的交流更加便利,提高了双方信息沟通的效率。另一方面,投保人也可以运用网络在线申请订立特别保单,投保条件、可保范围、缴费方式、融资渠道等条款都可以为消费者量身定制。保险商品不再是一成不变的经济合同,而是别具风格的特色产品,具有相当的灵活性。

(二)网络保险较传统保险业的比较优势

保险作为一种传统的金融服务,其经营活动仅仅涉及资金流和信息流,并不会涉及物流配送等瓶颈问题,这正是保险等金融服务开展电子商务的先天优势。

与传统保险营销模式相比,保险网络营销具有以下明显的优势。

1. 简化交易,降低运营成本

这是许多电子商务业务的优点,更是网络保险营销的诱人之处。除了网络营销平台初期需要大额投入之外,其后期的维护成本相对较低,相对于开设营业点的销售成本和广告成本如房租、佣金、薪资、印刷费、交通费、广告费等都会大幅减少。

---

① 彭晖,吴拥政.网络金融理论与实践.西安:西安交通大学出版社,2008年,第258页。

同时由于费用的降低和佣金的免除,保险公司还可以通过降低保险费率来进一步吸引客户,客户也将从中受益。这对于交易双方来说,是一个不可多得的双赢结局。

2.降低行业壁垒,加剧行业竞争

在传统的保险销售过程中,保险公司需要投入大量的资金来建立一个庞大的销售网络。但是利用互联网开展保险业务,公司只需要支付一个可以负担的成本就可以立即进入保险市场,进入这个领域的门槛比以前低了,这为各保险公司提供了平等的机会,加剧了行业竞争。展业成本在传统上起着重要的影响,成本通常会超过新收的保费,并且要在很长的保单期内分摊。对于新进入市场的公司而言,初期如此大的成本负担将成为他们进入市场的一个壁垒。而借助于互联网的销售,保险公司就可以大大地降低展业成本,进入保险领域也因此而容易得多[①]。

3.不受时空限制,拓展业务机会

互联网的特点使得保险业务可以延伸到全球任何一台上网终端,实现全天候的在线作业,促使保险市场进一步向国际化、全球化的方向发展。同时随着上网人数越来越多,对保险企业来说,即使在网上暂时卖不出保险,网络也可以把对保险有初步意向的人从众多的人群中挖掘出来。网络作为一个营销渠道、一种中间人,可以帮助企业缩短出售保险过程中的很多环节[②]。而且,网络保险还可以与各种人群进行交流和联系,可以接触到传统保险所无法接触到的人群,这样就拓展了保险公司的业务机会,扩大保险覆盖面,提高市场占有率,在理论上也更符合"大数法则",对于保持保险公司的经营稳定性十分有利。

4.扩大知名度,提升企业竞争力

Internet 的主要特征就在于其信息传递和处理的快速性和共享性,以及信息传播的广阔性。利用电子公告牌(BBS)、电子邮件(EMAIL)等方式,保险公司可以在全球范围内介绍自己的公司,推销自己的产品和服务,这样既能够扩大保险宣传,又可以提高服务水平,从而扩大保险公司的知名度,有效抢占保险市场[③]。一些久负盛名的保险公司也感受到了网络保险的市场压力,纷纷打算将其业务与Internet 连接。他们认为如果不这样做,自己将面临没有生意可做的局面。2000年初,美国三大保险公司之一的 ALLSTATE 宣布开始在网络上销售其个人保险

---

① 米全喜.网络保险发展研究.吉林大学,2006 年,第 7 页。
② 王维安,俞洁芳,严谷军.网络金融学.杭州:浙江大学出版社,2002 年,第 192 页。
③ 王悦.我国发展网络保险的对策分析.四川大学,2005 年,第 12 页。

服务,此举带动了多家保险公司的跟进。

5. 利于加强内部管理,优化组织结构

在网络经济下,保险公司需要团队工作和项目工作的新方式,需要一种新的更有生气、充满智慧的组织结构。网络保险正适应了这种新的要求,使保险公司在大幅度减少员工、缩减企业中间管理层的同时,达到优化组织结构、强化横向职能的沟通、增加组织灵活性和适应性的目的。于是在网络保险下新的组织结构将提高组织的反应速度,减少重复性劳动,增加工作的协调性,逐步变"下属对上司负责"为"人人为客户负责"。

■ 四、网络保险的发展现状与国际比较

(一)我国网络保险发展的现实基础

1. 行业基础——来自于保险业的发展

网络保险的出现,给我国保险业提高自身发展水平、赶超世界先进水平提供了前所未有的机会。在网络保险领域,国内外保险业基本处于同一起跑线上。国际上目前只有部分保险公司能提供网上投保,很多网站仍以提供信息服务为主。我国大多数保险公司已经意识到电子商务建设的重要性和迫切性,正积极进行电子商务尝试,机会远远大于挑战。尽管国内网络保险仍处于起步阶段,但我国已经初步具备加快发展网络保险的环境和条件,如果我国保险业能抓住机遇加快发展速度,就有可能在新一轮的保险业竞争中取得主动并有所作为。

2. 技术基础——来自于网络技术发展

我国自1994年接入国际互联网以来,互联网在中国从无到有,迅速发展壮大,中国网民人数正在翻番式地增长,上网资费也在逐年下调,各ISP争相提供优惠的上网服务,使得中国人上网不再是一项奢侈的消费,加上网络基础设施的不断完善,这些都为网络保险的发展提供了必要的技术基础。

3. 客户基础——来自于中国网民结构变化

调查显示,不同工作方式、不同年龄的消费者对网络保险的态度有很大的差别,其中经常使用电脑等现代化通信设施的被调查者对网络保险的接受程度明显高于很少接触电脑的被调查者,年龄在25岁的被调查者对网络保险的兴趣远远大于年龄在45岁以上的被调查者。而18～34岁这一年龄段的人最有可能利用互联

网选购保险[①]。从我国的网民分布上来看,年龄处于 18～40 岁的占大多数,这个年龄段人群文化素质普遍较高,这和接受保险的主要消费者年龄阶段刚好吻合。

4.环境基础——来自于电子商务制度建设

在互联网这个虚拟世界中创造一个良好的商业环境,包括确定交易各方身份的真实、有效,确保网上资金和信息流的安全,承认电子契约的合法有效等方面。我国电子商务环境建设已经取得了一定的进展。中国金融认证中心(CFCA)正式挂牌运营,标志着我国电子支付的安全认证系统已基本确立,解决了制约我国电子商务发展瓶颈之一的安全网上支付问题,为发展网络保险提供了有力的保障。

(二)我国网络保险的产生

我国的网络保险业务起步较晚,1997 年 11 月,由中国保险学会和北京维信投资顾问公司共同发起成立了我国第一家保险网站——中国保险信息网(www.china-insurance.com)。开网当天,保险网促成了我国网上投保的第一单,由新华人寿保险股份有限公司承保,表明我国保险业已经开始迈进网络大门。2000 年 3 月 9 号,国内推出首家电子商务保险网站"网险"(www.0risk.net),该网站由中国太平洋保险公司北京分公司与朗络电子商务公司合作开发,真正实现了"网上投保"。"网险"先后推出了包括网上个人保险和网上企业保险两大类三十余种个人险种。运营第一个月便收到 99 万元的保金。其后,国内其他保险公司也纷纷推出了自己的网络保险业务。2000 年 3 月 15 日,中国人寿重庆市分公司在网上为消费者提供服务;4 月 12 日,中国人寿四川省分公司人寿保险服务网站开通;4 月 18 日,金盛人寿保险公司网站正式启动;同年 4 月 1 日,泰康人寿营业总部与北京鸿联 95 在线系统网络公司进行合作,结合"95 在线"网络资金卡推出附加人身意外伤害保险;6 月 30 日,中国太平洋保险公司正式开通了太保公司继北京、海南之后的第三个网络保险服务窗口;8 月 1 日,国内首家集证券、保险、银行及个人理财于一体的个人综合理财服务网站——平安 PA18 新概念网站正式对外界亮相,其强有力的个性化功能开创了国内先河。8 月中旬,整合型的大型保险网站"易保"保险网站诞生;9 月 22 日,"泰康在线"(www.taikang.com)全面开通,这是国内首家通过保险类 CA 认证的网站。现在,国内的保险公司几乎全都拥有了自己的主页。但是,目前已开通网站的保险公司在网络销售方面基本还处于初级阶段,即静态信息给予阶段,仅仅提供险种内容、经营机构、投保意向书等内容。

---

① 彭晖,吴拥政.网络金融理论与实践.西安:西安交通大学出版社,2008 年,第 261 页。

(三)国外网络保险概况

1. 美国

网络保险最早出现在美国。从全球范围来看,美国以业务量大、参与者多、范围广和水平高等特点,迅速成为网络保险发展的先驱,到 2007 年初几乎所有的美国保险公司都已上网经营。美国国民第一证券银行首创通过互联网销售保险单,安泰、友邦等国际保险网站建设颇具规模;成立于 1999 年的 eCoverage 是美国第一家所有业务活动均通过互联网进行的公司,改变了在此之前的通过网络销售的保单都需要与代理机构打交道才能完成的局面;美国加利福尼亚州最大的一家网络保险服务公司 INSWEB 早在 1997 年用户数就为 60 余万,到了 2000 年增加到了 300 余万,到 2004 年已经提供了 28 家保险商的费率咨询服务。

据统计,1998 年美国 86% 的保险公司在网上发布产品资料信息,有 61% 的网站提供代理商地址咨询服务,比上一年增加 25%,有 43% 的保险公司把发展互联网业务作为公司战略规划的重要组成部分,比上一年增加 19%。在网络服务的内容上,涉及信息咨询、询价谈判、交易、解决争议、赔付等;在保险品种上,包括健康险、医疗险、寿险、财产险等。同时,互联网还被用于公司内部的经营管理,决策人员开始利用互联网进行资料收集、统计分析、业务培训等。

从网络保险的收入来看,1997 年是 0.39 亿美元,1998 年为 1.55 亿美元[1]。到 1999 年,网络保险的保费收入占保费总收入的 0.2% 左右[2]。经过几年的缓慢发展后,越来越多的保险公司和投保人认识到了网络保险带来的成本降低等一系列好处,保险公司开始将更多的资源投入到网络保险中,投保人对网络保险的接受程度也是越来越高。进入 2000 年之后,网络保险迎来了快速发展。加入到网络保险超市的保险公司日益增多,而保险代理机构的数量则持续下降,规模小的代理机构关闭或合并到了大机构中。Aetna 公司宣布大幅度减少委托给独立经纪人的业务量[3];ALLSTATE 宣布在未来两年内将斥资 10 亿美元用于系统建设并通过网络和电话销售车险和家庭财产险,同时减少 10% 的代理机构[4]。表 4-1 是在一份于 2002 发布的报告中对当时美国各保险公司网站的评估,可以看到网站能够提供的服务比几年前有了很大的改进。多数的网站都能提供在线报价服务、在线计算器和工具、个性化服务等功能。美国 2003 通过网络销售的保费为 47 亿美元至 50 亿

[1] The Evolution of eCoverage in the Online Insurance Market. Harvard Business School. May 9,2000。

[2] Major Trends in the Development of Electronic Commerce in the United States. Coalition of Service Industries(CSI). March 18,2002。

[3] Jean Gora. What's New in Cybertalk? February 2000。

[4] The Evolution of eCoverage in the Online Insurance Market. Harvard Business School. May 9,2000。

美元之间①,所占的比例还是很低,但增长速度是很快的。

表 4-1　美国保险公司网站评估

服务内容 保险公司	保险公司信息	保险产品信息	交互式计算器/工具	详细联系信息	个性化/客户化	理赔服务	在线报价系统	在线报价对比	在线支付	服务中心
Aetna	✓	✓	✓	✓	✓					✓
AIG	✓	✓	✓	✓	✓	✓	✓			✓
CIGNA		✓	✓							
Allstate	✓	✓	✓	✓		✓	✓		✓	✓
Ebix		✓	✓	✓		✓				
InsWeb	✓	✓	✓	✓	✓		✓	✓		
Metropolitan Life	✓	✓		✓						
New York Life	✓	✓	✓	✓	✓					✓
Progressive	✓	✓			✓	✓	✓		✓	✓
Prudential	✓	✓								
Quick Quote	✓	✓		✓			✓			✓
Quicken Insure Market		✓	✓		✓		✓	✓		✓
State Farm	✓	✓	✓	✓		✓	✓		✓	

资料来源:Current and Future Business ModelAnalysis. Brunel University et al. 9/5/2002.

　　调查数据显示,美国的保险公司从初期的网上发布产品资料信息,通过网站提供代理商地址咨询服务,到 2007 年各保险公司已经把发展互联网业务作为公司战略规划的重要组成部分。

---

① Jamie Bisker. Update on internet insurance. TowerGroup. 转引自 http://www-03. ibm. com/industries/financialservices/doc/content/landing/957474103. html. 这篇文章在 2003 年中期认为之前所做的 2003 年网络保费收入达到 47 亿~50 亿美元的预测是符合实际的。

2. 欧洲

欧洲互联网普及率较美国低,且缺乏统一的政策和规范,要形成跨国界的网络保险市场尚存在诸多障碍,但其网络保险的发展势头仍不可忽视。英国著名的保险组织劳合社,为了适应网络经济下新的客户要求,改变了三百多年的传统操作程序——Cargoinsure,以实现网上销售的目标。考虑到电子商务已经开始动摇国际承保市场的整个业务流程,伦敦保险市场的两大支柱——劳合社和国际承保协会及劳合社保险经纪人协会,共同提出了旨在重整伦敦保险市场业务流程的激进改革方案。法国安盛集团是全球最大的保险及资产管理集团之一,早在 1996 年,它就在德国试行网上直销。2006 年,这个集团约有 8% 的新单业务是通过互联网来完成的。2000 年,安盛在上海的合资公司金盛人寿也在中国开通了自己的网站。1997 年,意大利 RAS 保险公司在网上提供最新报价和信息咨询,该公司月售保单从当初的 170 份上升到 1999 年初的 1700 份[①]。

1999 年在英国成立的 Screentrade 提供 7 家本国保险商的汽车和旅游保险产品,用户数量每月以 70% 的数量递增。据有关专家估计,英国网络保险市场 2005 年达到 31 亿美元,20% 的一般保险在互联网上进行销售。Ineas 是欧洲第一个完全通过互联网销售自己产品的保险公司,于 1999 年 10 月在荷兰销售出它的第一份保单。世界第二大再保险公司——瑞士再保险公司则宣布,电子商务帮助该公司每年节省 7.5 亿瑞士法郎。

和美国一样,在开始的几年间,网络保险在欧洲的发展速度也是很缓慢的,1999 年网络保险的保费收入仅占总收入的 0.02%,最近几年的增长速度有所加快。在英国,2004 年接近 50% 的投保人在互联网上查找保险信息,在 2005 年,在互联网上对汽车保险、家庭保险和旅游保险等信息的搜索次数一个月就达到了 760 万次,通过互联网达成的车险投保量比 2003 年高出一倍。6% 的投保人通过互联网完成了家庭保险的投保,而 2001 年这个数字仅为 1%[②]。

3. 亚洲

在亚洲,由于一些发展中国家将电子商务视为改造本国经济的难得机遇,网络保险的发展也随之表现出前所未有的势头。近几年,亚洲地区特别是韩国、日本、新加坡等国家涌现出了大批的保险网站,并且开展了多种不同模式的网络经营。

韩国政府于 1998 年 3 月制定的通过多种渠道销售保险产品的指导对网络保

---

① 战松. 网络金融实务. 成都:西南财经大学出版社,2006 年,第 237 页。

② Abstract of UK Online Insurance 2005. 转引自 http://www.marketresearch.com/map/prod/1200371.html.

险的出现起到了推动作用。韩国在 2000 年出现了网络汽车保险公司。目前三家汽车保险公司 Kyobo、Teachi 和 Daum 已经占据了保险市场的 5％，并且还在继续快速增长。其中 Kyobo 汽车保险公司 2004 年的保费收入比 2000 年增加了 11 倍多，达到 3221 亿韩元。通过网络销售的车险比传统营销方式便宜 15％，对投保人具有一定的吸引力，成为网络车险市场快速增长的原因①。

　　1999 年 7 月，日本出现首家完全通过互联网推销保险业务的保险公司。这家保险公司由总部位于美国的 AFLAC 公司和日本电信共同投资设立和管理。这家名为 Aflacdirect 的网络保险公司主要将服务对象定位于 40 岁以下的客户。在网站开通以后，客户可以直接通过互联网向网站投保或获取保险信息、利用在线计算器计算保险金。同年 9 月底开始推出电话及互联网销售汽车保险业务的日本索尼损害保险公司，截至 2000 年 6 月 19 日通过 Internet 签订的合同数已累积突破 1 万件。2000 年 4 月，明治人寿引入了人寿账户 L. A.，使客户可以通过互联网查阅并修改个人资料，以满足客户在生命周期的不同阶段产生的不同投保需求。通过人寿账户 L. A.，客户可以修改每年的投保范围，可以在任何时间、任何地点通过互联网支付保费或者部分提款②。

（四）我国网络保险发展中存在的问题③

　　对比我国与国外网络保险的发展历程和现状，可以发现，我国网络保险在发展过程中存在如下几个问题：第一，公众投保参保意识较低。这是传统保险发展所面临的问题，同样，在网络保险发展过程中，公众保险意识的低下也制约了网络保险的发展，即使大家接受电子商务这个新生事物，但保险意识的低下使他们并不接受或目前不打算接受保险产品和服务，网络保险的发展仍然受到制约。第二，品种单一。网上险种和支付方式都非常单一。由于保险过程涉及到对客户投保前的状况核实以及理赔前对客户受损情况的核实，而这些核实工作很难在网上完成，所以目前很多险种还不能在网上销售。另外，目前在线保险交易中，客户必须在与所投保的保险公司签订了支付合作协议的指定银行建立账户，才能进行在线交易时的扣款。如果客户不具备上述条件，由于银行间资料交换不完善，尚不具备实施跨行转账交易能力或者存在跨行手续费用，因此不能进行在线交易结算。第三，不能实现全程在线。现在的网络保险投保人和代理人仅在网上联系几次是根本不可能签单的，承保过程中的设计、签单、核保、理赔等关键环节都必须在网下完成。因此，就

---

　　① Lee Kye-hwa. Online financial services speed up restructuring. The Korea Herald，2005. 11. 15。
　　② IBM 全面存储为日本明治人寿"保险". http://www-900. ibm. com/storage/cn/cases/fin/0304_meiji_life. html。
　　③ 王悦. 我国发展网络保险的对策分析. 四川大学硕士论文，2005 年，第 40 页。

目前发展状况,不是所有的网络保险程序都能够在网上完成。第四,相关法律法规不健全。按照《保险法》规定,凡是需要被保险人同意后投保才能为其订立或变更保险合同,以及投保人指定或变更受益人的,必须由被保险人亲笔签名确认,不得由他人代签,《中华人民共和国电子签名法》已于 2005 年 4 月 1 日正式实施,它规定"可靠的电子签名与手写签名或者盖章具有同等的法律效力",这为网络保险的发展提供了有力的法律支持,但在线保险的发展还需要一系列的相关法律的出台,如规定有关数字化保单法律效力、网络安全、客户隐私保护等。只有这些相关的政策和法律法规的软环境得以健全,才有利于网络保险的良性发展。第五,第三方保险网站的盈利模式难以确定。从世界范围来看,第三方保险网站似乎还没有找到真正适合自身业务特点的盈利模式。而在我国,电子商务市场和保险市场均远远未成熟,所以我国的第三方网站更难确定盈利模式。第六,独立的网上税收系统。电子商务的快速发展是一个趋势,但是其发展过程中的税收问题也随之显现出来。很多通过互联网销售的服务及产品的销售税没有上交,这样,国家的税收收入会因此而减少,电子商务的售后收税问题确实是一个很现实的问题,一方面很难确定网上的买者和卖者的位置,另一方面,也很难确定是哪个具体的机构支付网上的销售税。所以,有关部门应制定一个独立的网上税收系统,以便于收取网络保险交易的营业税。

第二节　网络保险的业务模式

■ 一、网络保险的业务内容[①]

　　网络保险的业务除了对保险公司及其中介公司进行宣传以外,主要集中在以下三个方面:

　　第一,提供在线分析、帮助投保人选购保险产品。在网络保险站点上有专业的保险需求评估工具,投保人通过点击它,便可以轻松地获得从初步到精确、从综合到分险种的需求分析。在此基础上,投保人可自行比较、选购各种保险产品或套餐,也可简单描述个人情况,用保险需求评估工具为其分析,量身定制投保方案,从而使客户全面享受个性化服务。

　　第二,提供在线投保服务。在投保人选定需要购买的保险产品之后,网络保险

---

　　① 米全喜.网络保险发展研究.吉林大学硕士论文,2006 年,第 3～4 页。

站点还应提供在线投保服务,即为投保人提供通过网络完成在线购买申请、在线核保、在线支付保险费用和在线获取保单等服务。

第三,提供在线理赔服务。在线理赔服务,不仅应提供理赔作业流程、注意事项的争议解决办法以及查询理赔所需单证和出险联系电话地址等服务,而且应提供方便快捷的网络报案服务系统,及时反馈客户投诉,并提供划拨赔款到客户指定账户的服务。

除这三项必不可少的业务之外,网络保险站点还应该提供在线交流服务,让投保人可以就任何有关保险的问题向保险专家请教并得到及时解答,且就相关问题征求投保人的意见和建议。作为一个好的网络保险站点,还应提供到其他相关网站的链接。这不仅有助于客户获取丰富的保险信息,也便于客户"货比三家",从而坚定其购买保险产品的决心。

■二、网络保险业务模式的分类

(一)网络保险业务模式的基本类型

与一般的电子商务业务模式的分类类似,由于保险的提供者是公司,网络保险的业务模式可分为两种基本类型:公司对消费者(B2C)网络保险和公司对公司(B2B)网络保险。

1.B2C 网络保险

公司对消费者网络保险是指保险公司对个人投保人或者被保险人的电子商务平台,它是针对个人被保险人销售保险产品和提供服务的平台,主要的产品包括人寿险、健康险、车辆险、家庭财产险等。

2.B2B 网络保险

公司对公司网络保险是保险公司对公司客户的电子商务平台。公司投保人通过互联网或各种专用商务网络向保险公司购买保险、支付保费并接受服务。涉及的产品主要包括货物运输险、小型公司的责任险,对于财产险、工程险、信用险等大项目,目前的网络保险业务一般只提供相关信息和风险知识。

(二)网络保险业务的表现形式的分类①

依据网络保险公司的服务渠道以及保险市场成员与分销合作者之间的关系,

---

① 王格.我国网络保险经营模式分析.时代金融,2007(05):90～91。

保险业的在线业务可划分为水平门户服务模型、垂直门户服务模型、集成商模型、商品市场和在线保险承保人等 5 种原始类型。就目前而言,根据不同原始模型的组合,在实际应用中,由于网络保险经营的内容与形式不同,可分成如下几类。

1. 网络保险信息模式

此类模式多为保险公司建立自己独立的网站,旨在宣传公司产品和服务,销售保险产品,提供咨询、索赔等保险服务。这种模式是一些传统的保险公司利用计算机网络技术对传统保险产业和公司内部运作进行改造,全面提高企业整体素质,实现保险行业传统服务模式的重大变革。此类网站拥有明确的业务和客户资源,有母公司的强有力的支持,为传统保险公司提高经营管理水平,整合内部和外部资源,实现跨越式发展提供前所未有的机遇。网络保险的初期投入巨大,需要一个迅速扩大的市场以实现规模经济,收回投资,否则在巨大的投入面前,网络保险将难以为继。此类网站目前的业务还是要依赖传统部门完成。专业财经网站和综合门户网站开辟的保险频道也属于该模式。其目的在于满足其消费群的保险需求,例如新浪、搜狐的财经纵横保险频道。他们并不提供保险产品的在线交易,相对于传统保险而言只是一种信息的补充,所以只能算做一种电子信息服务和电子商情,而不能称为真正的电子商务活动。

2. 网络保险超市

在一个大型的在线保险服务平台里,保险中介把有关联的所有保险公司的保险产品信息放在一个网站上进行介绍,让用户自主比较选择所需要的保险产品,将用户与保险公司联系起来,从中收取较低的佣金或手续费。对于新用户来说,他可以准确地找到每个保险公司的各种保险产品信息。这种模式同现实中的大型超市类似,其优势是显而易见的——可容纳大多数的保险企业开设门以及网上交易和清算;可进行不同保险公司业务的比较,并给出建议和投资组合分析,让广大的投保人可以在保险公司中"货比三家",消费者总能找到适合自己的那一款;不足在于信息过于繁杂,容易让用户迷失在一大堆同质的信息中。

3. 网络金融交易市场

网络金融交易市场模式涵盖的范围要大于网络保险超市模式。该模式最大的特点在于它不仅提供网络保险和相关产品信息,还提供与网络保险交易相关的其他在线金融业务,包括储蓄、信贷、结算、投资及其他相关的风险交易、风险拍卖等。网络金融交易市场的建立需要立足金融界、依托于互联网,需要银行、基金公司、保险公司等各方的合作。在该市场中存在一条比较完整的金融行业链,客户可以在市场内完成一站式购物,从资讯获得、信息分析到购买决策的确定、付款、金融再到理财产品的售后反馈等。

4.网络经纪人模式

这种模式是基于 Internet 进行多种定期产品销售的网站。这也是新型保险中介公司建立的供经纪人展业的虚拟网上交易平台。网络经纪人与传统经纪人相比,主要区别在于能否为顾客提供有吸引力的产品。这种模式是传统经纪人的网络化,在该模式下,消费者同样可以咨询专业的经纪人获得保险咨询。传统保险经纪人通常只熟悉其代理的几种保险产品,对于这些之外的保险产品信息并不了解,而且即使顾客并不适合其所代理的产品,保险经纪人还是会不遗余力的劝说其购买,给顾客带来不好的保险购买体验。网络保险经纪人相比于传统的保险经纪人就给了客户更大的选择空间,客户可以进行多方咨询比较,而且这种方式省去了许多的时间和精力。

5.网络风险拍卖市场

在电子商务迅猛发展的时代,风险拍卖市场也被顺势推向网络。网络风险拍卖市场是一种真正体现了以顾客为中心的商务模式。客户可以通过互联网,利用 B2B 商业模式,以拍卖的方式处置自身的风险,是一种很有吸引力的网络保险模式。在社会主义市场经济体制下,和其他拍卖一样,网络风险拍卖市场是市场经济规律的产物,适应市场而产生、生存和发展。

■ 三、网络保险的业务流程

(一)保险公司的基本业务流程

无论是否经营网络保险业务,任何保险公司的基本业务流程都可以用图 4-1 来描述。

从本质上来说,任何一个保险公司的业务基本都是这样来进行的:它首先宣传自己的产品和服务;然后收取由众多投保人(往往也是被保险人)交来的保险费,形成保险基金;当约定的保险事故不幸发生后,对被保险人进行保险金额的赔偿和给付;由于保险事故发生和损失程度的不确定性,保险基金的形成与保险金的赔偿和给付之间必然存在着一定的时间差和数量差,使得保险资金的运用成为可能。另外,在承保之前,为了防止逆向选择行为,保险公司必须对保险标的实施核保。在承保之后,为防止道德风险,尽可能减少保险赔偿和给付的可能性,保险公司一般还要对保险标的采取积极的防灾防损工作。

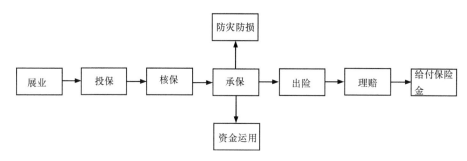

图 4-1 保险公司的基本业务流程

(二)网络保险的业务流程

网络保险并不能改变保险公司的展业、承保、核保、理赔等基本业务流程,由于信息技术的有力支持,所改变的只是这些基本业务流程的处理方式。真正的网络保险必须实现保险信息咨询、保险计划书设计、投保、缴费、核保、承保、保单信息查询、保全变更、续期缴费、理赔和给付等保险全过程的网络化,摒除网下人工程序。

实际操作中,网络保险业务流程表现为前台业务流程和后台业务流程[①]。其中,网上投保的前台业务流程如图 4-2 所示。当投保人根据专家推荐或自我判断完成了投保单的填写和递交后,网上业务便转入了后台业务流程,如图 4-3 所示。后台业务的关键是实现在线核保,由于大量传统保险产品还不能达到在线核保的要求,所以核保环节一般分为在线核保和离线延时核保,即对超出在线核保权限的投保单的离线核保。根据系统设置,核保人在核定各保险事项的同时可以对保险期限、保险费率、免除责任等内容进行调整,并提出相应意见。

在发达国家,保险公司的电子网络十分发达。以网上营销为例,想买保险的人可以在任何时候登录到提供保险服务的网站,完成咨询、比较、选择等过程,确定投保险种、交费方式、交费年限、制定受益人,并向保险公司发出带数字签名的邮件。保险公司的核保人员通过电脑核保后(要做体检的除外),客户就可以即刻通过网上银行交纳首期保费,保险公司出具电子保单,客户可以在指定型号的打印机上打印出正式保单,整个投保过程全在网上完成。

我国网络保险程序目前的主要步骤包括[②]:客户浏览保险公司的网站,选择适合自己的产品和服务项目,依照表格依次输入个人资料,填写投保意向书,确定后通过电子邮件提交;经核保后,保险公司同意承保,并以电子邮件方式向客户确认,

① 彭晖,吴拥政.网络金融理论与实践.西安:西安交通大学出版社,2008 年,第 268~269 页。
② 张卓其,史明坤.网上支付与网上金融服务.大连:东北财经大学出版社 2002 年,第 317~318 页。

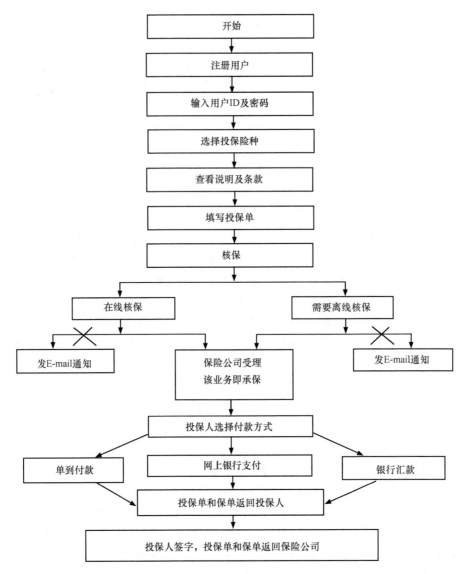

图 4-2　网上投保的前台业务流程

则合同订立;经保险公司签发后的保单,将由专人送达投保人,客户正式签名,合同成立;客户缴纳现金,或者通过网上银行转账系统或银行卡方式,将保费转入保险公司,保单正式生效。客户还可以利用网上售后服务系统,对整个签订合同、划交保费过程进行查询。

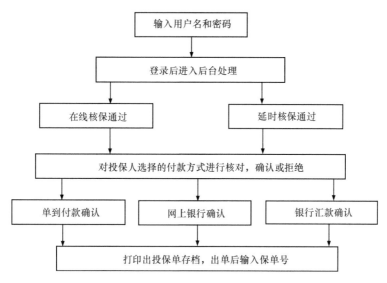

图 4-3 网上投保的后台业务流程

■四、保险机构开展网络保险的步骤[①]

目前,对于中国保险机构来说,在网络保险循序渐进的发展过程中,应依据其自身的发展规律,通过以下三个步骤来实现网络保险的阶段性推进。

(一)静态信息服务阶段

第一,合理规划,量力而行。开展网络保险服务需要投入一笔建设网站并将其与保险公司计算机系统相连的资金及必要的技术力量支持,同时还要面临网络服务与现实保险销售渠道相冲突的风险。各大保险机构应根据中国网络保险发展的现状、本企业的经营状况和技术实力、目标市场使用网络的情况等因素,切实可行地制定出网络保险的发展规划,加强电子化信息系统的基础建设。

第二,建立完善的网站,树立保险公司的良好形象。保险公司可先通过网址的公布和产品的商标注册,将自己的"网络保险公司"建立起来。网站的建设应该注意以下几点:提供自动的后台端,以便对顾客需要做出及时的反应;把网络与电话操作台相连,与客户进行交流;为顾客提供交互式计算器,帮助顾客选择最合适的保险产品;有计划地进行各种数据的收集和分析,及时了解市场信息,加强内部管理。

---

① 李琪,彭晖,Andrew B. Whinston,Ming Fan.金融电子商务.北京:高等教育出版社,2004 年,第267~270。

品牌是网络保险公司成败的关键,而网页设计则是树立公司网上品牌形象的关键。对于网页的设计而言,应坚持市场领先、险种创新、公司特色、针对性第一等原则进行市场定位。

(二)动态信息服务阶段

其一,建立网上综合服务系统。通过开展网上专家咨询服务,与客户进行双向信息交流,及时详细地解答客户在保险方面的各种疑问。要进行市场调查,向客户发送电子调查表格,了解客户的需求与意见。另外还应建立保险学习网页,并把该网页与网络保险字典的网址相连,向网民宣传保险基本常识、法律、法规、投保技巧、索赔程序等内容,普及保险知识、提高保险意识、吸引潜在客户。

其二,网络保险与传统代理营销方式相结合,充分拓展市场。虽然网络保险直销方式是今后保险业发展的趋势,但在目前中国网络普及率不是很高,保险意识较为落后的情况下,传统的代理营销仍然是保险营销的主要方式。现阶段,应将网络保险作为传统营销手段的补充形式,借助于互联网,在保险公司与保险营销员之间建立更加便捷的互动关系,最大限度地拓展市场。

(三)在线交易阶段

建立系统完善的统计数据研究,开发网上核保风险管理、公估、定损、理赔、勘察等系统,以及全球分销、促销和售后服务系统。

目前,我国保险公司在网络化进程中,大多处于第一或第二阶段。由于第二阶段是发展的关键,因此国内保险机构应本着统一规划、分布实施、避免低水平重复等原则,实施先易后难、重点突破的战略,将主要精力集中于第二阶段的建设与完善,并等待时机完成跨越性的一步,最终实现完全意义上的网络保险。

五、网络保险的发展趋势分析

经营网络保险并不能偏离保险业的传统业务流程。从险种的角度分析,适合网上销售的险种应该是那些核保简单、手续简便的险种,譬如一些个人健康险、意外险、家财险、车险、货运险,以及小规模个体工商户的财产险和部分责任险等。

瑞士保险公司对产品的复杂性、交易额与是否适合在网上销售做了分析。产品越复杂、交易额越大就越不适合在网上销售(图4-4)。这些年来的网络销售情况证实了这种分析。汽车保险由于简单、重复性高,在各国网络保险收入中都是比例最大的。在欧洲,在投保人通过互联网搜索的保险产品中,也是汽车、家庭和旅游保险这些简单、保费相对低的品种居于前列。

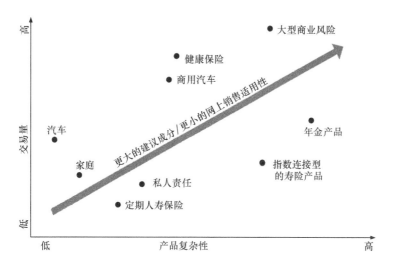

图 4-4 网上销售的适用性——销售量和产品复杂性之间的关系

资料来源:Donaldson,Lufkin 和 Jenrette,瑞士经济研究与咨询部。转引自瑞士再保险公司:《保险业面对电子商务带来的影响:适应压力,重建自我》,《Sigma》,2000 年第 5 期。

第三节 网络保险的管理与运作

■一、网络保险系统的构建

网络保险系统的建设是保险企业从事电子商务的重要环节,涉及网络保险业务、网上支付、通信、技术等许多因素。在进行系统规划时,应充分考虑环境因素和企业的自身条件,制定适宜的目标,统筹规划,分阶段进行系统建设。

(一)网络保险的运行环境

我们要从供应链的角度审视网络保险的运行环境。如图 4-5 所示,进行网络保险,需要通过开放性的 Internet、保险公司的内部网络和其他相关部门的业务网络,组成一个完整的电子商务运作环境;需要的合作伙伴包括投保人、保险公司、认证中心、银行、医院等;而主要相关部门是工商税务部门、保险监管机构、Internet 服务提供商等。图中的保险公司的网络保险系统同投保人和其他部门都是通过 Internet 进行数据通信的。随着网络电子商务运作环境的完善,网络保险合作伙伴只有与主要相关部门通力合作,才能有效地推进网络保险的发展[①]。

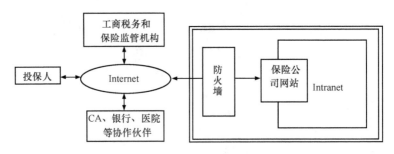

图 4-5　网络保险的运行环境

图中的 CA 为从事网络保险的投保人和合作伙伴颁发数字证书和提供认证服务,银行为其客户(投保人)提供网络保险的支付服务。要实现完整的保险电子商务会牵涉到很多方面,比如说发卡机构、支付网关、医院等相关机构进行验证、核实等环节的进行。

(二)网络保险业务系统特点[②]

网络保险业务系统是经过实践,根据保险公司的业务需要而精心设计的,它可以帮助公司员工更好地面对竞争激烈且日益复杂的运行环境。系统的安全设计使工作人员只有在经授权后才能够进行相关操作,每个用户维护自己的账号和密码,并且根据不同角色给予不同的权限。

目前,保险业务计算机处理系统有如下一些特色。

第一,设计思路新颖。系统突破了一个险种开发一套应用软件的传统开发模式。它提供的"险种生成"功能具有很强的险种通用性和条款适应性,是一个开发和处理保险业务应用系统的工具型软件,是思想观念和开发方式上的重大突破。

第二,技术先进。系统具有较强的可移植性和数据共享的能力,具有高度的数据安全性。尤其是系统不受险种类型的限制,这种突破险种类别的自动生成功能具有一定的先进性。

第三,技术难度大,运行效率高,界面友好。系统在一个单位内部按多种用户方式运行,在不同单位之间可按网络方式运行。

(三)网络保险业务系统结构

网络保险业务系统共分为五个模块:保险和再保险、索赔、负债人/债权人账

---

① 张卓其,史明坤.网上支付与网上金融服务.大连:东北财经大学出版社,2002 年,第 318 页。
② 战松.网络金融实务.成都:西南财经大学出版社,2006 年,第 247 页。

户、统计和报表、总账。

1. 保险和再保险模块

该模块可以处理包括投保单、续保单和退保单在内的各种新保单,并可以生成各种有关文档和报表。系统可以处理各种内部保险交易(包括直接保险、再保险)和外部保险交易(包括联保、可选和协议再保险)。它可以处理多种保险事务,对同一张保险单可分成多项风险,并处理每一种风险的再保险。此模块还可以打印各种文档,包括保险单、担保证明、保险证明、再保险申请和续保通知等。

2. 索赔模块

此模块可以记载各种索赔信息。其功能主要是处理新的索赔事故,包括支付赔偿金、赔偿金收回、按比例赔偿。系统可以生成并打印赔款表,给联保商和再保商的赔款通知、按比例赔偿通知、付款凭据、收据等。用户可以实时查询索赔编号、被保险人姓名、受益人姓名、被保人证明、出意外的日期及再保商的索赔编号等。

3. 负债人/债权人的账户模块

该模块可以为用户提供详细的数据,用于财务结算。系统可以打印有关的账户报告并生成各种形式的不同货币的账户报告。其他特点包括:自动生成付款凭据、打印正式发票等。

4. 统计和报表模块

在该模块中,用户可以摘录有关的详细报表和简要的管理信息,用于控制和管理整个事务中所有功能的分析数据。这些信息来源于大量的报表和实时查询。系统具有一个非常强大的报表制定功能,由参数来控制。例如代理、被保人、再保商、国家、事务级别、投保时间、风险描述等。

5. 总账模块

该模块允许用户在本财政周期内,处理以前或今后的某个财政周期内的交易,灵活地建立财务报表。用户可以生成损益表和资产负债表,把当前的财政数字、预算和前期的进行比较分析。总账模块可支持多个公司,并允许每个公司定义各自不同格式的损益表和资产负债表。

■ 二、网络保险的经营管理

(一)网络保险的业务流程改造

业务流程的再设计是一项极富创意性的复杂工作,需要创造性思维能力强、精通保险业务和熟悉计算机网络通信技术的复合型人才。从信息技术层面上看,网络保险系统是保险公司网站和其内联网的集成,它们发挥着保险公司业务流程的传导载体作用。保险公司进行电子商务,并不是对传统保险业务流程的简单电子化和网络化,网络保险服务的流程也不是传统保险服务流程在网络中的简单复制,应该依据电子商务条件和运作方式,利用信息技术构造更加先进、合理和有效的业务流程。

为建立网络保险系统,保险公司必须充分利用信息技术对原有业务流程进行重新设计。许多原来由人工处理的业务,现在通过网络由计算机自动完成。客户可以通过保险网站了解公司的保险产品和服务等信息,做出投保选择。保险事故发生后,可以直接通过网站向保险公司提出赔偿要求,这些导致传统的保险代理人和经纪人角色的重要性下降。保险费的支付和保险金的给付是保险交易的必备环节,如果保险公司与网上银行和认证中心实现计算机联网,就能方便、快捷地进行网上支付,降低运营管理成本。另外,与工商、税务和保险监管机构的信息交流,同样可以通过互联网高效完成,与监管机构的密切联系还有助于监控保险公司的经营风险[①]。

(二)网络保险的目标设定、需求分析和市场定位[②]

在进行网络保险系统建设前,高层领导要制定系统建设目标,市场人员要依据既定的目标进行需求和市场的调查分析,确定企业的市场定位。

保险公司建立网络保险系统的主要目的有两个:一是更好地满足投保人多样化的保险需求,扩大客户群并吸引更多的潜在客户,促进客户关系管理;二是提高业务流程的运行效率,强化内部经营管理,降低经营管理成本。

需求的调查分析包括分析自身需求、市场需求、客户需求等。市场的调查分析包括市场环境、客户分析、供求分析和竞争分析等。

网络保险企业要依据业务需求和自身条件,找准企业的市场定位,明确希望通

---

① 张卓其,史明坤.网上支付与网上金融服务.大连:东北财经大学出版社,2002年,第319~320页。
② 彭晖,吴拥政.网络金融理论与实践.西安:西安交通大学出版社,2008年,第279页。

过互联网营销做什么、为谁做、怎样做,然后才能设计开发出保险主页,确定保险营销主页的风格取向、包装以及运用哪些技术手段来实现等,主页上的内容要充实新颖,不断创新。好的保险营销主页只有一个标准——当访问者访问这个主页时会被深深吸引,并且成为经常的造访者。通过网络加深与社会公众的沟通,是探索网络保险营销的起点,也是我国保险企业走向世界的基本途径。

(三)保险公司组织结构的调整

目前,我国境内的保险公司既有国有独资的有限责任公司,又有股份有限公司;既有全国性的公司,也有区域性的公司。但不管性质如何,各家保险公司的组织结构无论从分支机构设置还是从各级公司内部职能部门设置的角度看,均属于典型的金字塔型结构(见图 4-6 和图 4-7)[①]。

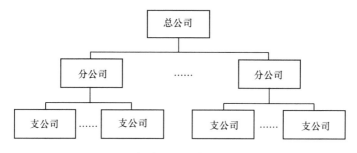

图 4-6 保险公司分支机构的设置

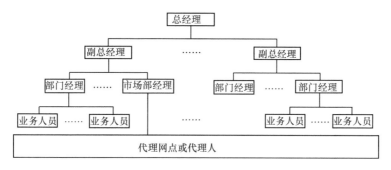

图 4-7 传统保险公司的组织结构

保险公司天然的追求规模经济的倾向以及公司内外长期低效率的信息技术支持是形成这种金字塔型组织结构的原因。金字塔型组织结构的缺陷在于多层次的

---

① 王维安,俞洁芳,严谷军.网络金融学.杭州:浙江大学出版社,2002 年,第 203 页。

结构不能快速而有效地处理信息。庞大的等级阶层使处于顶端的决策者往往根据过时的信息进行决策,而决策指令又会由于多层次的传递而常常扭曲和失真。这使得金字塔型组织结构越来越难以适应瞬息万变的市场环境。

随着电子商务的发展,各行各业的市场竞争将会日趋激烈。人们越来越感觉到,在电子商务条件下,对市场环境变化的反应速度将决定一切。谁先进行下一步,谁就能够获得竞争优势。而对市场环境变化的反应速度主要取决于组织内的灵活程度和应变能力。所以,网络保险不仅要求保险公司与消费者快速互动,而且要求保险公司的各职能部门之间也要能够快速互动。

如前所述,Internet 和 Intranet 技术的发展使得传统保险公司的业务流程有了重新进行设计的必要和可能,但业务流程的有效运转还必须依靠相应的组织结构去计划、组织、协调和实施。Internet 和 Intranet 技术的应用替代了许多公司基层人员的工作,特别是庞大的代理人队伍的数量,降低了中层管理人员的管理幅度;同时,大量复杂信息能够借助 Intranet 技术进行及时快速的处理和传递,可大大缩减公司内部原有的进行信息处理和传递的中间管理人员的层次和数量。这种组织结构的调整主要体现在[①]:第一,减少过多的层次和适当压缩规模;第二,建立多功能多单元的小组,有效管理跨单元的项目,提高组织结构的灵活性;第三,利用外包或转包等形式,充分发挥保险自身的专业优势;第四,创建知识联盟,在该联盟的形式下,保险公司可以使自己获得其他组织的技能和能力,进而扩展自身的技能和能力。

于是,相对于金字塔型组织结构,拥有网络保险系统的保险公司或分支机构的组织结构就变成了钻石型结构(图 4-8)。

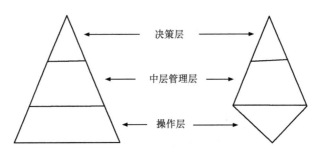

图 4-8　保险公司组织结构的转变

具体来说,一个拥有网络保险系统的保险公司或分支机构的组织结构可按图4-9 进行设计。

① 李琪,彭晖,Andrew B. Whinston, Ming Fan. 金融电子商务. 北京;高等教育出版社,2004 年,第 270 页。

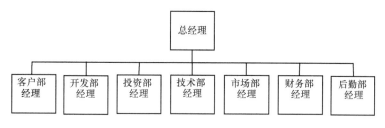

图 4-9　调整后的组织结构

　　其中,客户部负责响应客户的网上投保和理赔请求,实施核保、防灾防损和理赔,签发保险单,及时回答客户的各种咨询等工作;开发部负责根据客户的反馈信息和市场信息进行新险种的开发和设计;投资部负责保险资金的投资运作;技术部负责内部网和网站软硬件的维护和系统安全;市场部负责根据市场信息进行产品的营销策划以及网站的宣传和推广等工作;财务部负责成本收益核算和公司内部的财务控制;后勤部负责公司内部业务流程运转所需要的各种后勤支持。

　　显然,与传统保险公司组织结构最大的不同在于,拥有网络保险系统的保险公司省去了原来最底层庞大的代理人队伍和减少了管理层次。随着网络通信技术的进一步发展,甚至还可能省去分公司和支公司的建制[①]。

三、网络保险的营销管理

　　网络不仅使保险营销环境发生了根本性的变化,也创造了全新的营销理念和营销手段。因此,在网络经济中,保险公司应该积极地尝试新的营销策略来充分发挥网络的优势。从目前的发展状况来看,网络保险对传统保险的最大冲击之一,就在于对保险公司营销管理模式的冲击。相对传统保险营销而言,由于有互联网技术做支撑,网络保险营销模式将是变革性的,其营销理念、营销策略、营销方式等将会发生巨大变化。

(一)网络保险营销理念的转变

1. 保险市场的消费者行为分析

　　要开展网络保险,就需要对电子商务环境下保险市场的消费者行为进行分析。①保险消费者从大众中分离出来。传统保险营销理论中所指的保险消费者

① 王维安,俞洁芳,严谷军.网络金融学.杭州:浙江大学出版社,2002 年,第 205～206 页。

通常是大众,是生活中的每一个人。因此,在传统保险营销理论中,保险企业的宣传、广告和营销策略是针对所有人的。这种情况在网络保险中会得到根本的改变——只有主动上网搜寻保险产品信息的人才是真正的消费者。②大范围的选择比较。互联网和电子商务系统具有强大的信息处理能力,为保险消费者选择保险产品提供了很大的选择余地。在这种情况下,消费者能够更加明智地考虑各种风险问题。而对保险产品提供者——保险公司来说,设计符合消费者风险保障和投资理财需求的保险产品才是制胜之道。③消费者的个性回归。在过去相当长的一段历史时期,工商业都是将消费者作为单独个体来进行服务的。只是到了近代,工业化和标准化的生产方式使消费者的个性被淹没于大量低成本、单一化的产品洪流中。但是市场经济发展到今天,多数产品在数量、品种上都已经极为丰富,消费者能够以个人心理愿望为基础挑选和购买产品和服务,甚至可以主动地表达对保险产品需求的愿望。个性化也必将再度成为消费的主流。④注重技术的购买行为①。一方面,随着知识、信息和电子技术的飞速发展,产品更新换代加快,生命周期缩短,崇尚时髦的消费者期盼实时交付,并且希望在任何时间、任何地点都能得到;另一方面,随着现代生活节奏的加快,对消费者来说,时间和便利性已成为其购买行为的关键,人们越来越青睐于通过电子手段来获取产品、服务和娱乐。

2. 保险信息模式的变化

(1)双向信息的传播模式。在网络环境下,保险信息的传播模式逐步演变为一种双向的信息需求和传播模式,即保险公司在通过信息媒介积极向客户展现自身的保险产品的同时,保险客户也在通过互联网等媒介向保险公司索取所需要的保险商品信息。当今的互联网系统已经从技术上保证了保险信息的双向传播。

(2)推拉互动的保险信息供需模式。这一模式有两个方面:"拉"的过程是指个性化的保险商品信息需求,主动上网搜索所需保险商品的信息。从信息媒介的角度来看,保险信息需求模式的改变,迫使保险信息传播模式发生改变,传统的保险公司根据自身业务发展需要来组织保险信息发布的主导型传播模式被根据客户的需求和偏好传播保险信息的个性化传播模式所取代,这称为"推"的过程。

3. 保险营销出发点的转变

(1)时空观和虚实观。当保险公司通过互联网进行营销活动时,首先必须对传统的空间和时间的概念进行修正。从空间概念来看,网络保险营销将很容易地突

___

① 李琪,彭晖,Andrew B. Whinston,Ming Fan. 金融电子商务. 北京:高等教育出版社,2004 年,第272~273 页。

破传统保险营销的地域界限。而从时间概念来看,由于电子商务技术没有时间上的限制,可以轻松为客户提供 7×24 小时的不间断服务。另外,在网络保险营销中,许多交易环节都将在网上进行,市场被虚化了。面对全方位的竞争,保险公司必须将"实"的手段,即产品和服务质量,与"虚"的手段,即网络营销方法恰当地结合起来,否则就会被市场淘汰。

(2)以客户为中心的观念。在电子商务时代,保险企业所面临的竞争已不再只是产品和服务质量的竞争,还包括争夺客户的竞争。谁能随时把握客户的需求、加强与客户的联系,谁就能够取得市场竞争优势。所有这些,都要求保险企业的经营理念应尽快从"以产品为中心"向"以客户为中心"转移。目前,包括保险公司在内的许多大型金融企业纷纷强化了自身的客户关系管理(CRM),开发基于 Internet 技术的 CRM 系统,恰恰说明以客户为中心的营销理念正日益深入人心。

(3)信誉的观念。在虚拟市场条件下,厂商的信誉和形象却比以往任何时候都更加难以建立,这主要是由于竞争的激烈,消费者的选择余地大大增加的缘故。同时,必须强调的是,在虚拟市场条件下,由于网络的开放性以及信息传播的加快,信息辐射面更加广阔,保险人的信誉和形象却比以往任何时候都更加容易遭到毁灭。

(4)学习的观念。面对激烈的竞争,面对变化越来越快、越来越复杂的市场环境,为求得生存和发展,保持竞争优势,建立核心能力,企业必须不断地学习。电子商务条件下的保险企业正处在这样一个环境中,当然需要强化学习的观念,重视知识,尊重人才,以便更加充分地把信息技术应用于网络保险营销活动中。

4. **保险市场性质的变化**[①]

(1)直接网上交易。在电子商务中,保险公司和客户通过网络直接进行保险商品交易。这种交易减少了传统保险业的许多环节,因而更加直接和自由。

(2)市场的多样化、个性化。各种保险企业在网上营造各自独特的营销模式,推出丰富的保险产品以吸引客户,使得保险市场呈现多样化和个性化趋势。

(3)保险市场细分的彻底化。目前保险市场的变化主要体现在保险市场划分越来越细和越来越个性化两个方面。在传统保险经营中,这两个方面无论怎么发展,其最终的结果还是针对某一个特定的保险消费群体;只有在网络环境中,电子商务才能把这两个方面的趋势推向极致。

---

① 李琪,彭晖,Andrew B. Whinston,Ming Fan.金融电子商务.北京:高等教育出版社,2004 年,第 273页。

(4)保险商品的销售和交易方式的改变。这主要表现为传统意义的保险中介的地位减弱,直接在线保险交易的出现,以及营销的全领域化、实务操作的无纸化和支付过程的无现金化。

(二)网络保险营销策略的转变

传统的营销策略是由美国密歇根州立大学的麦卡锡(E. J. McCarthy)提出的,他将市场营销策略归纳为4P,即产品(product)、渠道(place)、促销(promotion)和价格(price)。在传统的保险市场营销中,由于技术手段和物质基础的限制,险种、费率、销售渠道、促销方式等成了保险公司市场分析和营销策略的关键性内容。传统的营销策略如图4-10所示。

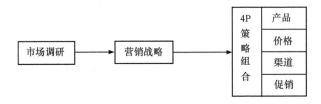

图 4-10　传统营销决策过程

而在电子商务平台上,保险公司的产品、定价、渠道、促销等都发生了很大的变化:

1.根据目标市场定位来确定产品

在网络保险交易中,数字化的保单十分有利于计算机对保单中的不同变量进行快速甚至是实时的统计分析,可以有针对性地改进产品和提高服务质量。另外,由于可以和被保险人或投保人在网上直接进行信息沟通,保险公司利用这些交流信息和反馈信息,加以分析、整理和归类,可以更为直接地了解到潜在客户群的投保意向,开发新的产品迎合这些需求,甚至为客户提供非常个性化的服务。

2.产品定价策略的变革

保险产品的价格一般由纯费率、管理费和中介人的佣金三部分组成。由于网络保险拉近了保险人和被保险人或投保人之间的距离,许多网络保险产品的销售可以免去传统代理人和经纪人等中介环节。而且,基于 Intranet 的内部经营管理模式又可大大提高保险公司内部经营管理的效率,这些都使得网络保险产品相对于同类传统保险产品有了更为突出的价格优势,也使得拥有网络保险系统的保险公司能够获得比传统保险公司更大的价格调整空间。这应该是网络保险相对于传统保险的最大竞争优势之一①。

3.营销渠道的变革

网络保险的营销渠道可分为直接分销渠道和间接分销渠道。直接分销渠道是指保险公司通过自己的网站销售保险产品的方式;间接分销渠道指通过新型的网络保险中介机构的网站,来销售保险产品的方式。这些新型的网络保险中介机构是电子商务条件下保险公司新的战略合作伙伴,是保险价值链的必然延伸。尽管保险公司可能需要支付一定的费用,但与这些新兴的保险中介网站建立合作关系和链接的确便利了保险人之间、保险人与投保人之间,以及保险公司与其他金融产品经销商或其他高风险产品经销商之间的相互交流和信息收集,因而成为保险公司重要的分销渠道。

4.促销手段的变化

从目前来讲,网络保险的促销手段大致可以分为四类:利用保险公司自己的网站;成为专业的网络保险中介机构的会员或与合作伙伴的网站建立链接;在某些人气较旺的网站做网络广告;充分利用电子邮件功能。

(三)网络保险营销方式的转变②

长期以来,由于得不到强有力的信息技术的支持,保险公司只能根据有限的、非实时的数据和有限的统计指标和方法分析经营情况。虽然有的保险公司也建立了自己的管理信息系统,但大多都是基于封闭的局域网系统甚至是互不相连的单机系统,对营销决策的支持能力有限。

保险产品不同于一般的有形产品,也有别于其他一些金融产品,具有无形性、契约性等特征。保险公司需要收集大量详实的实时数据,并在这些数据的基础上做出营销决策。近年来出现的数据挖掘(data mining)技术和数据仓库(data warehousing)技术,再加上以互联网技术为基础的网络保险系统使得前文中提到的营销决策过程成为可能(图4-11)。

借助于保险营销决策支持系统,保险公司的高层管理者可以方便地进行展业分析、理赔分析、客户分析、市场分析、财务分析和经营风险(包括投资风险)分析等工作。因此,这里与传统保险经营分析方式的最大不同就在于其数据的收集和分析处理都是自动的和实时的,对营销决策的支持要有利得多,也灵活得多。

---

① 王维安,俞洁芳,严谷军.网络金融学.杭州:浙江大学出版社,2002年,第209～210页。

② 王维安,俞洁芳,严谷军.网络金融学.杭州:浙江大学出版社,2002年,第212～213页。

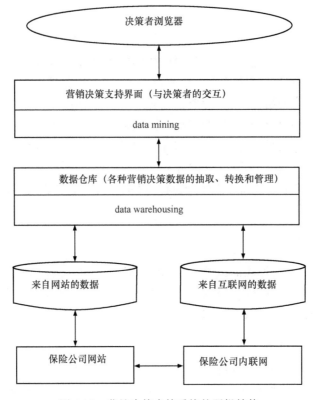

图 4-11　营销决策支持系统的逻辑结构

■ 四、网络保险的发展战略

(一)网络保险的技术发展战略①

在当今电子商务时代,开展网络保险与信息技术密不可分,而且现有的网络技术环境(包括互联网、GPS、GIS、专家系统、门户网站、宽带技术、数据仓库与数据挖掘、安全认证系统、电子签名技术、语音识别系统等)完全有可能为网络保险提供良好的技术支撑。以下将从建立网络保险网站的角度出发,针对第二节第二部分中提到的关于网络保险业务模式表现形式的分类,为制定优秀的网络保险营销策略提出一些技术实现的建议。

---

① 战松.网络金融实务.成都:西南财经大学出版社,2006 年,第 249 页。

1. 自建网站策略——针对网络保险信息模式

在确定本企业的电子化策略后,保险企业应着手建立自己的网站,自行开发或购买先进的软件包,包括保险信息发布系统、全文数据库检索系统、商务智能系统、客户关系管理系统等,培养、引进自己的电子化人才队伍。与此同时,保险企业也应利用传统媒体(报刊、广播、电视)对自身网站进行大力宣传。

2. 利用网上现存的网络保险交易平台——针对网络保险超市和网络金融交易市场模式

出于风险或自身经营能力的限制,有些保险企业在实施电子商务时会选择具有优势互补功能的网络保险交易平台。该类平台专门经营已加盟的保险企业或其他产业链上的企业的金融产品和服务。进入平台的潜在客户可以对多个企业、产品进行比较和选择,然后进行网络保险交易或其他相关交易活动。此种策略适合于生产能力强而销售能力弱的保险企业。这种方式已成为目前美国保险企业开展电子商务的一种趋势。

3. 利用网络代理人——针对网络经纪人模式

保险公司采取此类电子商务策略时,可同已取得成功的网络公司建立合资经营关系,就像在传统业务中保险企业与银行、航空公司建立固定代理关系一样,通过网络代理人来实施电子商务。网络代理人可以由互联网服务提供商(ISP)充当,也可以由功能强大的搜索引擎如 Yahoo 来承担,还可以由成功运行的银行网站来实施。实施此策略后,保险企业可以集中人力、财力、物力专供保险产品的设计与管理,而将具体的电子商务设计外包给专业人士去做,从而获得高效率的承保系统、较低的日常管理成本和巨大的业务规模。

其他相关的技术建议还包括:通过市场定位制作保险营销网页;构建互联网服务器;慎重注册一个域名;开展个性化的数据库营销网站;推广网络保险营销网页以及及时反馈和服务等。

(二)网络保险的经营发展战略

纵观国内外网络保险的发展,虽然网络保险可以使保险公司获得后期巨大的经济效益和社会效益,然而真正实现网上提供服务需要一笔相当可观的前期投入和必要技术力量的支持;同时,还要面临网络服务与现行保险销售渠道相冲突的风险。但从长期来看,保险业是一项长期永续型的事业,其客户档案、业务资料、人员管理等方面都非常繁杂,如果没有高水平的信息技术支持,如果忽视网络的存在,那只能自担风险。

第一,对产品和市场进一步细分,提高网络保险的效益。保险公司要从险种的角度对保险产品和市场进行分析,有选择性地选取适合网上销售的险种,主要应该是一些核保简单、手续简便的险种,如车险、家财险等。而一些需要搜集大量的资料或需要进行实地考察的险种则不适宜进行网上销售。

第二,以互联网技术为支撑,以 CRM 为指导,提供优质服务,提高客户的满意度和忠诚度。保险网络营销的本质是交换,交换中保险公司与客户能否建立长期稳定的关系,决定了保险公司能否不断地创造利润和继续生存,而保险服务质量是其中的关键因素。网络技术的发展,为保险公司实现 CRM 提供了技术保障。保险公司的呼叫中心和 Web 客户服务系统通过互联网技术的支撑,将会提高服务水平,增强现有客户的忠诚度,并不断吸引新客户,进而打造公司服务品牌,提升企业形象。

第三,完善监管,确保网络保险的安全性。网络保险的安全问题、网络保险的法规法律问题、网上索赔诈骗行为的防范问题是发展网络保险不能回避的问题。相关的法律制度建设方面应当涉及认证机构的设立和管理、认证机构的运行规范及其风险防范、认证机构的责任等。另外,保费的网上支付和网上理赔的程序,保险公司的安全、保密问题,如何保护客户的个人隐私等都是必须要解决的问题。

第四,建立网络保险交易平台是提高网络保险效率的有效途径。从理论上分析,实行网上销售保险的最好模式应该是经纪人网站。该类网站能够提供多个商家的保险产品和价格,站在客户的立场,帮助客户进行比较和选择,甚至为客户设计合身的保险方案,协助索赔等。该类网站也能够为保险商家提供一个开放式的销售平台。其最大的优势是可以让投保人非常方便地在网上货比三家,选择适合自己的保险产品或直接选择喜欢的保险代理人。

■ 小结

作为一种新兴的营销方式,网络保险具有许多传统营销方式所不具备的优点,引起了世界范围内保险行业的积极关注。但是由于保险产品本身的复杂性,网络保险落后于网络银行、网络证券等其他金融行业。经过了十年的发展,即使在美国这个网络保险相对发达的国家,通过网络保险所获得的保费占总保费的比例都还比较低。而在今后相当长的一段时间内,有一些险种还是很难通过互联网销售,可以预计整个保险行业的网络化仍旧不会非常高。尽管如此,网络保险将深刻影响并改变保险行业的运行模式、服务和营销方式;必将极大地提高保险机构、保险市场的运行效率,降低经营成本;也必将为广大消费者提供更加周全、及时、低成本的保险产品和服务。

通过网络保险,客户可以实现网上信息咨询、网上投保、在线支付,保险公司也可以通过网络进行险种展示、在线理赔等,网络保险拓展了我国的保险市场,是我国保险业发展的趋势。我国保险业整体落后于发达国家,而网络保险的差距更大。加入 WTO 后,国内保险公司受到外资保险公司的很大冲击。外资保险公司在销售队伍方面并不占优势,但他们在国外取得成果的互联网战略会成为一个重要的优势。如何发展网络保险的优势,克服传统保险的不足,直接关系到我国保险市场的稳定和整个金融业的发展,也是针对外资保险进入我国市场的一个有力的应对措施。

◎ 关键词

网络保险　网络保险超市　业务流程再造　组织结构调整　营销策略转变

📖 复习思考题

1. 为什么说保险业特别适合网上经营?

2. 我国加入 WTO 后,会对保险业产生哪些影响? 你认为我国的保险企业应该采取哪些对策?

3. 试分析网络保险的业务流程改造与公司的组织结构调整之间的关系。

4. 从一个具体的方面较为深入地讨论网络保险的营销创新策略。

☞ 案例分析

案例名称: QuickenInsurance 和 InsWeb 的运作模式对比

案例来源:S. P. Bradley,在线金融服务业,中国人民大学出版社,2003 年。

案例内容:

2000 年夏,当史蒂文·奥尔德里奇(Steven Aldrich)从 QuickenInsurance 公司总经理的角色转变成 QuickenInsurance. com 公司(www. quicken. com)总经理的角色的时候,他在沉思需要立即作出决策。

思索 21 世纪的保险业,奥尔德里奇认为 5 个在线业务的一般模型已经开始发挥重要作用:水平门户、垂直门户、集成商、商品市场和在线保险承保人。除了在线行业参与者,还有离线参与者,包括离线的以代理商为基础的承保人和离线直接销售承保人。

试探析 QuickenInsurance 业务模型

2000 年初,QuickenInsurance 作为一个独立的在线保险代理商,能够在美国 50 个州销售人寿保险和 37 个州销售汽车保险。到 2000 年夏,QuickenInsurance 已经和 50 个承保人建立了关系——38 个是汽车保险,12 个是定期人寿保险。在这些关系中，13 个承保人（10 个汽车保险商，3 个定期人寿保险商）允许 QuickenInsurance 在线销售保单。公司通过多种方式为它的网站带来访问量，其中包括金融服务垂直门户（如 Quicken. com）、水平门户（如美国在线）、亲和力门户（如 Women. com 和 WeddingChannel. com）和口碑相传方式。2000 年，QuickenInsurance 销售汽车和定期人寿保险，并且和 Quotesmith 合作提供医疗和牙科治疗保险的报价单。另外，QuickenInsurance 还可以链接到当地销售伤残保险、年金、小企业保险和长期医疗保险的代理商。QuickenInsurance 还提供一系列保险产品和服务的相关信息、分析工具和指导。

收入模型

QuickenInsurance 针对每个售出的产品向承保人收取佣金。另外，当承保人签约通过 QuickenInsurance 来分销保险时，他们要支付一笔开发和应用的前期费用来弥补整合 QuickenInsurance 承保人的交易系统及数据库的成本。收取的金额取决于所需整合的程度。它为每个加入的承保人的网站提供主机服务，作为回报，QuickenInsurance 要向承保人收取额外的年维护费用。QuickenInsurance 还向代理商推荐客户，由此获得收入。

成本模型

在 2000 年，QuickenInsurance 的主要成本是雇佣和保留技术人才，公司需要他们来开发基于网络的保险服务以及以顾客为设计导向的技术基础设施，这些基础设施要和参与其中的承保人整合。一个会计主管评论说"一个技术专家团队通常需要 2 到 3 个月才能将一个新的承保人安置到网上"。"现在我们有 80 名员工，其中 37 人是做产品开发的，14 人是做技术工作的，"奥尔德里奇解释说，"如果你把我们的人工成本排除在外的话，我们的预算将相当得少。我们利用直觉公司（世界领先的个人和小企业理财软件公司，QuickenInsurance 为其旗下的在线商品市场）的数据中心、电话中心、营销人员、预算和关系网络"。在 2000 年，直觉公司有两个电话中心——一个是在弗吉尼亚州，另一个位于亚利桑那州。每个电话中心高峰时期的员工总数平均为 1500 名。在直觉公司的弗吉尼亚中心，每个 QuickenInsurance 专职客户服务代表（customer service representative，CSRs）每个月要处理将近 500 个电话和电子邮件申请。

奥尔德里奇和直觉公司联合的决策也让他的公司能够极大地减少 QuickenInsurance 网站吸引访问量的成本。"Quicken. com 有自己的品牌和影响力，"奥尔德里奇解释说，"我们的访问人数中有超过 30% 直接来自于 Quicken 的网站，而且我们并不需要为此支付成本。另外，直觉公司的品牌和客户群也为我们和美国在线的关系提供了非常有利的条件"。图 4-12 为 Quicken 网站截图。

图 4-12　Quicken 网站截图

InsWeb 的业务模式

到 1999 年后半年为止,InsWeb 一直按照在线保险集成商的模式运行。公司为 36 家有合作关系的保险承保人(汽车、定期人寿、个人健康和屋主/租赁保险)提供报价单,指导客户,并收集名单,但不在线销售保单。在公司 2000 年的收入中,有 69%来自汽车保险报价单。InsWeb 通过推出它的在线及网际电话中心保险代理机构——InsWeb 保险服务,将自己的业务模式从一个集成商发展为一个商品市场。

收入模式

作为一个在线集成商,InsWeb 不能从销售的保单中收取保费,而是从每个"有价值"的名单中收取推荐费用。"尽管报价单……是免费提供给客户的",公司的年报上写着,"合作的保险公司要为有价值的名单支付费用"。有价值的名单从两个方面产生:

(1)当消费者要求提供某一特定报价单的保险范围时,向消费者提供即时报价单的保险公司要为有价值的名单支付费用。

(2)当消费者点击要求提供报价单时,提供电子邮件或者离线报价单的保险公司要为有价值的名单支付费用。

在任何一种情况中,无论客户实际上是否从保险公司购买了保单,保险公司都要支付推荐费用,并且当这个价值的名单传送到保险公司那里的时候,交易手续费产生的收入就得到了确定。

随着保险服务的推出,公司也开始收取在线保单销售的交易手续费,并向那些将在线保险保单承保和履行服务外包给 InsWeb 的承保人收取服务费。

成本模式

和 QuickInsurance 一样,InsWeb 同样向合作保险公司收取系统整合和维护费用。将一个保险承保人整合到 InsWeb 的商品市场一般需要 3 至 6 个月和 160 至 2000 人时。InsWeb 的主要数据中心位于加利福尼亚州公司总部的雷德伍德城;一个备份数据中心位于加利福尼亚州的欧文市。

为了给自己的网站增加访问量,InsWeb 和门户网站签订了超过 115 个渠道协议,这些网站包括雅虎、E-Trade、Snap.com 和 LookSmart.com。1999 年,这些在线关系给 InsWeb 带来了近 45% 的访问量。每个合作协议关系一般都是一年的时间,终止合同可以在 1 至 3 个月前通知,不会自动续约。InsWeb 将近 20% 的访问量来自与雅虎的合作。根据协议条款,InsWeb 要向雅虎支付一个固定的费用并为每次推荐支付近 0.1 美元。截至 1999 年 6 月 30 日,所罗门美邦分析师的报告显示"InsWeb 支付给雅虎的固定费用为 470 万美元,推荐费总计 13.9 万美元。InsWeb 到 2000 年的 6 月还需要支付其余总计 480 万美元的费用"。作为回报,InsWeb 是雅虎保险中心唯一的经销商。

图 4-13　InsWeb 网站截图

案例讨论题：

1. Quicken 所面临的来自竞争对手的关键挑战是 InsWeb 的积极营销活动。同时看看 QuickenInsurance 和它的竞争者——InsWeb 的网站，比较一下同一保险产品(如车险)在这些网站上的价格差异。哪个网站效率更高、界面更加友好？哪个网站让你更加相信保险公司的诚信度？

2. 比较分析 QuickenInsurance 和 InsWeb 的收入和成本模式。你觉得它们会取得长期成功吗？为什么？

第五章

网络证券与网络期货

近 20 年来,随着国际互联网的出现和广泛应用,网络化已经成为一个世界性的潮流,传统的证券发行模式、交易模式、清算模式发生了巨大变化,证券市场结构因而发生了巨大变化。网络证券交易系统和网络期货交易系统是近十年来迅速发展起来的高度计算机网络化的系统,从买卖委托、交易撮合、行情显示到成交回报、清算交割等,均实现了计算机自动化处理,为券商和投资者提供了新的投资渠道和投资机会。网络交易作为一种新出现的交易手段,把交易所、投资者和经纪商连接得天衣无缝,因而具有旺盛的生命力和广阔的发展前景。

第一节　网络证券概述

投资者通过网络证券获得了更多信息量、更低交易费用和更加公平的交易平台,券商借助于网络证券交易环境虚拟化使交易成本大大降低。在技术提高的同时,网络证券的发展也建立了全新的组织结构。因此,网络交易系统的广泛采用极大提高了证券市场的运行效率,形成了投资者和券商的多赢局面。

一、网络证券的含义

要了解什么是网络证券,首先要知道什么是证券。证券是各类财产所有权或债权凭证的通称,是用来证明证券持有人有权依票面所载内容,取得相应权益的凭证。所以,证券的本质是一种交易契约或合同,该契约或合同赋予合同持有人根据该合同的规定,对合同规定的标的采取相应的行为,并获得相应收益的权利。

证券是商品交易和信用关系发展到一定阶段的产物。证券的本质是一种交易合同,合同双方交易的标的物、标的物的数量和质量、交易标的价格、交易标的物的时间和地点等是合同应该规定的内容。当然,这些内容如果应用到不同具体的证券中,其中规定的内容就有所不同。

网络证券是在 Internet 上进行的各种证券交易活动的总称,通常是指券商或证券公司利用互联网等网络技术,为投资者提供证券交易所的及时报价、查找各类与投资者相关的金融信息、分析市场行情等服务,并通过互联网帮助投资者进行网上开户、委托、成交和清算等证券交易的全过程,实现实时交易的一项活动。目前人们所说的网络证券主要指的是证券网络交易。

网络证券通常表现为证券交易所、券商在 Internet 上为客户提供的各种服务和网上自动撮合的证券交易。网络证券有两种基本形式:传统证券经营机构在 Internet 上设立网站,提供网上服务;网络虚拟证券交易系统(包括独立电子交易系统和网络虚拟证券交易所)直接为客户提供服务。

二、网络证券市场的产生与发展

网络证券市场是随着计算机互联网技术的发展,及其在证券的发行与交易等业务活动中广泛运用而形成的一种新的证券市场形式。因此,在网络证券市场与传统的证券市场之间存在密切而自然的联系,它的形成与发展只是传统证券市场的形式演变与发展的新阶段。具体而言,网络证券市场的形成与发展主要经历了三个时期。

(一)网络证券的萌芽时期

网络证券早期被称作电子证券,这一名词最早在 20 世纪 60 年代出现在美国电子证券挂牌交易的"第二市场"上。由于当时电子计算机刚刚问世不久,价格昂贵,只有美国、日本、英国、德国等先进国家为数不多的交易所和证券公司采用,其数据化程序的应用只局限于交易所和证券公司内部信息处理及清算业务。60 年代后期,美国和日本推出了计算机联机处理控制系统,这一新技术出现以后,分别被纽约证券交易所、日本东京证券交易所等大型交易所和公司采用,并将总部的中央处理机与一些主要的分支机构的计算机联成网络。利用计算机联网向各分支机构传送证券交易信息和即时指令,管理公司账户、进行会计核算以及整理通报信息。从此,证券交易业务发生了根本的变化,逐步改变了过去那种手工操作的局面。

(二)网络证券的形成时期

20世纪70年代后,随着计算机的推广和普及,带来了证券市场资本虚拟化信息流通的革命,从而加速了电子证券的迅速深化与形成。

1971年美国创建了世界第一家网络化证券市场,即纳斯达克(NASDAQ)证券市场。纳斯达克证券市场由两部分组成:一是全国市场(National Market System,简称NMS),也称为主板市场或一级市场;二是小型资本市场(Small Order Execution System,简称SOES),也称第二板市场或二级市场。

纳斯达克证券市场的创立,既标志着网络证券的兴起,同时又继承了传统证券市场的优良传统,实现了资本运作与现代技术的交融。

(三)网络证券的发展时期

当历史进入20世纪90年代后,信息网络革命使整个世界发生了翻天覆地的变革。1992年,在历时5年的研究开发之后,芝加哥商品交易所、芝加哥交易会和英国"路透社"(Reuters)共同推出了一个称之为Globex的全球交易执行系统。从此,这两个交易所的成员便能够全天候地同全世界任何地点进行期货合同和其他证券交易。这一系统的运营不仅把一国内的证券网联通起来,而且通过Internet和通讯网将世界多国的金融网联通。到1993年这一系统已联通120多个国家,安装了几十万个终端,经营几百种世界级证券和上万种美国、欧洲乃至世界各国的股票,从而标志着无国界的网络证券市场已经形成,也标志着网络证券已进入网络化的发展时期。

■ 三、网络证券市场的特征

网络证券交易已经表现出越来越大的魅力。与传统的交易方式相比,网络证券交易具有十分明显的特征。

(一)全天候、全球化交易

由于信息网络每天24小时都在运转中,基于网络的经济活动很少受时间因素的制约,可以全天候地运作。同时,由于信息网络把整个世界变成了"地球村",地理距离变得无关紧要,基于网络的经济活动把空间因素的制约也降低到最小限度,证券交易可以随时随地进行。

网络证券交易的一个最大特点就是可以跨时空进行交易。网络证券交易是无形的交易方式,不需要有形的交易场所,它利用四通八达的通讯网络,把世界各地的投资者、证券公司、银行和证券交易所,全都联系在一个虚拟的交易市场之中。互联网的普及与应用,使投资者无需前往证券营业部,也不用受时间、地域和恶劣天气的影响。

(二)差错率低

传统的人工委托交易中,由于大多是人工操作,交易人员的操作失误是常有之事。比如下单数量过多或过少、录入错误的买卖编号和买卖价格等会给证券营业部或投资者造成损失,经营管理手段和制度的落后,可造成违规透支、越权自营失控等。然而,网上交易可以有效减少这方面的错误。网上交易是客户从互联网上直接通过证券营业部的网站下单,不仅方便直观,而且还可以使证券交易的中间环节减少,同时通过计算机的管理规则,可控制人为主观违规现象。另外,相对于其他同类业务(如电话委托)而言,网上交易能保证交易信息和交易账户的安全。

(三)成本优势显著

与传统的交易方式相比,网络证券交易的出现,使投资者可以在原先柜台委托、自助委托、电话委托和磁卡交易等交易方式之外,又有了一个全新的选择。目前,券商之间的竞争更加激烈,券商为了获得更多的客户资源,他们提供的交易方式和服务更加全面,如券商在网站上随时发布资讯信息,通过电子邮件发送投资报告等。因此,投资者足不出户通过网络交易时,不仅可以节省往返交易厅的时间,减少各种费用支出,还可以查询证券的相关信息,上网请求专家指点,进而大大提高交易效率。

从券商的角度来讲,通过网络证券交易,券商可以为现有的客户提供一个新的交易手段,在稳住现有客户的同时,还可以挖掘一些新的客户资源。更为重要的是,网络证券交易重在无形而不是有形,券商通过在无形的场所进行交易,不需要房租、装修等方面的有形投入,有效地降低了经营成本。而且,随着投资者网络交易量的扩大,网络交易还具有边际成本递减的特点。券商只要拥有一个网址就可以几乎无限制地扩大自己的客户群体,客户不受上班时间的限制,只需开户一次即可长期操作,最终能达到双赢的目的。

四、网络证券的发展趋势

随着网络证券业务的不断推广,证券市场将逐渐从"有形"的市场过渡到"无形"的市场,现在的证券交易营业大厅将会逐渐失去其原有的功能,远程终端交易、网上交易将会成为未来证券交易方式的主流。网络证券对未来证券市场发展的影响主要表现在如下方面。

(一)证券业的经营理念将在实践中发生变化

随着网络证券业务的推广,富丽堂皇的营业大厅和雄伟气派的建筑不再是证券公司实力的象征,靠铺摊设点扩张规模的方式将会显得黯然失色。取而代之的是,依托最新的电子化成果,积极为客户提供投资咨询、代客理财等金融服务,发展与企业并购重组、推荐上市、境内外直接融资等有关的投资银行业务,努力建立和拓展庞大的客户群体将成为其主营目标。

(二)网络证券交易实现方式趋向于多元化

根据互联网信息中心统计数据,截止 2008 年 12 月底,我国网民规模达到 2.98 亿人(其中,2.7 亿网民使用了宽带访问互联网),互联网普及率达到 22.6%,略高于全球平均水平的 21.9%。同时,使用手机上网的网民达到 1.176 亿人,位居世界第一。因此,突破 Web+PC 的网上交易模式,使投资者可以借助电脑、手机、手提式电子设备对券商收发各种格式的数据报告来完成委托、撤单、转账等全部交易手续,这是中国网络证券交易发展的必然方向。

(三)证券业的营销方式在管理创新中不断地变化

未来的证券公司的市场营销将不再依赖于营销人员的四面出击,而把更多的精力集中于网络营销。证券公司通过网络了解客户的需求,并据此确定营销的策略和方式,再将自己的优势和能够提供的服务通过网络反馈给客户,从而达到宣传自己、推销自己的目的。

(四)集中式网上交易成为一种发展趋势

随着技术的进步,互联网用户呈几何级数增长及证券市场的日趋成熟,我国证券行业正在向集中交易、集中清算、集中管理及规模化和集团化的经营方式转换。网上交易采用这一经营模式,更有利于整合券商的资源,实现资源共享,节约交易成本与管理费用,增强监管和风险控制能力。根据互联网络信息中心(CNNIC)发布的《第 20 次中国互联网络发展状况统计报告》的数据显示,有

20％的网民使用网上银行和网上炒股,我国网上炒股的比例已与互联网普及率高的美国相当。

(五)证券业的经营策略发生了变化

在目前网络互联、信息共享的信息社会里,证券公司将不再单纯依靠自身力量来发展业务,而是利用自身优势建立与银行、邮电等行业的合作关系。各行业在优势互补、互惠互利的前提下联手为客户提供全方位、多层次的立体式交叉服务。这种合作会给各方带来成本的降低和客源的增加,从而达到增收节支、扩大业务的目的。

(六)网上经纪与全方位服务融合

在目前网络互联、信息共享的时代,企业可绕过证券金融机构,直接通过互联网公开发行股票来募集资金,甚至自己开展交易活动。这在美国已经有了先例,其使得金融业中介人的地位面临严重的挑战。同时,在固定佣金政策的大背景下,国内券商提前从价格竞争进入了服务竞争阶段。价格竞争的直接结果是导致网上交易佣金费率的降低,当竞争达到一定程度,仅靠减佣模式已不能维持下去时,全方位服务模式就会出现。这时候,券商的收入将由单一的经纪佣金转向综合性的资产管理费用。

(七)网络证券交易将以更快的速度向农村和偏远地区发展

根据互联网信息中心统计数据,截至2008年12月底,我国农村网民规模达到8460万人,这将较好的改善目前我国大多数县、县级市没有证券营业部,投资者买卖股票不便的问题。据调查,在我国广东、江浙一带,许多县、镇经济发达,却没有一家证券营业部。网民规模的扩大、网上交易的普及、交易网络的无限延伸,将使中国的小城市和农村居民变成潜在的股民,使很多原来没有条件进行股票买卖的人加入到股民的队伍中来。

第二节 网络证券的业务模式

证券市场是一个快速多变、充满朝气的市场。在证券市场发展过程中,网络证券作为证券市场创新的一种新形式,发挥了积极的推动作用。证券市场的品种创新和交易结算方式的变革,给网络证券建设提出了新的要求,而网络证券的运作模式又为证券市场的发展创新提供了技术和管理方面的支持,两者在相互依存、相互促进的过程中得到了快速发展。

一、网络证券市场的运作模式

网络证券交易的基本运作模式是 B to C 模式,即由证券公司通过 Internet 对作为零售客户的投资者提供各种 E 对一的服务。[①]

目前国内证券公司的网上交易基本上形成了以下几种具体模式。

(一)证券公司下属网络交易中心(券商独立网站)模式

这种形式在证券交易公司中普遍存在,其中较有代表性的有华泰证券网(www.htsc.com.cn)、国通证券的牛网[②](www.newone.com.cn)、海通证券的海通证券网(www.htsec.com)、青海证券的数码证券网(www.my0578.com)等。这类证券交易公司的交易和服务网站隶属于证券公司的一个服务部门(中心)。这一模式的优点在于证券公司可以直接将其他传统市场上的服务通过网站提供给网络客户,券商的服务优势可以充分地发挥出来;其缺陷则在于专用网站的建设需要大量的资金投入,这是中小券商所力不能及的。

(二)纯粹的金融证券服务类网站模式

这种网上证券交易模式的典型有中国证券网(www.cnstock.com)、赢时通中国证券公司服务网(www.yestock.com)、和讯网(www.homeway.com)、证券之星网(www.stockstar.com)等。这些网站的证券交易由各证券公司营业部租用其网上交易平台来实现的。如赢时通目前有 70 多家不同证券公司的营业部租用其网上交易平台。这一模式的优点在于网站建制的规模和技术优势得以充分体现;其缺陷在于证券服务的内容和专业水平的信任度会受到客户的质疑。

(三)商业银行的银证通服务类网站模式

商业银行利用其现有的服务网络设施建立的网上交易平台,比如招商一网通证券(info.cmbchina.com),就属于这一模式。这一模式为金融业务从分业经营向混业经营过渡之后,商业银行直接参与证券市场业务创造了条件。其优点在于网络证券服务与网络银行服务紧密结合,专业网站建设的规模优势得以充分体现;但其缺陷同样在于证券服务的内容和专业水平的信任度会受到质疑。

(四)证券公司与 IT 公司合资组建网上证券委托通道

2000 年 8 月初,上述模式合二为一的第四种模式出现了。这就是陕西网都模

[①] 王维安、俞洁芳、严谷军.网络金融学,杭州:浙江大学出版社.2002 年,第 152～154 页。
[②] 现在更名为招商证券,编者注。

式。陕西网都（www.yes0563.com）是由陕国投（0563）和赢时通共同出资组建的具有独立法人资格的证券交易网站。该网站不仅代理陕国投下属证券营业部的经纪业务，而且作为独立的证券交易代理网站，网都还广泛代理陕西地区其他证券公司的经纪业务。《网上证券经纪公司管理暂行办法》对这一点的规定是，网上证券经纪公司的股东资格必须符合法律、法规和中国证监会有关规定，其主要出资人或发起人必须是证券公司或信息技术公司，主要出资人或发起人的出资额不低于网上证券经纪公司注册资本的20%。

这种模式的优势在于：在享有控股地位的前提下，充分利用了专业网站的资源尤其是人力资源和相对垄断的电信资源。强大的区域性垄断（与陕西电信局签订了排他性的电子商务协议）优势使其可能获得其他证券营业部的客户，甚至可以出租交易平台获得租金收入。

（五）证券公司收购网上委托交易信道

广东证券收购国内较知名的"盛润网络"的案例，代表了国内证券公司开拓网上证券委托的一条捷径。"盛润网络"是最早从事网上证券委托的 IT 公司，曾因定位于"e 证券公司"而获得过境外风险投资的支持，在《网上证券委托暂行管理办法》出台之后，IT 公司只能为证券公司网上证券委托提供交易平台与技术支持。广东证券收购"盛润网络"，形成了双赢格局。证券公司通过这种方式开展网上证券委托。

因此可以说，"条条大路通罗马"：券商除了自建和收购网站以外，还可以通过指定、租用甚至参股其他网站的方式开展网上交易；而专业网站也可以向证监会申请网上证券经纪和交易资格或吸收券商入股进行合资经营。在这个领域里，券商拥有资金和专业性两大传统优势，而成熟网站的优势则体现在品牌、信息量、人才结构和用户关注度方面，双方具有很强的互补性。把两者整合在一起，潜在的网上客户和交易功能就能被充分发掘出来，从而达到资源的优化配置。从长远来看，券商和网站应该携起手来，积极探索新的思路，共同把市场做得更大。

二、网络证券的交易程序和资金支付

（一）网络证券的交易程序

1. 选择经纪人，开立委托账户，包括资金账户和证券账户

如果开户人是个人投资者，开户者可以携带本人身份证、银行储蓄卡，通过所在地的证券营业部或证券登记机构办理。如果开户人是法人，办理时须携带营业

执照及复印件、法人委托书、法人代表证明书和经办人身份证。

2.根据投资决策,办理买卖委托

投资者在办妥网络证券交易的相关手续之后,便可以根据投资决策买卖证券进行投资了。证券买卖一般有两种方式:一种是现场交易,投资者根据营业大厅大屏幕上显示的行情在柜台办理委托手续;另一种是场外自助委托交易。场外自助委托是目前投资者最常用的交易方式,其主要表现形式为三种:网络交易、电话语音交易和银证通客户交易。而这三种交易形式中,网络交易又最为常见。投资者下载专业版行情委托系统后,可以直接进行网上委托。委托提交后,投资者的需求及买卖委托会及时准确地通过与证券交易所直接连接的网络系统传递给交易所的撮合子系统中,并及时得到确认和成交回报。

3.竞价成交

我国证券交易所有两种竞价方式,即在每日开盘前采用集合竞价方式,在开盘后的交易时间里采用连续竞价方式。在连续竞价阶段,证券交易所的交易系统按照"价格优先、时间优先和数量优先"的成交原则,对进入主机的证券进行竞价成交。价格优先是指哪位买方出的价格高就先卖给哪位,哪位卖方出的价格低就先卖哪位的;时间优先是指在同买或同卖时,在出价高低又一样的情况下,谁先来就先让谁成交;数量优先是指在价格和时间一样的情况下,谁的买卖数量大,就让谁先成交。

4.清算交割

在证券买卖成交以后,证交所要组织场内券商将买卖双方成交的证券数额和资金数额相互冲抵清算,对净差额进行交割。场内券商完成其代理证券交易的清算交割后,要办理与投资者之间的缴费清算手续,主要包括证券买卖价款、证券交易佣金、印花税和其他的费用。

(二)网络证券交易的资金支付

只有将银行卡上的资金划拨到证券公司的保证金账上,才能顺利进行证券买卖。银证转账系统的出现,为投资者在银行和券商之间划拨资金建立了一种快速的途径。当每次委托买入指令成功,交易系统将相应扣除保证金账上的资金,每次委托卖出成功后,交易系统将立即把相应的卖出金额添加到保证金账上。投资者在券商营业部各种委托终端,或在银行储蓄网点的各种终端上,均可通过电子划账方式,将其银行存款资金与证券保证金之间进行双向划拨,这不仅极大地方便了投资者,也为银行提供了一种崭新的金融服务手段。对保证金账上的资金余额跟存在银行一样,证券公司会按银行活期存款利率定期计息。银证转账系统的推广和应用,深受银行、券商和投资者的欢迎。

现行的 A 股资金清算为 T+1,即当天卖出股票返回的资金余额,必须第二天才能划到银行卡上。目前,资金划拨一般有四个途径:带上银行存折或卡亲临营业部柜台填单办理(机构或个人通过支票转账形式必须通过柜台办理);直接到营业部通过小键盘终端机"银证转账"栏目办理;通过电话自助转账实现;网上划拨。所有资金的划拨时间为正常交易日,一般为上午 9 点半至下午 3 点。

第三节　网络证券交易系统

网络时代的到来,使许多传统的生活方式融入了网络。证券投资作为一种在日常生活中百姓应用最广的金融投资方式也搭上网络时代的快车,并逐渐变得时髦。从 1997 年广东省首推网上炒股开始,网络证券迅速被推广。网络证券交易逐渐成为投资者使用终端设备(计算机、手机等)通过互联网和券商相连进行交易的主流方式。随着更多的家庭拥有电脑并连通了互联网,利用互联网进行证券交易成为越来越多投资者的选择。相对于传统交易方式,网络证券交易有成本低廉、突破地域限制、信息广泛、快捷等诸多好处。

一、网络证券交易系统简介

网络证券交易系统可实现投资者利用互联网、双向有线电视网等基础网络建设进行股票委托及交易。

下面,我们以某网络证券交易系统为例加以说明。该系统可为用户提供在线查询资产、查询股票、买入股票、卖出股票、查询委托、撤销委托、查询交割、批量下单、查询成交、查询流水、查询银行余额、银证转账、银行改密、银行流水、证券改密、查看实时行情等系统功能。另外,证券交易系统还嵌入了在线帮助功能,用户可以随时在线获得券商或专家的帮助。

■二、网络证券交易系统操作指导

(一)启动主程序

双击桌面客户端应用程序的图标■，启动网络证券交易系统登录界面(如图 5-1)，输入您的资金账号和密码，点击"登录"即可进入交易系统。

图 5-1　某网络证券交易系统登录界面

(二)证券交易系统主界面介绍

证券交易系统界面包括菜单栏、工具栏、功能栏和工作薄四个部分。菜单栏主要包括"交易"、"工具"、"拨号"、"查看"和"帮助"五个选项。工具栏主要包括"更换用户"、"配置"、"锁屏"、"热自助"和"退出"五个按钮。功能菜单主要包括"买入股票"、"卖出股票"、"撤销委托"、"批量买入"、"批量卖出"、"批量撤单"、"查询资产"、"更改密码"、"消息管理"、"查询功能"、"银证转账"、"行权"、"权证T+0"、"埋单功能"、"场外基金交易"和"市价委托"等功能，界面如图 5-2 所示。

其中，"查看"菜单如图 5-3 所示，可以选择窗口的大小，可以隐藏和显示工具栏和状态栏，还可以选择字体的大小。

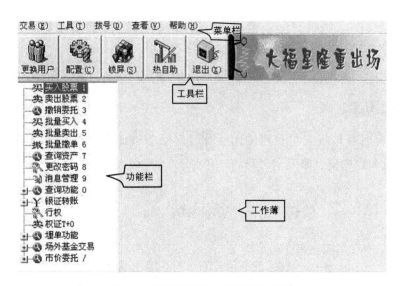

图 5-2　某网络证券交易系统主界面

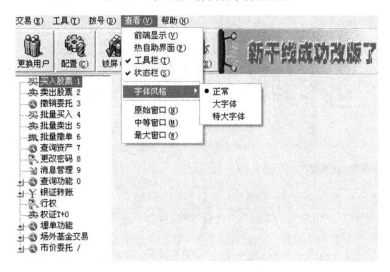

图 5-3　某证券交易系统功能介绍

(三)网络证券交易操作指导

1.买入股票

点击"买入股票",选择股票类别、股东账号,输入股票代码、委托价格、委托数量,确认即可,界面如图 5-4 所示。

如果你要查询具体的股票,可在"工具"的下拉框中选择股票代码查询,在用户填写股票代码时,系统会在右边显出一个选择框,而且在填写股票代码时可支持拼音,如图 5-5 所示。在进行买入股票时系统有以下特色,使用起来更智能、更直观:

(1)系统可以随股票代码输入的不同而自动选择股东账号;

(2)支持股票代码的智能输入;

(3)在输入委托价格时,系统自动出现可用资金的提示,委托价格在可买价格范围内,字体颜色为绿色,委托价格超出可买价格,字体颜色为红色;

(4)在输入委托数量时,系统自动出现可买股数的提示,股票数量输入不正确时,字体颜色变成红色以示提醒;

(5)选择好要买入的股票,界面右边自动显示该股票的买卖盘的情况。

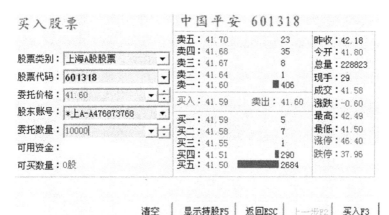

图 5-4 买入股票界面

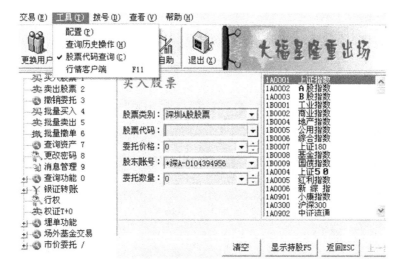

图 5-5 股票代码查询界面

2.卖出股票

点击"卖出股票",选择股票类别、股东账号,输入股票代码、委托价格、委托数量,回车确认即可,如图 5-6 所示。

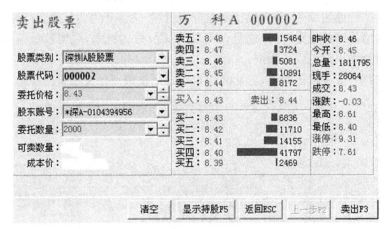

图 5-6　卖出股票界面

3.撤销委托

点击"撤销委托",选择股东账号、输入委托号,可以撤单以前买入或卖出的股票委托,"批量撤单"与"撤销委托"操作类似,如图 5-7 所示。

图 5-7　撤销委托界面

4.批量买入

点击"批量买入",输入股票代码、股票类别、委托价格、单笔数量、开始账号、委托笔数,可以批量买入股票,如图 5-8 所示。

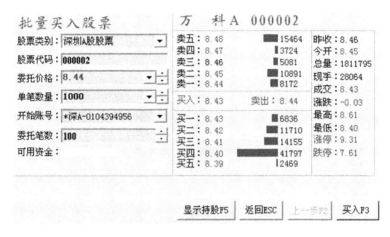

图 5-8　批量买入界面

5.批量卖出

点击"批量买出",输入股票代码、股票类别、委托价格、单笔数量、开始账号、委托笔数,可以批量卖出,如图 5-9 所示。

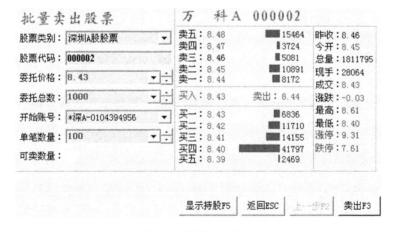

图 5-9　批量卖出界面

6.查询资产

点击"查询资产",系统将自动显示股民资产的信息,如股东代码、股票代码、股票名称、余额、最新价、可用数量、成本价、市值、买卖盈亏几个栏目。在栏目上方有股民可查的资金信息:有币种类别、资产总值、资金余额、可用资金和可取资金,在栏目下方的几个按钮可以直接切换到股票买入和卖出的页面上,以及列表内容的打印,如图5-10所示。

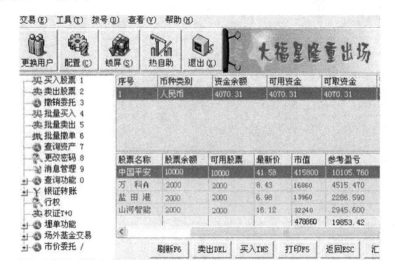

图 5-10　查询资产界面

7.更改密码与消息管理

点击"更改密码",系统会弹出密码更改页面,根据系统提示输入旧密码、新密码、确认的新密码后,单击"改密"按钮确认即可完成。

点出"消息管理",系统会弹出消息列表页面,主要显示券商或系统给用户发布的一些信息。

8.查询功能

点击"查询功能"可展开查询功能子列表,用户可以查询资金、当日委托、当日成交、历史成交、股票、远程交割、股东资料、操作流水等信息,也可以更改个人信息。如图5-11所示。

点击"当日成交",系统将自动显示当日成交股票的详细情况,如:成交日期、成交时间、成交状态、股东代码、股票代码、股票名称、买卖、价格、数量、成交笔数、备

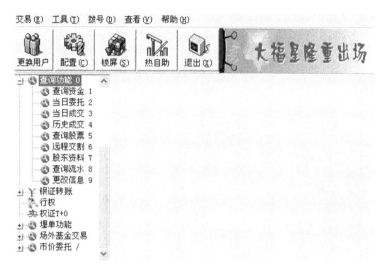

图 5-11　查询功能子菜单

注、委托号等。在使用条件筛选功能时,将会根据用户选定的条件从完整信息里筛选出用户关心的信息。

点击"历史成交",系统将提示您选择历史成交的开始和结束日期,然后自动显示这一区间的所有成交明细。

点击"查询股票",系统将自动显示股票资料的详细情况,如:股东代码、股票名称、余额、最新价、可用数量、成本价、市场、市值、买卖盈亏。用鼠标选中任一只股票再点击界面下方的买入、卖出或打印,都可进行股票买入和卖出及列表内容打印的功能。

点击"远程交割",输入查询开始日期和结束日期,系统将自动显示远程交割的详细资料,如:成交日期、资金账号、客户姓名、业务名称、股票代码、股票名称、买卖方向、成交均价、数量、成交金额、清算金额、资金本次余额、股票本次余额、委托号、成交编号、佣金、印花税、过户费等。

点击"股东资料",系统将把股东账号的详细资料出现在列表中。

点击"更改信息",出现用户资料界面,其中不可修改的地方是灰的,点击更改,便会提示更改成功。

点击"查询流水",输入开始日期和结束日期,系统将显示这一区间的所有操作记录,包括股票的买卖、基金的买卖、资金的转入转出等。

9.行权

行权指权证持有人要求发行人按照约定时间、价格和方式履行权证约定的义务。权证是一种金融衍生产品,它实际上是赋予了持有人这样一种权利:在指定的时间内(即行权期),按照指定的价格(即行权价格),买入或卖出一定数量的标的证券。因此,权证一般都具有一定的存续期限,存续期一过,不论持有者有没有行使这种权利,权证都将变得无任何价值,行权界面如图 5-12 所示。

图 5-12　行权界面

10.权证 T+0

权证交易实行 T+0 制度,即当天买入的权证当天可以卖出。系统根据用户输入的股票代码及买入和卖出的触发价格在指定的时间内交割,如图 5-13 所示。

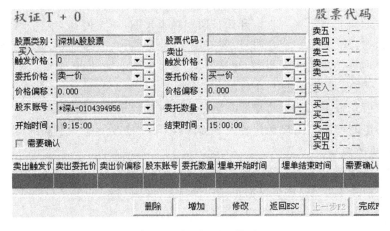

图 5-13　权证 T+0 界面

11. 银证转账

银证转账主要包括"银行转证券"、"证券转银行"、"查询银行余额"以及"查询转账流水"等四项功能。其中,银行转证券界面如图 5-14 所示。

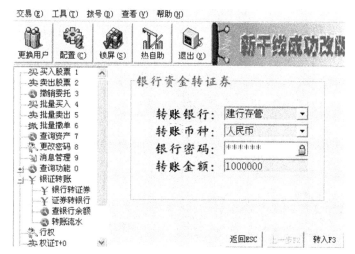

图 5-14 银证转账之银行资金转证券界面

12. 埋单功能

埋单主要包括"定时埋单"和"价格埋单"两种。

定时埋单就是根据设定时间和价格来触发委托的一种埋单方式。需要设置的条件包括:股票代码、买卖方向、委托价格、委托数量、委托时间等几项,如图 5-15 所示。

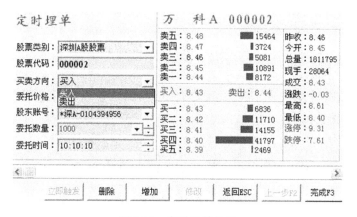

图 5-15 定时埋单界面

　　价格埋单就是根据即时行情最新价格来触发委托的一种埋单方式。需要设置的条件包括：股票代码、买卖方向、埋单触发价格、委托价格、委托价格偏移、股东账号、委托数量等。由于价格触发有高位触发与低位触发的不同，故根据买卖方向的不同，埋单触发价格类型也不同：买入时需要设置的触发价格分别是追涨价与追跌价（图 5-16），卖出时需要设置的触发价格分别是获利价与止损价（图 5-17），即分别是一个高位触发价格与一个低位触发价格，当最新价大于等于高位触发价或小于等于低位触发价时就会触发。

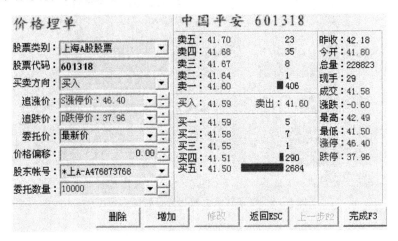

图 5-16　买入方向的价格埋单

图 5-17　卖出方向的价格埋单

13.场外基金交易

场外基金交易主要包括"基金认购"、"基金申购"、"基金赎回"、"基金转换"、"分红变更"、"基金开户"等功能,如图 5-18 所示。

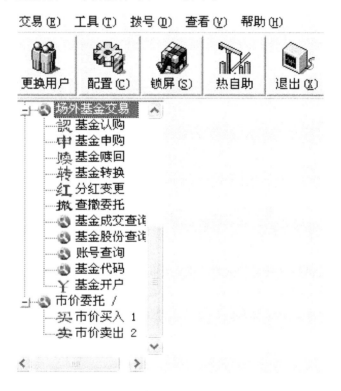

图 5-18 场外基金交易子菜单

14.市价委托

市价委托包括"市价买入"和"市价卖出"两项功能。市价委托只指定交易数量而不给出具体的交易价格,但要求按该委托进入交易大厅或交易撮合系统时以市场上最优的价格进行交易。市价委托的好处在于它按照场内挂出的买入或卖出价格进行交易,不限制成交价格,这样,就可以确保即时成交,如图 5-19 所示。

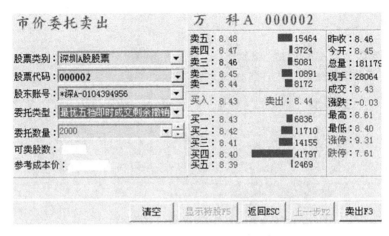

图 5-19   市价委托之市价卖出界面

第四节   网 络 期 货

随着互联网和信息技术的发展,国际期货市场发生了翻天覆地的变化,全球各大期货交易所纷纷摒弃传统的交易方式,发展电子期货交易,并由此促进了全球期货交易网络的形成。电子交易的广泛应用及网上交易的开展预示着全球期货网络化时代的到来。

一、网络期货的基本知识

(一)网络期货的概念

所谓期货[①],一般指期货合约,就是指由期货交易所统一制定的,规定在将来某一特定的时间和地点交割一定数量和质量的实物商品或金融商品的标准化合约。如图 5-20 所示期货合约的交易标的,又叫基础资产,可以是某种商品,如铜或原油;也可以是某个金融工具,如外汇、债券;还可以是某个金融指标,如三个月同业拆借利率或股票指数。以实物商品为交易标的的期货叫做商品期货,以外汇、利率和指数股票价格指数等金融商品为交易标的的期货统称为金融期货。证券类金融期货主要指利率期货和股票指数期货。

---

①   谢百三.证券投资学.北京:清华大学出版社,2005 年。

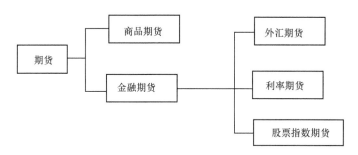

图 5-20　期货的分类

网络期货是一个新兴的事物,最早起源于 20 世纪 90 年代初的美国,而我国则是在 1999 年底至 2000 年初才开始发展。目前,学术界对网络期货还没有一个确切的定义。编者认为,网络期货是指投资者在互联网上进行的各种期货交易活动的总称。网络期货交易主要是各种期货的网络交易,包括商品期货、股指期货、利率期货、货币期货等。

随着网络和通信技术的发展,期货市场的竞争越来越激烈。为了在竞争中获得更多的客户资源,期货经纪公司充分利用互联网和期货交易系统为投资者提供尽可能多的期货交易所的及时报价、金融信息、市场行情等服务。目前,期货交易的委托、成交和清算等过程,投资者都可以在互联网上进行,网络期货交易极大地便利了投资者,降低了交易成本。

(二)网络期货的功能

金融期货市场具有独特的经济功能,是现代市场经济不可缺少的组成部分,在市场经济运行过程中发挥着重要的作用。

1.价格发现

期货价格是参与期货交易的买卖双方对未来某一时间的商品价格的预期。期货市场遵循公开、公平、公正的"三公"原则。交易指令在高度组织化的期货交易所内撮合成交,所有期货合约的买卖都必须在期货交易所内公开竞价进行,不允许进行场外交易。同时,期货交易的参与者众多,而且他们大都熟悉某种商品行情,具有丰富的经营知识、广泛的信息渠道及一套科学的分析、预测方法,能把各自的信息、经验和方法带到市场上来,对商品供需和价格走势进行判断、分析、预测,报出自己的理想价格,与众多对手竞争。这样形成的期货价格实际上就反映了大多数人的预测,具有权威性,能够比较真实地代表供求变动趋势,对生产经营者有较强的指导作用,有助于价格的形成。

2.套期保值

在金融市场中,投资者常常会面临不同的风险,如利率、汇率和证券价格的变化所引起的资产损失风险。有了期货交易后,投资者在现货市场上买进或卖出一定数量现货商品的同时,可以在期货市场上卖出或买进与现货品种相同、数量相当、但方向相反的期货商品(期货合约),以一个市场的盈利来弥补另一个市场的亏损,达到套期保值、规避价格风险的目的。

(三)网络期货市场与网络证券市场的基本区别

网络期货市场是买卖期货合约的市场,而期货合约在本质上是未来商品的代表符号,因而网络期货市场与商品市场有着内在的联系。但就实物商品买卖转化成合约的买卖这一点而言,期货合约在外部形态上表现为相关商品的有价证券,这一点与网络证券市场却有相似之处。证券市场上流通的股票、债券,可以说是股份有限公司所有权的标准化合同和债券发行者的债权债务标准化合同。人们买卖的股票、债券和期货合约,都是一种投资凭证。但是,网络期货市场与网络证券市场有以下几点重要区别。如表 5-1 所示。

表 5-1 网络期货市场与网络证券市场的基本区别

	网络期货市场	网络证券市场
交易目的	规避风险,套期保值	为企业提供融资渠道
交易对象	期货合约	上市公司股票
标的物	大宗商品、金融产品	上市公司
占用资金	只需标的物价值 5%～10%左右保证金	需占用股票价值 100%资金
交易特点	有做空机制和 T＋0 机制	没有做空机制和 T＋0 机制(中国)
风险特征	市场风险较大	相对风险较小
交易机会	市场机会多	市场机会相对较少
价格决定因素	合约标的市场物供求情况	经济周期和上市公司业绩
持有时间	合约到期日	上市公司终止,股票退市

■二、网络期货交易概述

(一)网络期货交易的发展[①]

国际期货市场在世界工业经济发展阶段应运而生。20 世纪 70 年代,随着金融期货的创新和新型市场对期货交易需求的迅速增长,期货交易蓬勃发展。20 世纪 90 年代以来,随着数字化和网络化的信息革命在全球范围内的普及,涌现了很多网络期货商,他们向机构投资者和个人投资者提供及时行情和网络期货交易,发布信息。网络期货交易在英国、瑞典等西方国家尤其突出,传统交易的地域和时间的局限不复存在。网络期货交易的发展主要表现为三个方面。

第一,从传统会员制的方式转向以计算机网络为依托的网络终端的方式。电子交易方式与传统的交易方式相比,降低了交易成本。然而,针对电子交易方式将完全取代传统交易方式的说法,也有人持反对意见,他们认为电子交易不能够反映交易情况,而且电子技术对市场变化的应对能力也表示了质疑。事实上,电子交易机制在使参与者的范围最大化的同时,还可以使交易成本最小化,因此电子交易最终将可能完全取代传统的期货交易方式。

第二,从区域性市场转向集中网络化的全球性市场。近几年,网络期货为了适应全球化市场的需要,正在寻求建立竞争的网络化市场。其主要的做法大体可分为两种:一种是国际上主要的大型交易所建立跨地域的战略联盟,实现交易所会员共享和交叉保证金的制度,从而实现 24 小时全球化不间断交易;另一种做法就是统一交易软件平台和结算系统,形成区域化联网的交易中心,进而在其他国家和地区实现远程终端,形成全球化的网络。无论采取何种方式,这种全球网络化的进程都是不可阻挡的。

第三,从传统单一市场的交易转向网络化的市场融合交易。经过十多年的发展,国际上期货交易所的联合已经成为越来越明显的发展趋势,除了期货交易所之间的合作,这种融合还反映在期货交易所与现货市场之间,以及期货交易所和证券交易所之间。这种融合方式的出现,是由于世界经济变化导致的,它适应了各种类型投资者的需求,随着电子交易系统的广泛应用,交易所的流动性和竞争力将得到进一步的增强。

我国的期货市场由中国证监会、期货交易所、期货经纪公司、期货兼营机构、套期保值者和投机商构成。国际上的期货市场是与股票市场、外汇市场并存的三大金融交易体系。期货市场为现货商提供了一个保值和购货的场所,可以有效回避

---

① 网络给了我们机会——中国期货交易网络化前瞻.期货日报,2000 年 3 月 9 日。

价格风险,同时又为投资者提供了一个投资获利的渠道。国内目前只有农产品期货和金属期货两类交易种类,分别在上海期货交易所、大连商品交易所和郑州商品交易所交易。而各个网站则构成了网络期货交易市场。

(二)网络期货交易的优势

随着互联网的迅速兴起,以及网络在期货市场上的应用,期货交易所正逐步成为全球范围的联网交易所。国际期货市场的网络化已极大地提高了市场效率,降低了交易成本,增加了竞争的实力,扩大了市场的占有率。与传统的期货交易相比,网络期货交易的优势主要体现在以下五个方面。

第一,交易成本的低廉性。使用电子交易方式,可以减少人工处理的程序,同时随着网络的发展,网络交易的可变成本也将逐步趋于稳定,交易成本大规模降低,投资者就不必担心在期货市场上付出更多的代价。如果采用联网交易,在网络资源和统筹方面,可以在增加效益的同时,极大地降低成本,交易成本的降低将鼓励所有相关产品的生产加工商和消费者使用新的低成本风险转移工具,从而促使相关企业和个人更有效地使用现货市场交易。

第二,开放的交易系统有利于流动性的改善。从市场操作角度来说,流动性问题是一直困扰我国期货交易所的问题。然而,通过 Internet 将各地的投资者聚集在无形的市场之中,并针对我国地域和经济分布的状况,建立和发展统一的交易软件平台和结算系统规范,形成全球联网的交易是改善流动性的一个重要举措。

第三,个性化信息服务增加了投资的透明度。参与交易的投资者可以通过网络获得更及时、更全面、更充足的个性化信息服务。公司也通过网页和电子邮件在极短的时间内向所有客户传递几乎没有数量限制的信息。联网交易极大增加了市场的透明度,通过向所有的投资者提供报价及其相关市场方面的背景信息,投资者可以随时查阅交易的历史记录。同时,网络期货交易也是一种全新的交易手段,网上管理和交易可以强化期货交易中的风险管理,减少传统的营业环节,降低营运风险。

第四,技术先进,出错率低,交易安全。由于网络交易是运用最新电子商务技术的电子化交易,网络交易没有时间和地域的差异,因而所有的投资者都能够快速、准确、方便地传递交易要求,并按照时间优先、价格优先的方式进行。同时网络交易也便于进行集中监管和稽查,有助于提高整个经纪公司的管理水平,加强公司的风险监控能力。另外,在整个交易过程中减少了很多容易造成失误的人工环节,因而降低了出错率。

第五,在激烈的竞争中处于有利地位。信息技术的发展使客户逐步减少对经纪人和经纪公司的使用,而利用技术手段向交易所直接传送交易指令,通过结算所直接划拨保证金、自行交易结算,这种无中介交易将传统交易所的交易客户逐渐吸引到网络期货交易中去。随着期货市场竞争的日益加剧,期货市场的国际化趋势日渐增强,可以说,谁首先占领了网络期货交易的制高点,谁就在竞争中处于有利的地位。

(三)网络期货交易对期货市场的影响

第一,期货公司和期货交易所的地位面临严峻挑战。电子化交易将使期货交易所的物理规模进一步缩小,柜台和大户室将消失,投资者的开户和资金出入都将由和公司合作的网上银行来完成。客户将在家中或自己的办公室的电脑上获得实时行情、信息、投资顾问,还可以进行买卖和撤单委托。实时价格信息一直是期货交易所重要的收入来源之一,网络的出现改变了这一事实。网上交易已经威胁着传统交易所的生存,将交易所由会员制非赢利机构改为纯赢利机构并谋求上市,已成为一种潮流。

第二,期货市场的国际竞争更加激烈。在传统的经纪业务中,各国期货公司在国内业务中具有地缘优势,与国外期货公司的竞争不是那么激烈和残酷。期货网络交易的出现超越了地域和国家之间的界限,所有区域性市场连成为一个整体,无形化的、全国性的乃至全球性的期货大市场逐渐形成,投资者的空间障碍被彻底消除,能够低成本地进行跨国或跨区期货投资。因此,期货公司的地缘优势丧失殆尽,投资者可以不受地域限制自由地选择自己信赖的期货公司,期货交易的地域化色彩将被淡化。

第三,期货公司的研发部门地位凸显。期货公司竞争优势主要来源于融资能力、业务能力、为客户提供服务的水平、研究开发能力、人力资源管理能力等。在传统交易制度下,期货公司的核心竞争力主要集中于融资能力和业务能力,研究开发能力处于相对次要的位置。但在网上交易占主导地位和经纪佣金自由化条件下,网络期货公司能以非常低廉的价格为客户提供相同的服务。随着竞争的加剧,竞争战略从低成本、低价格转向高服务水平,这就要求期货公司信息咨询的服务功能必须在质上有所飞跃。因此,高质量的研究成果和信息资料无疑成为经纪业务中争夺客户的主要手段。与此相应,研究开发部门将一改过去的附属地位,成为公司的核心部门。

第四,期货市场的效率受到影响。在传统的期货市场上,信息不完全和不对称助长了期货交易中的投机成分,具有信息资源优势的人往往利用本身优势操纵市场,或进行内幕交易牟取利益,使期货市场资源配置功能大打折扣。而期货网络交易的出现,能极大地提高市场信息流通速度,消除各期货市场参与者之间在获得实时行情信息、发送买卖指令之间的差别,增强信息传递的及时性。为了在竞争中保持优势,期货公司也将主要精力投入于市场分析,从而有利于提高所传播信息的真实性和可靠性。投资者因此更容易获得证券、期货市场和上市公司的历史数据、内部信息等,从而提高市场的透明度。此外,网上交易增加了期货市场的交易量,交易量的增加导致市场流动性增强,从而提高市场效率。

■ 三、网络期货交易系统

随着网络期货市场的发展,投资者正逐渐由原来的盲目交易转向理性投资,由被动的跟盘转向由交易系统来指导交易。期货交易系统对于投资者来说是一项重要的交易工具,投资者可以利用它来获取国内各期货市场的行情数据及和期货市场有关的新闻、资料、评论等。因此,我们以一个实例来对期货系统的操作做一个简单的介绍。

(一)软件下载与登录

登录中国期货金融网(http://www.cifco.net/index.jsp),点击软件下载(图5-21),进入软件下载页面。选择"富远行情软件"进行下载。

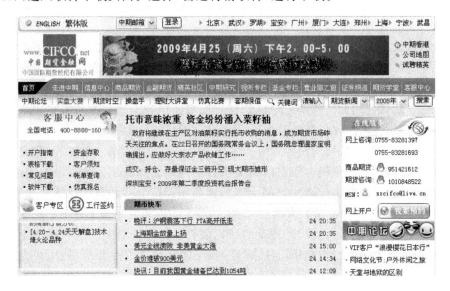

图 5-21　中国期货金融网首页之软件下载

安装完毕,双击桌面"中国国际期货网上交易图标",进入"客户登录"页面,首先选择服务器的名称,然后在"客户号"栏右面输入客户号,如果选择了"记住"选项后,则在下次登录时不用再输入用户名。在密码处可以敲键盘输入也可以通过密码键盘输入(密码键盘是新加的功能,防止被木马程序盗用密码),如图5-22所示。

图 5-22 中国国际期货网上交易客户登录界面

(二)网络期货交易操作指导

在下单页面中,点击行情中您想选择品种的"买、卖量",就可以在委托栏中进行操作。也可以选择"预埋委托",即立刻发出委托单,将委托单放到预埋单列表中,在需要时选择单个或全部发出预埋委托。买卖的快捷键为:1 为买,2 为卖,买卖输入完毕后敲回车跳到开平栏。开平仓的选择:1 为开仓,2 为平今仓,3 为平仓。在数量栏输入开平数量后点发出委托,指令将会进入交易所。由于远程通讯会花费一些时间,所以响应可能会有一些延迟,在下单没有得到委托成功的提示前,或在委托界面中查询不到刚才发出的委托单时,注意不要重复下单。如果图 5-23 中左下角方框中显示通讯断开,需要检查网络状况。

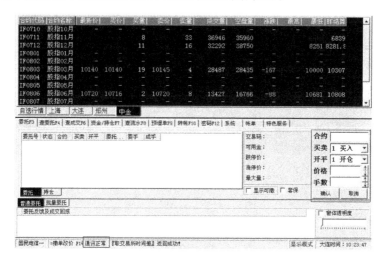

图 5-23 网络期货交易的通讯检查界面

1.委托

客户当日如果进行了委托操作,则可以看到当日已发出的委托单的情况,还可以查看持仓情况。在委托栏里,可以看见委托单的情况,点击右键可以选择撤单改价、撤单、全部撤单。在持仓栏里可以查询持仓单的情况。另外,客户还可以查看批量委托情况(图5-24)。

图 5-24　委托界面

2.查委托

客户可以通过输入合约品种和历史来查询委托单的情况。委托单量大的客户可以通过点击左下角"隐藏撤销"、"隐藏已成"进行筛选。客户点击委托单号可以得到更详细的交易资料(图5-25)。

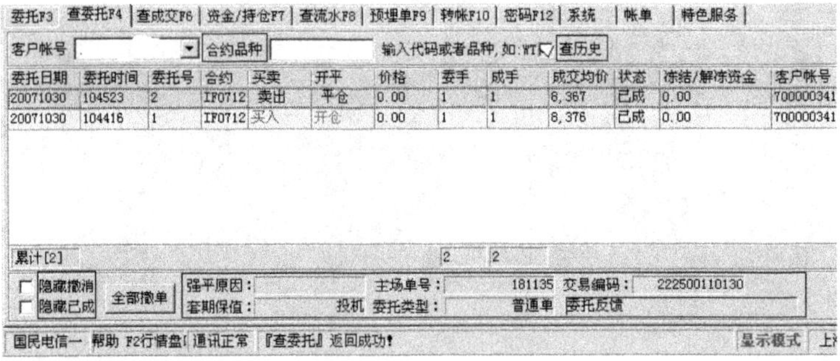

图 5-25　查委托界面

3.查成交

客户可以通过输入合约品种和历史来查询成交单的情况。同时还可以点击分笔成交明细、按委托汇总、按成交价位汇总进行不同状态的查询(图5-26)。

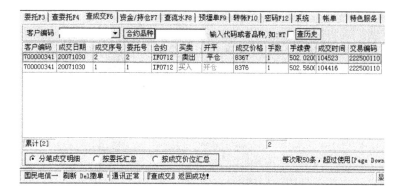

图 5-26　查成交界面

4.资金/持仓

客户可以查询实时的资金情况。其中,可用资金为客户未被占用的保证金。持仓保证金为客户已被占用的保证金,包括持仓保证金和已报入未成交指令所冻结的保证金。同时,客户可以通过点击"今开可用"、"历史开可用"、"总可用"同步查询资金和持仓情况,并能根据某一笔持仓执行平仓指令,如图5-27所示。

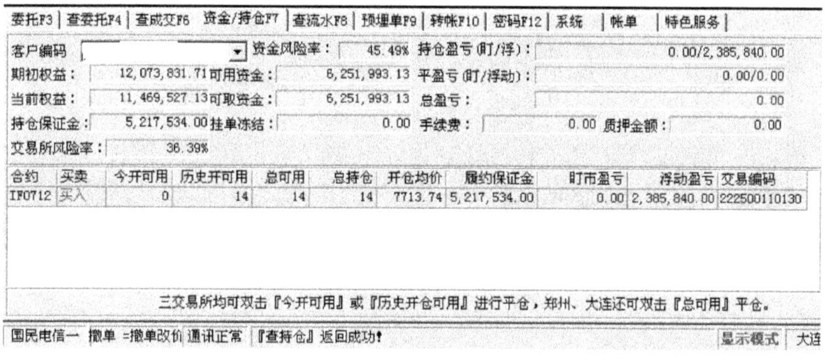

图 5-27　查询资金/持仓界面

5.查流水

客户可以通过选择起始日、终止日日期进行账单查询。查询项目主要有"发生前余额"、"资金发生额"、"发生后余额"等,如图5-28所示。

| 委托F3 | 查委托F4 | 查成交F6 | 资金/持仓F7 | 查流水F8 | 预埋单F9 | 转帐F10 | 密码F12 | 系统 | 帐单 | 特色服 |

起始日 2007-10- 1　终止日 2007-10-30　查询

客户编码	发生日期	流水号	业务类型	业务简称	发生前余额	资金发生额	发生后余额
700000341	20071008	23254	6110	持仓盈亏划入	6,286,323.96	16,380.00	6,302,703.96
700000341	20071008	23285	6113	保证金划出	6,302,703.96	-2,129.40	6,300,574.56
700000341	20071008	23336	6110	持仓盈亏划入	6,300,574.56	16,380.00	6,316,954.56
700000341	20071008	23345	6113	保证金划出	6,316,954.56	-2,129.40	6,314,825.16
700000341	20071008	23390	6110	持仓盈亏划入	6,314,825.16	16,380.00	6,331,205.16
700000341	20071008	23399	6113	保证金划出	6,331,205.16	-2,129.40	6,329,075.76
700000341	20071008	23406	6110	持仓盈亏划入	6,329,075.76	16,380.00	6,345,455.78
700000341	20071008	23436	6113	保证金划出	6,345,455.76	-2,129.40	6,343,326.36
700000341	20071008	23486	6110	持仓盈亏划入	6,343,326.36	16,380.00	6,359,706.36
700000341	20071008	23494	6113	保证金划出	6,359,706.36	-2,129.40	6,357,576.96
700000341	20071008	23509	6111	持仓盈亏划出	6,357,576.96	-49,140.00	6,308,436.96

国民电信一　单改价 F1帮助　通讯正常　『查资金存取』返回成功!

图 5-28　查流水界面

6.预埋单

　　查询所有的预埋单,可选择委托"单笔发送"、"全部发送"、"单笔作废"、"全部作废"。另外,由于交易所未开盘等原因被本地拒绝的委托单不会丢失,仍会显示在预埋单列表中(图 5-29)。

图 5-29　查预埋单界面

小结

　　本章的内容主要介绍了网络环境下的网络证券和网络期货,其中包括:网络证券与网络期货的含义、网络证券的业务模式、网络证券及网络期货交易系统。网络证券的业务模式不是一成不变的,它会随着信息技术的发展不断充实和完善。

◎　关键词

　　网络证券　网络期货　竞价成交　套期保值

复习思考题

1.试论述传统证券与网络证券的关系。

2.试论述网络证券对未来证券市场的发展有哪些影响。

3.网络期货交易在宏观经济中的作用有哪些?

案例分析

案例名称:国通证券实战电子商务

案例来源:http://www.smelz.gov.cn/news/71.htm

案例内容:

国通在 1999 年建立了自己的品牌网站"牛网"(www.newone.com.cn),2000 年 2 月 25 日正式开通网上交易,2000 年的网上交易委托量达 280 多亿元人民币,成交量达 98.5 亿元人民币,列首批通过网上交易资格的 23 家证券商之首。由上海证券交易所和深圳证券交易所公布的权威数据显示:2000 年,国通在二级市场的交易总额比 1999 年增长了 121.5%,整个市场份额比 1999 年提高了 18%。

在证券行业竞争日益加剧的今天,简单地依靠增加营业部进行规模扩张,提高对客户的影响力已经显得步伐缓慢且成本过高。网上证券交易可以利用网络交互和不受时空限制的特性,延伸营业部的证券交易服务,如同银行利用网上银行服务延伸银行储蓄所的服务。国通开通网上证券交易正是利用互联网延伸服务、开拓营销渠道的一个有力手段。除了网上交易外,国通在 2000 年建成了第一代呼叫中心(call center),又于 2001 年加大投入,完成了基于多媒体技术的第二代 call center 的建设,能够在全国范围内接受客户的电话咨询和交易委托,并在此基础上建立了客户服务中心。这是一个综合了证券、银行、保险及多种个性化服务内容于一身的有形席位和无形席位相结合的服务平台,拓展了无形网络服务的深度。对有着不同的偏好的客户而言,各种服务渠道有不同的吸引力,当然是多多益善。通过客户服务中心这个平台,国通的客户可以用互联网、传真、电话等多种方式享受专业化个人理财的服务,这个平台就是国通的电子商务平台。

新模式下的资源整合

面对电子商务的大潮,国通不仅仅利用新媒介吸引客户,增加近期利润,还规划了通过网络进行企业的资源有效整合。可以说,在国通的电子商务实战中,网上证券没有被孤立地看待,而是作为企业 E 化的引擎,在这个引擎的带动下,国通进行了多方面的资源整合。

技术平台的整合

早在 1998 年,国通就完成了所有营业部计算机系统平台的统一,奠定了统一的应用平台,为日后的升级和管理铺奠了道路。国内证券业目前普遍使用基于 Windows NT 架构的服务器。而国通于 2000 年在业内率先应用了 IBM 小型机,初步实现了与国际金融信息技术的接轨。目前,国通总部采用三台 IBM AS/400 小型机实现了对客户数据的实时采集和备份,并进行了对各个营业部的监控、风险防范和客户资源管理的工作,十分便于进行客户信息查询和客户关系管理的应用,安全性也大为提高。各个营业部采用 Windows NT 的服务器,营业部与总部之间通过内部网实现交易信息的快速发送,内部网多数采用了 256K 的 DDN 专线,一些线路条件优越的营业部采用了 1M 的专线与总部连接。

目前,国通的网上交易采用先集中在总部然后再派发的方式。在整个应用系统中,国通做到了清算和监管系统的集中处理,交易系统处于逐步向集中模式过渡的时期。国通的网络业务部副总经理罗少波认为:"在总部集中交易是未来发展的趋势,随着证券电子商务的发展,总部或区域中心将会得到较快的发展,而未来的营业部将会越来越'瘦',但这需要一个较长的过渡阶段。"

小型机和大型数据库技术的使用,以及内部网的构建,使国通初步完成了技术平台的整合,为开展电子商务做好了准备。

机构的整合

国通于 2000 年 3 月正式成立了网络业务部,负责网上证券和客户服务中心等与电子商务有关的业务。此前,网上证券由项目小组负责,出于长远的考虑,公司决定成立网络业务部,这也是国通以业务为主线,用集中管理改变以往以营业部为中心经营模式的举措。

目前,进行证券交易的开户手续需要个人身份证才能办理,所以还不能实现真正的网上开户。为了方便股民开户,除了营业部以外,国通与各大银行合作,通过银行数量众多的网点进行开户。国通已与招商银行总行、工商银行总行、建设银行总行、中国银行总行、交通银行总行及各地商业银行建立了战略合作关系,成立了"银证合作中心",积极推动券商与银行的合作。通过这种合作,整合了外部的机构资源,使无形网络得到实体网点的支持,无形网络的服务优势得以延伸。

人力资源的整合

国通设有研究发展中心,该中心设有公司行业部、交通行业部、市场策略部、信息管理部和客户部五个部门,分别从事行业和公司的研究、宏观经济和市场趋势研究、信息管理和客户服务等工作。开通网上证券服务后,国通将研究发展中心的研究成果放到网上,使以前只有大户才能看到的专业分析报告,让现在任何一个国通的网上客户都能看到,同时,国通安排了 100 多名专家为客户提供各种在线服务,支持电子商务平台的运转。

基于客户服务中心的平台,国通可根据市场和经营的需要,新增或减少服务渠道。这个平台是对外提供服务渠道的集成,是一种电子商务的表现形式,而国通为了实现这一新的商务模式进行了一系列的内部工作。罗少波介绍,"我们的网上交易量增长很快,主要是公司决策层高度重视,敢于将公司的资源在网络平台上进行整合,总部和各地营业部多种资源形成互动,有力地支持了网上交易的发展。技术平台超前规划也为网上交易和服务创新提供了强大的技术支持。'牛网'的品牌优势和服务的有机结合,有力地推动了网上交易的发展。"

背景资料

"牛网"的主要功能:

全面完善的服务体系。"牛网"不仅可以提供实时动态行情,而且可以直接下单买卖股票、查询股票余额、资金余额;还可以通过它实现券商保证金账户和多家银行储蓄账户之间的资金划转;还能提供及时的每日新闻信息评述、同业观点纵横、专家在线服务、国通研究报告;同时也可以在"投资学校"里学习最新投资知识和技巧,并可以参与模拟投资竞赛。

通买通卖功能。"牛网"的"国通牛卡"的所有功能在互联网上获得了的成功运用。使用了国通最先进的卡客户号管理功能,卡的客户号即为资金账户号,能够实现网上全国范围的通买通卖,24 小时委托、查询。

网上应答中心。由于网络的交互性很强,必然会有大量的客户提出各种各样的问题和服务需求,为了及时准确地解答这些问题,"牛网"特设立网络应答中心。该应答中心是国内证券业首家主要为网上交易客户提供全方位服务的 Web Call Center,能够提供统一的、可见的服务,能充分保证客户的需求被最快地响应、最大限度地满足。

贴近式服务。网上证券服务实质上是一种"超距服务",可以方便地与外地甚至国外的客户保持联系,做到与客户的每一次交流都记录在案,根据与客户的交流,实现对客户的再细化,有针对性地推销投资方案、承销证券、新的业务品种等。轻松地从"坐商"转变为"行商"。证券经纪业务人员将走出营业部,开展上门咨询、开户等一系列贴近式服务,更好地保持客户对公司的忠诚。

个性化的服务。牛网将透过国通主站、网上应答中心及遍及全国的营业部网络对客户进行"量身定做",提供各种个性的服务,提高客户的忠诚度。

案例讨论题:

试通过国通证券实战电子商务的案例,分析网络证券对传统券商经营运作的影响。

第三部分 管 理 篇

网络金融营销策略与服务管理

随着新信息技术的发展,金融服务市场发生着巨大的变化,金融服务进入了借助互联网、通讯网络和数字交互式媒体来实现营销目标的网络营销时代。在网络经济环境下,金融服务产品存在许多新特性,这导致传统的营销方式不再适用。金融机构为了在激烈的网络化竞争中夺取更大的市场份额,保持利润增长,就需要认真研究和加强网络金融营销策略与服务管理。本章从产品策略、价格策略、渠道策略和客户关系管理四个角度分析,探索网络经济环境下金融服务产品的营销策略与服务管理策略。此外,本章也对"呼叫中心"这一服务形式在网络金融营销和服务管理中的应用进行详细说明。

第一节　网络金融的产品策略

随着网络经济迅速发展,现有的传统金融企业已经紧跟网络化趋势,迅速响应,参与网络化改造,创新网络金融产品。在网络经济的环境下,金融业用以提高收益的手段有了显著的转变,金融机构开始将大量交易和服务转移到网络上,开发新的产品,寻找新的途径来增加收益。在美国,依靠网络化信息服务,先进的银行可以提供 200 多种的金融服务产品。本节将分别阐述网络银行、网络证券、网络保险的产品策略。

■ 一、网络金融产品概述

网络金融可以看做是网络经济学在金融领域的理论发展,在我们界定网络金融产品的定义前,先分析国内外学者对网络产品的定义。

张小蒂、倪云虎从广义网络出发,将网络产品定义为一切满足人与人之间交往的产品。网络由节点和连线组成,节点的中心即单个的人,节点间的连线即为连接单个人之间的媒体,人与人之间通过网络交换的物质产品和信息产品都属于网络产品[①]。

盛小白基于狭义网络市场对网络产品和市场进行考察,认为纯粹的虚拟市场是网络经济的未来,虚拟性成就了生产成本和交易成本的大幅下降以及交易效率和生产力水平的飞跃,而网络产品则应该主要包括数字产品和智能产品[②]。

张铭洪认为以上两种观点将"网络产品"理解为"网络中的产品",强调的是产品的网络环境。网络产品与传统产品区分的本质应该在于产品的自然属性,而非所在网络的属性。因此将网络产品定义为"具有网络外部性的产品"更为客观[③]。

虽然可以将网络产品定义为"具有网络外部性的产品",但照本宣科地将网络金融产品定义为"具有网络外部性的金融产品"却并不适合。金融产品不同于一般工商企业的产品,金融业本身就是依附"金融网络"存在的,网络外部性并不是网络金融产品与传统金融产品的本质区别。传统金融产品也可能存在网络外部性,例如,使用某家银行的银行卡的用户数量增加,该银行可能会增加下设的储蓄网点或者自动柜员机,这样原先使用该行银行卡的用户能更方便地完成各种业务,省去寻找较远的网点或者支付跨行手续费的成本,而网点的增加也使更多的用户选择使用该银行的银行卡。

因此,将网络金融界定为"信息技术,特别是 Internet 技术与金融理论、金融管理和金融实务相结合的产物,是存在于虚拟空间的金融活动,其存在形态是虚拟化的、运行方式是网络化的"[④],并以此作为与传统金融学的区别,进行经济学分析,更具有实际意义。

界定了网络金融产品中"网络"的范畴,编者进而对"金融产品"的范畴加以说明。翟立宏将金融产品定义为:金融机构为开展业务的需要,针对特定市场上顾客的金融需求而设计和推广的产品,其基本形式为独立的或附着于金融工具的金融

① 张小蒂,倪云虎.网络经济概论.杭州:浙江大学出版社,2002 年,第 24 页。
② 盛小白.网络经济通论.南京:东南大学出版社,2003 年,第 66~67 页。
③ 张铭洪.网络经济学.北京:高等教育出版社,2007 年,第 31~32 页。
④ 周科.浅析网络金融.新西部,2008(03)。

服务①。亚瑟·梅丹将金融产品定义为：以特定市场为目标，由一种金融服务企业为任意用户所提供的一整套服务②。

因此，网络金融产品可以界定为：金融服务机构为开展业务需要，提供的存在于由信息技术、网络技术构建的虚拟空间的产品，其形式为独立或附着于金融工具的一系列金融服务。如果说金融产品是服务性的产品，那么网络金融产品就是网络化、虚拟化的金融服务性产品。在本章中，网络金融产品和网络金融服务可以互相替换。

■ 二、网络银行产品策略

网络银行在网络金融各行业中发展较为成熟，网络银行产品也较为丰富。除了传统的柜台服务通过网络提供外，各种定制化、综合化的信息服务产品更是成为网络银行未来的发展方向和新的利润增长点。因此，研究消费者需求，提供个性化差别化的产品和服务显得尤为重要。网络银行往往采取产品差异化策略来满足客户需求，获取最大的消费者剩余。

（一）网络银行产品

根据网络银行产品与传统银行产品之间的关联度分析，可以把网络银行的金融产品划分为两类：无差异基础服务产品和衍生增值服务产品。

（1）无差异基础服务产品是指网络银行将传统银行的柜台业务产品在网上进行简单的复制与延伸的金融产品。它大致可分为网络企业银行服务和网络个人银行服务两种，包括各类转账业务服务、贷款业务、外汇业务、账户管理查询等与柜台业务品种一一对应的服务。例如，网络银行的客户可以在网上进行开户、销户、查询余额、交易明细查询、利息查询等多种业务；或者针对集团客户或企业进行的账户核对、划转资金、工资发放、打印各种报表活动，以及针对银行同业的拆借、往来资金的结算等各种批发业务及各种代收费的中间业务等。

（2）衍生增值服务产品包括网络支付服务和通过综合化网络平台整合信息资源以及多种金融工具和手段，为客户提供个性化定制的增值服务集合。相较于无差异基础服务的单一性、普遍性，衍生增值服务产品是各种产品的有机结合，产品种类丰富，呈现系列化、配套化、综合化的特点，并且针对不同客户需求设计不同的服务集合，是网络银行业务未来主要的发展方向。例如，为进出口企业提供资金管

① 翟立宏.个人金融产品的特性：不同角度的考察及启示.经济问题，2005(01)。
② 亚瑟·梅丹.金融服务营销学.北京：中国金融出版社，2000年，第100页。

理、账务管理等基础服务外,融合全球市场分析、外汇未来走势、外汇政策指导等配套信息服务。再例如,花旗银行的活期存款、花旗存款、全能存款、花旗金存款四种综合性存款品种,把客户的分期贷款、房屋贷款、理财和养老等账户放在一起综合管理,根据客户在花旗银行的存款、贷款、投资等的累计金额给予不同的优惠、收取不同的费用[①]。

国内网络银行经过几年的发展,许多中资银行正大力发展其网络银行业务。表 6-1 为目前中国工商银行、中国建设银行、中国银行、招商银行的网络银行产品列表。从表中可以看出,虽然我国网络银行业务已经从无差异基础业务占主导地位开始向多元化的增值产品服务转变,但是产品种类仍然较为单一,同国外许多网络银行相比,差距仍然较大。国内的网络银行要缩短同国外网络银行的差别,需要加强面向客户差异化的服务产品创新。

表 6-1　中国工商银行、中国建设银行、中国银行、招商银行的网络银行产品列表

银行	业务种类
中国工商银行	银行信息服务、账务信息业务、支付指令业务、批量支付业务、B2B 网上支付、银证转账业务、人民币转账业务、网上异地汇款、代客外汇买卖、个人网上抵押贷款等
中国银行	银行信息服务、网上国际收支申报、汇划即时通个人在线理财、网上支付业务、企业银行业务、网上证券业务等
中国建设银行	银行信息服务、查询服务、转账服务、代理缴费业务、证券资金转账业务、网上支付服务、挂失服务、信用卡申请服务、集团管理子公司业务等
招商银行	银行信息服务、个人银行业务、网上支付业务、企业银行业务、网上商城、网上证券业务等

资料来源:丰翔.国内外网络银行产品创新能力比较及建议.职大学报,2007(04)。

(二)网络银行产品差别化策略

网络金融中,市场由卖方市场转变为买方市场,这要求银行必须研究消费者需求,提供个性化、差别化的产品和服务。网络银行产品差别化策略正是针对人们不同的金融需求而进行的产品创新策略,包括产品组合差别策略和产品客户差别策略。

产品组合差别策略是银行将两个或两个以上的现有产品或服务利用网络平台进行重新组合,从而推出新的金融产品。银行是多种产品的经营者。传统银行服务中,顾客仅对自己需要的产品有所了解,很少主动收集新的产品信息。同时,银行营业点也没有能力了解每个客户需求,针对性地推荐金融产品。因此,客户了解

---

① 丰翔.国内外网络银行产品创新能力比较及建议.职大学报,2007(04)。

到的产品信息有限,而银行也难以开展有效的金融营销。网络银行具有高度的资源整合能力和互动性,获取客户需求信息的成本很小,可以比较容易地对客户进行分类,因此网络银行可以对原有的业务在网上进行交叉组合,并针对某个特定的细分市场进行推广,让客户享受一揽子服务,这样易于占领市场并不断吸引新的客户。

产品客户差别策略是通过研究客户需求,细分目标客户,为满足不同客户群的需求而提供目标明确的金融服务品种。这里分别从个人金融产品和企业金融产品两方面给予说明。

个人金融产品差别化策略可以根据个人客户的年龄、收入、职业、社会地位的不同设计不同的产品,收取不同的费用,最大程度满足目标客户的需求,相对于同质化的产品,能获得更大的用户基础。以美洲银行为例[1],银行的专业金融服务共有8种产品,包括个人银行、基础金融服务、学生金融服务、电子钱包、军事银行、专业非洲裔美国人银行、美国亚洲理财和社区发展金融服务。军事银行主要定位于为美国在职或者退休的军人、国防部工作人员和相关的政府工作人员开设金融服务产品;美国亚洲理财主要是定位于在美国及香港都需要理财的客户。美洲银行系列化的个人金融品种,满足了不同区域、不同职业、不同收入的目标市场。

企业金融产品差别策略则是针对不同的公司客户。不同的客户对金融产品的需求不同,这就要求各个网络银行根据客户的不同需求,结合网络的快捷性、互动性,提供有差别的产品及服务。大型客户一般要求提供财务解决方案、资本筹集与咨询服务等方案;而小型客户则希望通过网络银行得到最大程度的方便。以美洲银行为例[2],美洲银行把提供给大中型企业的金融产品分为两种。第一种是商业金融产品,服务对象是销售收入在1000万美元到5亿美元的企业。该类产品包括为企业制定适合其金融目标与发展的财务计划,满足企业短期与长期的资金需要;对企业未来的资金需要进行分析与预测,减少企业的管理费用;协助企业进行初次上市融资、取得私人资金和解决工厂及设备的资本约束等资本问题。美洲银行的第二种产品是公司理财,是针对年销售收入在5亿美元以上的大公司。该服务栏目体现了银行在金融服务业上的强大实力。它主要是为大公司服务,这些大公司涉及资本、衍生金融产品、辛迪加贷款等资金大、股权复杂的项目。其业务定位于投资银行业务,主要产品有财务解决方案、库存与投资解决方案、资本筹集与咨询、资本市场、国际货运等服务。

[1][2]　丰翔.国内外网络银行产品创新能力比较及建议.职大学报,2007(04)。

三、网络证券产品策略

网络证券交易应该是集交易委托、投资咨询、业务宣传等为一体的全方位、全功能的综合系统。网络证券产品涵盖了证券发行、证券交易、资金清算、客户咨询、行情分析、理财等多种服务产品,实现无地域、无时间限制的全方位委托交易、咨询服务等。

网络证券产品可以分为无差异的基础服务产品和个性化的增值服务产品两类。和网络银行相同,无差异的基础服务产品是对证券交易所、营业部传统业务的网络化延伸。网络化的无差异基础服务相对于传统证券服务,更体现安全、快捷的委托交易功能,为客户提供更完善全面的行情浏览和委托手段。

个性化增值服务产品是通过网络实现具体附加价值的各种产品服务,主要体现在网络咨询中。网络证券的个性化增值服务产品可以包括基本的网络咨询信息产品,如投资快讯、研究报告、投资组合等;由公司内外专家组成的"投资顾问团"提供的"专家在线"咨询服务;由开户预约、个股诊疗、预约调研和投资组合方案组成的"预约服务";通过网络直播的每日电视股评、股评报告会、行业研究报告会等;以及投资俱乐部、模拟炒股、股民学校等服务产品。网络证券产品的主要价值就体现在个性化的增值服务产品中。

网络证券中无差异的基础服务产品是为了投资者交易得以快速、便捷进行而提供的"买卖型"服务,通过提供网络交易通道来收取佣金;个性化的增值服务产品则是为尽可能满足投资者最大投资收益的需求而提供的"收益型"服务,即大众化咨询服务、专业咨询服务和定制服务等。"买卖型"和"收益型"服务两者相辅相成、互相促进,前者是后者的基础,后者是前者发展的高层要求和目标。显然,"收益型"服务具有灵活性、个性化的特征,是网络证券的核心竞争产品。因此,网络证券机构应该从为投资者提供简单的网络交易服务转向提供网络化理财增值服务,实现由单纯的"买卖型"服务向"买卖-收益型"服务转型[①]。

四、网络保险产品策略

发达国家保险业发展历程长久,网络保险产品的发展也比较成熟,目前有许多大型网站专售保险产品。例如,美国 NASDAQ 上市公司 eHealth,专门代理美国各保险

---

① 杨喜欠.网络环境下我国证券经纪业务营销策略研究.西安理工大学硕士论文,2006 年,第 58 页。

公司健康险买卖,其旗下全资子公司网站——优保网则进军中国健康险市场。

　　虽然网络保险发展良好,但并不是所有保险产品的都适合以网络形式销售。一些传统保险产品的特性决定了其本身并不适合网络营销,他们往往具备以下特性:首先,消费者的非渴求性,这些保险产品在现实生活中有需求,但这种需求并不急切,消费者主动通过网络查询购买保险产品的积极性不高,因此这种性质的保险需要保险营销员的宣传推广,把潜在需求挖掘出来,促使消费者意识到产品的重要性,最终认同并购买;其次,保险产品自身的复杂性,例如,一些医疗险种有复杂的条款要求、健康体检要求等,对于多数消费者来说,通过网络了解这些保险产品内容十分困难,需要具有专业知识的保险营销员针对不同的客户、不同的情况,帮助潜在消费者制定保险计划。

　　目前,在发达国家通过网络销售的保险产品主要是车险、健康险、意外险等。因此,我们可以得知,适合网络营销的保险产品满足的一些特性条件,网络保险产品策略就是要创新符合这些条件的网络保险产品。这些特性条件包括:①该保险产品的潜在需求比较大。消费者对某类风险的存在有较高的认知度,并且主动寻求规避风险以获得安全保障,对该保险产品有较高的潜在需求。例如,车险对于美国消费者来说已经成为一种必需品;又如,短期的旅游意外险对于自助游客也是基本的安全保障需要。②潜在消费者对该保险产品认知度较高。潜在消费者对所需要的保险产品的功能、条款等内容相对熟悉,或者消费者已经购买过该类保险产品,到期后又需要续保的。例如,美国消费者对车险的条款已基本熟知,使得保险客户只需通过网络比较各公司车险的价格就可选择相应的车险产品。③该保险产品能灵活适应客户细化的需求。消费者对保险产品需求不同,通过网络搜索、比较,消费者能自行找到适合自身需求的保险产品,这要求网络保险产品能够被细致差异化,符合不同消费者需求。例如,短期、小额的健康保险,一家保险公司往往会针对不同的客户需求设计多种可选择的险种,包括针对牙科诊疗、针对医疗护理、或针对健康体检等各方面的保险产品,因为每种保险产品费用不高,消费者能自由选择、组合自己所需的产品。

　　此外,网络保险产品还可以包括配套保单的系列咨询服务,如法律咨询,理赔程序咨询,甚至包括以医疗、房地产、汽车等为投保对象的信息咨询。

第二节　网络金融的定价策略

　　定价能力及定价策略直接影响到金融机构利润空间的大小,网络金融供应商的定价能力和定价策略都受网络经济这个前提的影响,与传统金融情况下存在较大的差异,显示出网络经济的特有性质。

一、网络金融定价影响因素分析

网络金融中,服务产品特殊的成本结构使得传统经济学中价格等于边际成本的定价原则不再适用。价格敏感度同时也影响着定价策略。

(一)网络金融服务产品成本特性

在对网络金融服务产品的定价分析中,网络经济中数字产品的成本特性在网络金融服务产品上同样存在。成本与定价有密不可分的关系,因此,先让我们对网络金融服务产品的成本结构进行分析。网络金融服务产品成本同大多数网络产品一样,由于存在网络外部性,规模收益递增,数字产品可复制性强,网络金融服务产品也呈现出平均成本递减的特征。

信息网络的发展过程中存在着网络效应,这一效应又被称为网络外部性。作为网络经济重要组成部分的网络金融也必然受这一法则的支配,即网络金融服务对某一客户的价值,依赖于接受网络金融服务的其他客户的数量。因此当网络金融服务的规模增大时,其服务系统的价值必然相应增加。随着网络金融服务规模的扩大,规模经济同样产生,即随着服务产品的增加平均成本降低。但不同于传统规模经济,网络金融服务产品可允许无限多的人同时享用,不存在生产量的临界值,且复制成本几乎为零,不存在边际收益递减的情况,网络金融服务中规模经济主要表现为规模收益递增。

网络金融服务中其供应商所提供的服务产品,如股票、外汇信息、支付结算平台等可以为多个客户所使用,即网络金融服务供应商提供的信息服务存在着共享性,而信息复制的费用几乎为零,因此网络所提供的服务产品的平均成本会随着服务规模的增加而下降。网络金融业的高固定成本、低边际成本的特点,表明了它的平均成本具有无穷递减的趋势,并且一直大于边际成本。因此,只要不断增加产量,平均成本就会不断下降,当产量无穷大时,平均成本就会接近于零。

(二)价格敏感度对定价的影响

价格敏感度,是决定价格提高或降低策略能否成功的关键。价格敏感度又称价格弹性(price elasticity),是指产品价格变动一个百分比引起的需求变动的百分比,即

$$\varepsilon = \frac{\Delta q/q}{\Delta p/p} = \frac{pq'(p)}{q}$$

价格弹性高,客户对价格的变动比较敏感,提价会使客户放弃该产品;反之,价

格弹性低,客户对价格的变化并不怎么关注,价格提高不会对他们的消费决策有太大影响。如果网络金融服务供应商提高服务产品价格,客户就会做出相应反应。当服务产品价格弹性低时,虽然价格提升会减少一部分客户的消费需求,但如果供应商从选择继续消费该产品的客户那里多获得的收益,多于因丧失客户需求而受到的损失,那么提价决策就是可行的定价策略。反之,对于价格弹性高的服务产品,如果客户对价格的变化比较敏感,随着价格的提高,消费需求大量减少,利润降低,就需要考虑以其它的定价策略来获取更多利润①。

影响价格敏感度的因素包括:①产品差异程度,金融服务产品与竞争者同类产品之间的差异越大,即替代品越少,客户对该产品的价格敏感度就越低。②产品比较难易程度,如果客户难以对网络金融服务产品进行比较,他们对价格敏感度也较低。③市场细分程度,网络金融服务供应商在市场上为服务对象定位的能力越强,它所面临的价格敏感度越低。④其他产品的销售,即如果能成功地向客户交叉销售其他网络金融产品或服务,那么它面临的价格敏感度往往会较低。⑤价值认同程度,如果客户觉得该服务产品具有更高的价值或更优质,则对价格的敏感度越低。

二、网络金融服务供应商定价能力影响因素

(一)获得服务产品的便利性

如果金融服务网站上有快捷的导航工具,便捷的搜索工具,并且在网络服务产品交易过程中能提供较快的校验服务,客户就能便捷地了解和获得所需服务,降低搜寻成本和交易成本。因此,能够提供高水平服务便利性的网络金融服务供应商能够收取高价,定价能力就比较强②。另外,一个友好的用户界面及个性化的个人账户能节省客户的时间,当客户的转换成本可能比较高时,他们可能会有更高的忠诚度,因为他们会感到重新适应新的网络金融服务界面会不方便③。综上,网络金融服务供应商提供的服务便利性越好,定价能力越强。

(二)网络金融服务商提供的服务产品信息

网络金融为客户提供了更低的搜寻成本来寻找他们需要的金融服务产

---

①　杜文哲.西方商业银行金融服务定价策略分析.金融会计,2004(03)。

②　Smith M D,Bailey J,Brynjolffsson E. Understanding Digital Markets:Review and Assessment,In Brynjolffsson E,Kahin B (eds.). Understanding the Digital Economy,MIT Press。

③　Dolan R J,Moon Y. Pricing and market making on the internet. Journal of Interactive Marketing. 2000,14 (2):56~73。

品,网络金融服务供应商应该给客户提供更多的信息帮助减少信息不对称,增加客户选择服务产品的参考依据。通常来说,有更好信息环境的金融服务网络能加速客户搜索过程。如果客户认为在线环境可提供更好的信息,他有可能会转而使用在线渠道。网络金融服务产品信息的深度可以降低消费者对服务产品的价格敏感度。因此,网络金融服务产品供应商提供的服务产品信息越丰富,定价能力越强。

(三)客户认知程度

虽然网络环境大大降低了客户搜寻成本,但同时网络信息量暴增,不是所有的客户都会对服务产品信息有充分的了解,因此,客户认知度较高的网络金融服务供应商能够吸引更多的客户关注,在一定范围内可以制定相对较高的价格。例如,四大国有银行的认知度在我国银行业内遥遥领先,客户在选择网络金融服务时就可能直接在他们的网络金融服务产品中搜寻。而客户认知度较低的网络金融服务供应商,例如,一些区域性网络金融服务供应商,或刚进入中国市场的外资网络金融服务供应商,由于客户很难搜寻到他们的网站,为了吸引客户,只能制定较低的价格来吸引眼球。因此,网络金融服务供应商的客户认知度越高,定价能力越强。

(四)网络金融服务产品的丰富程度

如果大部分网络金融服务供应商提供的服务产品具有较强的相似度,客户可以在进行比较之后再做决策。这种情况下,能够提供丰富品种类型的供应商就有更多的优势。因为,如果一家供应商提供种类丰富的服务产品,就相当于降低了网络消费者的搜寻成本,客户会更愿意向该供应商购买所需的产品,因而网络金融服务供应商在服务产品价格上也更有竞争力;另一种情况,如果产品差别化程度越高,即供应商能够提供不同于其他供应商的服务产品,价格竞争力也就越大;此外,网络金融产品的信息越丰富,包括服务产品描述、操作指南、预期回报、客户评论等,客户对该服务产品的价值认同度越高。以上的产品因素都会提高网络金融服务供应商的定价能力。

此外,网络金融服务供应商的网站连接速度,受理和处理客户咨询的速度和态度,受理和处理客户投诉的速度和态度,对客户的优惠奖励程度等也会影响供应商的定价能力[①]。

---

① 王毅达.网络零售——定价策略与渠道选择.北京:经济科学出版社,2008 年,第 166～180 页。

三、网络金融定价策略

(一)渗透定价策略(penetration pricing)

实施渗透定价就是在进入市场初期采取的低价格、零价格或者负价格的策略,也就是先发制人,以争取更多的安装基础,达到必要的临界值,其目的是对消费者进行"锁定"。网络金融服务供应商在推出网络金融服务产品的初期,其战略目标是优先占领市场,所提供的网络金融服务品种比较单一,客户对新服务产品还抱有一定的怀疑态度。在这种情况下,网络金融服务供应商一般采用的定价策略是提供免费服务。

网络金融服务产品的需求曲线与传统经济学需求曲线之间有很大不同。网络经济下存在网络外部性,由于网络外部性作用,产品的客户价值随着使用相同产品的用户数量的增加而增大。后进客户的支付意愿也会随着客户数量的增大而增大,即随着消费该服务产品的客户数量的增加,新进入市场的客户愿意比老客户支付更高的价格,直到该服务产品有大量的消费客户(临界值状态),客户预期该产品不会有更高的价值,或者新产品的出现使客户转移到他们认为价值更高的服务产品,而该服务产品进入衰退期,这就导致了网络金融服务产品的需求曲线呈倒 U 型(图 6-1)。

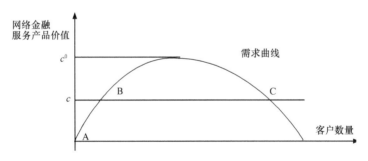

图 6-1　网络金融服务产品需求曲线

假设网络金融服务的供给曲线是一条价格等于边际成本的直线,对于任意小于 c^o 的边际成本 c ,都存在三种与边际成本定价一致的网络规模:零网络规模(A 点),需求曲线与边际成本第一个交点对应的网络规模(B 点),需求曲线与边际成本第二个交点对应的最大网络规模(C 点)。这是一个多态均衡的模型。我们考虑 B 点和 C 点的均衡状态。B 点是较低的网络规模,是非稳态的交点,在 B 点使用网络金融服务的客户数量会受到外在相关因素的影响而发生变动。如果服务产品采取免费策略,这个因素就足以使系统越过不稳定均衡,达到高水平的市场均衡(C

点)。因此,在服务产品推广初期,客户数量少,服务产品的价值在其他客户看来就比较低,网络金融服务供应商采取渗透定价策略才能吸引新客户的进入,扩大用户基础,达到较高的网络规模水平。

(二)歧视定价策略(discrimination pricing)

歧视定价策略即价格歧视是目前在网络营销中最常用的定价策略。歧视定价是根据网络金融服务产品对客户需求满足的不同程度,来制定不同的价格。歧视定价可以分为不同的类型。①如果网络金融服务供应商能够用某种标准识别不同客户的需求,并对客户收取相应的价格,则称为直接价格歧视。直接价格歧视包括完全价格歧视和三级价格歧视:在完全价格歧视里,根据每个客户对服务产品的最大支付意愿为客户制定一种价格,即"个性化定价";在三级价格歧视里,客户被切割成不同的类型集合,网络金融服务供应商对每一类型客户收取相应的价格。②如果识别不同客户需求的成本过大,供应商不能具体识别客户属于哪个细分市场,但供应商仍然可以采用"数量—价格组合"或"质量—价格组合"的套餐定价诱导客户自行选择。这种定价方式称为间接价格歧视或者二级价格歧视①。在网络金融服务产品价格歧视的具体操作中,主要可以采用以下两种策略:

(1)个性化定价。网络金融服务供应商根据客户对产品的价值认知为每一顾客制定一种价格,这一策略也被称为"一对一营销"。个性化定价利用互联网的互动性和客户的个性化需求来确定商品价格。为了实施个性化定价策略,首先,供应商要能针对客户的需求对网络金融服务产品进行个性化定价,使服务产品对顾客有最大的价值;其次,供应商能建立起从这种价值中获取最大利润的定价机制。例如,定制的网络金融咨询服务,是通过网络互动交换信息,由金融专家根据客户需求而定制的咨询服务。这种高度定制化的服务产品对于特定的客户具有高价值,但对于其他客户就并不适用。而且,网络金融咨询是信息流的交易,没有实物,不同客户之间由于需求不同,获得的服务不同,无法比较价格的差异,因此金融服务供应商就能够采用"一对一定价"的方式。

(2)群体定价。在大部分情况下,网络金融服务产品没有"一对一定价"如此强的定制性,而且供应商很难准确了解每个客户的需求情况,所以对服务产品进行个性化定价行不通。此时,金融服务供应商可以把价格建立在群体特征(如年龄、收入、购买历史、购买数量等)的基础上,根据不同的群体特征将客户划分为几个不同的子类型,在不同的子类型(具有不同特征的客户群体组成)制定不同的销售价格。群体定价实质上是"三级价格歧视"②。

---

① 骆品亮.定价策略.上海:上海财经大学出版社,2008年,第95页。
② 葛禄青.网络环境下的信息产品差别定价策略.经济论坛,2006(19)。

(三)捆绑定价(bundling pricing)

捆绑定价是网络金融服务供应商将一系列服务产品组合配搭到一起,综合定价的方法。Yannis Bakos 和 Erik Brynjolffsson 在 1996 年就对信息产品捆绑销售的好处进行了研究论证。他们认为客户对不同产品有不同的评价,使卖方无法精确定价,而根据大数定律,捆绑销售可以有效减少客户对于不同产品的评价差异,使其更接近于平均值。这样,卖方更容易准确预知客户的价值评价[①]。

拥有多种网络金融服务产品的网络金融供应商推行捆绑定价有助于服务产品的交叉互补销售。比如,网络金融服务供应商可以将一种金融业务与金融信息服务捆绑在一起销售。单独订购信息服务的客户可能数量很少,但在接受了其他金融业务后很多客户会产生对信息服务的需求,而这些客户在接受捆绑定价时会觉得享受了优惠。这样,供应商成功地将服务组合推销出去,而信息制定成本是固定的,网络发送无任何附加成本。

此外,网络金融服务供应商可以提供客户自我选择的捆绑菜单,消费者从中选取和设计自己要购买的捆绑产品包。这种定价策略会确保更高的利润,因为当消费者选择定制捆绑时,已经透露了自己的支付意愿信息,为供应商提供了进一步差别定价的机会。

第三节　网络金融的渠道策略

基于新信息技术发展起来的网络营销渠道在金融服务产品分销中得到广泛运用,例如,网上银行、电话银行、手机银行、银证通等,金融机构可以利用新信息技术的营销渠道为顾客服务,突破以往时间和区域限制,为顾客随时、随地提供服务。因此,各金融机构纷纷制定网络金融的渠道发展战略,以开发、完善网络金融渠道,作为拓展市场的新营销手段。

一、网络金融营销渠道概述

《2004 年新银行业消费(个人用户)调查报告》显示,银行基于新信息技术开发的网络金融服务产品在广大消费者心中已经占据一定的位置。相当一部分被调查者表示"知道"网上银行、手机银行、银证通、银基通、银保通等网络金融业

---

① 王毅达.网络零售——定价策略与渠道选择.北京:经济科学出版社,2008 年,第 75 页。

务,特别是网上银行,高达 90% 的被调查者了解网上银行的存在,只有 10% 的人"没有听说过"网上银行[①]。可见,基于新信息技术的网络分销在渠道策略中扮演重要的角色。

(一)网络金融营销渠道的功能

新信息技术支持下的网络营销渠道为金融界带来了理念的转变,促使金融营销渠道向虚拟化、可移动化、终端化方向发展。网络金融的营销渠道在业务处理上具有快速性和联动性等特征,为顾客和金融机构带来极大便利。

(1)网络金融营销渠道的出现使得金融机构以电子化、网络化为依托,最大限度地将业务、服务从实物网点面对面的服务中解放出来,逐步分流到自助设备、网络、电话等多种渠道,大大减轻了网点服务人员的压力。网络金融营销渠道为顾客提供了时间和空间的便利性,从而减少寻求金融服务产品的成本,增加顾客的满意度。

(2)网络金融营销渠道是收集和分析顾客信息的高效渠道。互联网技术和通讯技术的发展,使得供应商通过终端渠道可以更广泛地收集和分析客户的需求,客户也可通过渠道获得最新的金融资讯信息和金融服务。

(3)此外,网络金融渠道的应用能大幅降低金融服务的交易成本。据美国权威机构的调查,在各类银行服务的平均每项交易成本中,传统银行分支机构最高,其次为电话银行,再次为 ATM 柜员机,网络银行最低,最高和最低者相差 800% 以上。

(二)网络金融营销渠道的分类

网络金融营销渠道按照是否经过中间商环节,可以划分为直接网络金融渠道和间接网络金融渠道。

1. 直接网络金融渠道

直接网络金融渠道是指没有中间商参与,一般由金融机构直接建立的网络渠道。金融服务产品通过该网络渠道可以直接传递或者销售给客户。现实中,网络金融服务供应商大多以电脑、电话、手机等电子网络为媒介,以客户自助为特点将金融产品直接分销给客户。例如,目前大多数金融机构已经建立了自己的网络服务平台,顾客只要登录网络金融服务供应商的主页,就可以享受到网络金融产品和服务。

---

① 黄燕. 2004 年新银行业务消费(个人用户)调查. 互联网周刊,2004(03)。

2. 间接网络金融渠道

间接网络金融渠道是指通过中间商间接完成网络金融服务。由于网络金融市场本身没有物流的产生,只有资金流与信息流的流通,消费者无法有效地整合需要的信息,因此有市场中间商的介入,通过专业化的服务将信息整合,把金融产品的提供者与接收者双方联系起来。例如,独立的理财顾问网站可以为顾客提供咨询服务,代理网络金融服务供应商的服务产品。又如网络金融经纪人可以与顾客、潜在消费者建立广泛的联系,向他们推介网络金融产品,在网络金融产品的提供者和接收者之间担当桥梁。

■ 二、网络金融渠道

金融机构可以充分利用新信息技术推广服务产品,网络金融分销渠道呈现多样化态势。供应商可以通过互联网、手机、电话等多种渠道,或者借助第三方力量,扩大消费者与金融服务产品的接触面。

(一)基于互联网的营销渠道

互联网技术和金融理论相结合是网络金融普遍的表现形式,典型的例子包括各个金融机构的网站,通过互联网为客户提供各种金融服务产品。下面我们以网上银行为例,具体说明。

近年来,网上银行市场规模保持高速增长,2008 年用户数增长超过了 5000万,涨幅为 44.8%。网上银行活跃用户数量(过去一年内登录过网上银行)为 5800万。网上银行的交易量则有 85.8% 的增长,达 354.1 万亿元人民币,交易量涨幅高于用户数增长。全国各大商业银行及股份制银行的网上业务交易量普遍超过总业务的 20%,招商银行、工商银行的网上业务比例更是达到了 40% 以上。这说明个人和企业越来越频繁地使用网上银行渠道,从而取代传统柜台渠道[①]。

网络银行(internet banking)又称网上银行或者在线银行(online banking, e-banking),是指利用互联网这一公共资源及其相关技术实现银行及客户之间安全、方便的连接,通过网络为客户提供各种金融服务的虚拟电子银行。

传统银行的销售渠道是分行及其广泛分布的营业网点,网络银行的主要销售渠道是计算机网络系统,以及基于计算机网络系统的代理商制度。有了网络银行,客户可以通过互联网在任何地方进行业务处理,银行也无需耗费大量成本设立营

---

① 赛迪顾问.2008-2009 年中国网上银行市场发展状况.2009(01)。

业性分支机构。

网上银行可以分为两种模式,纯网上银行和依附于传统银行的网上银行。①纯网上银行是没有分支银行或者自动柜员机,仅利用网络传递金融服务的网络金融服务供应商。此外,那些分支机构少,营业人员少,采用电话,互联网等新信息技术手段与客户建立密切的联系,提供全方位的金融服务的银行,也可称为纯网上银行。②依附于传统银行的网上银行是指同时拥有实体分支机构的银行,在现有传统银行的基础上,利用互联网增加新的营销渠道,推出网上银行服务,形成营业网点、ATM、POS 机、网上银行的综合营销渠道体系。

除了银行自身的网站,网络金融产品还可以借由互联网上其他网站进行分销和推广。网络金融服务供应商可以将自己的金融服务产品与其他网站动态链接,如保险网站、大型虚拟购物网站、搜索引擎网站等,通过这些网站向客户推荐所需产品。这种营销渠道策略扩大了消费者与金融产品的接触面,充分把银行自身的金融产品和互联网的共享优势结合起来。这种策略把独立的网站营销转换为联盟网站的营销推广,更具有竞争性。

(二)基于通信网络的营销渠道

电话银行是最传统的网络金融服务分销方式之一。商业银行利用电话网络形成各种物理界面的电话服务,可以说这是比互联网更普及的网络金融服务渠道。电话银行是指使用计算机电话集成技术,采用自动服务和人工服务方式为顾客提供金融服务的一种系统。

手机银行,是利用移动电话办理银行相关业务的渠道,是银行实现电子化服务的一种渠道,是移动通信网络上的一项电子商务服务系统。手机银行通过移动通信网络将客户手机连接至银行,利用手机界面直接完成各种金融理财业务。

短信银行,是利用手机的短信功能完成一些银行的通知、提醒、提供公共信息等服务。短信银行是手机银行的完善和补充,对手机要求低,可以收发短信的手机都可以使用,客户在任何时间、地点都能享受银行提供的服务。

中国银联于 2004 年开通了移动 POS 业务,即移动银行。移动银行最大的好处是无须先行支付,不受场地和线路的限制,除了用于旅游订票,还可以用于物流配送、送货服务等领域。移动 POS 支付手段可以大大减少商户的安全隐患。

我国的手机银行主要由各商业银行与中国联通、中国移动等电信运营商合作向社会推出。目前,中国银行、中国工商银行、中国建设银行、招商银行等多家银行相继推出自己的手机银行业务。整体看来,国内手机银行业务方式是在现有 GSM通讯网络架构和设备基础上,通过 SMS 短信息系统平台和移动互联网平台,实现利用手机完成各种金融服务。其业务大致可以分为三类:①查缴费业务,包括账户查询、余额查询、转账、银行代缴水电费、电话费等。②购物业务,客户将手机信息与银行系统绑定后,通过手机银行平台进行购买商品的资金转移。③理财业务,例如,查询股市行情、外汇牌价等①。

(三)第三方网络金融渠道

第三方网络金融渠道服务运营商,依托互联网采用新电子商务模式,在渠道服务的一端为投资者提供种类丰富的金融产品。通过渠道平台,投资者在另一端无须花费大量时间精力,即可实现多种投资组合,进而获得更高的投资收益。具体说来,第三方网络金融服务供应商对银行、证券、保险、信托、期货、基金等公司所经营的产品和服务进行整合,利用自身有关资源,向顾客提供多种金融理财产品与增值服务,并为投资者的购买提供渠道平台服务。

第三方网络金融渠道的生存之本在于其独立性。例如,在美国,金融零售排名前5位的,第三方金融渠道占了很大的比重,而银行自身建设的金融渠道在零售方面已经被第三方金融渠道超过。因为对于投资者而言,银行营销自己的产品,难免有"王婆卖瓜,自卖自夸"的问题,第三方渠道自身并不生产金融产品,而是通过渠道平台整合各网络金融服务供应商的产品、服务,从客户的实际需求、资产现状、财务目标、风险偏好等出发,利用科学的金融工具和特定程序为客户提供切合实际的,具有操作性的财务方案,投资者可以撇开干扰,进行充分的比较鉴定。表6-2列出了我国目前从事第三方金融渠道的主要网站。

表 6-2　我国目前从事第三方金融渠道的网站

网站	网址	介绍
钱袋网	www.kdmoney.com	国内首家金融投资专业应用类网站,致力于"为用户买到合适的投资消费产品,为理财产品找到合适的用户"
致富网	www.9fbank.com	国内第三方金融理财渠道整合平台,拥有理财师研究力量、基金理财品种的基金商城
金融界	www.jrj.com	国内一家在美国 NASDAQ 挂牌上市的财经类互联网公司,目前只代理基金产品买卖
优保网	www.ubao.com	美国 NASDAQ 上市公司 eHealth 旗下全资子公司网站,目前代理健康险买卖
基金买卖网	www.jjmmw.com	联手国内全景网、证券时报、第一财经等,致力于打造一站式基金投资理财服务平台

资料来源:刘宜云.第三方金融渠道的先行者.首席理财师,2007(12)。

---

① 施琳琳.手机银行:IT 和金融全面整合.合作经济与科技,2007(05)。

三、银行、证券、保险交叉渠道营销

在激烈的行业竞争中,金融企业注重整合利用社会资源,与不同行业建立新型银企伙伴型的合作关系。用金融产品捆绑不同行业企业的服务,使银企共同的客户享受超值服务,达到银企双赢客户满意的目标。这是现代"组合式营销"的一个新课题。

(一)银基通渠道

银基通是指投资者直接利用在银行(例如招商银行)开设的存款账户下设的"基金理财专户"作为基金交易的保证金账户,通过网上银行、电话和网点柜台等渠道进行多种交易的业务模式,是银行与基金管理公司合作推出的一种金融服务。银基通的推出充分发挥了基金管理公司和银行各自的特长。基金公司通过电话和网络,以银行卡结算功能为联系,借助银行的营销渠道来向投资者营销自己的产品。

基金公司通过电子交易营销渠道不仅方便了散户投资者的证券交易,而且大大丰富了营销内容。银行的网点优势在为顾客提供便利的金融服务上发挥得淋漓尽致。借助电子渠道来拓宽交易渠道,吸引潜在的投资者,成为众多基金管理公司的共同选择。银基通具有如下特点:

(1)"一站式"服务。顾客可以享受银行提供的包括开户、认购、申购、定期定额、赎回等各项开放式基金投资代理服务。

(2)通购通赎。顾客可以通过银行各地的营业网点及多种电子化服务渠道进行开放式基金的交易委托和查询,享受跨地域的投资理财便利。

(3)综合理财。顾客可以使用同一个理财账户同时进行证券、基金等多种投资,并且同时具有一卡通本外币储蓄、消费、缴纳生活费用等多种理财功能。

(4)多渠道交易。银行可运用自身的业务网点、电话、互联网、自助终端、手机银行等所有渠道向客户提供交易查询等服务功能①。

(二)银保通渠道

银保通系统是专门针对银行保险代理业务而开发的,是银保业务电子化的必备工具,使银行、保险公司电子化数据交换及银行内部保险代理业务管理的网络化得以实现。该系统可以涵盖银行保险业务处理的整个流程,例如,保单管理、收费

---

① 周建波,刘志梅.金融服务营销学.北京:中国金融出版社,2004年,第248~249页。

登记、代理费结算、代收保费、产品管理、销售管理、保险公司协作管理等方面。通过信息技术建立的交叉营销的信息传递渠道,能有效地将银行、保险公司及客户联系起来。

银行与保险整合营销渠道建立基于以下几点。

(1)银行拥有营销渠道。大型商业银行给予客户高度信任感,且银行拥有众多对外营业网点,具有营销规模优势。银行现成的网点优势及良好的信誉为保险公司的业务推广提供捷径。

(2)银行客户成为保险公司优质客户的概率较大。银行拥有广泛的客户群体,且使用电子银行渠道的客户均为高端客户,易于接受新事物、新产品,有潜力成为保险公司的优质客户,能使其保险营销成功率提高。

(3)银行兼营保险代理业务的交叉渠道营销模式,能够增加存款来源,培育新的利润增长点。银行还可以以免费或优惠的保险,吸引客户签约。由保险公司设计提供一系列的免费或优惠险种,供银行向新签约的网上银行个人客户赠送。

基于现代信息技术的各类电子营销渠道能够更好地满足顾客的需求,帮助顾客灵活方便地进行个人财务管理。银基通、银保通都是利用信息网络技术,在政策允许的范围内共享资源,银行往往在合作中充当了代理、代销的角色,网络银行的优势凸显其中。

第四节　网络金融的客户关系管理

对于金融机构而言,竞争很大程度上表现为对客户的争取和客户价值的有效实现。客户关系管理为金融机构管理客户资源提供了有利的工具。实施客户关系管理有助于金融机构更深入全面地了解客户需求,实行有针对性的有效营销,从而吸引和留住客户,提高盈利能力。

一、客户关系管理

(一)客户关系管理的内涵

客户关系管理(customer relationship management,CRM)的首创者 Gartner Group 认为 CRM 是企业的一项商业策略,它按照客户细分情况有效地组织企业资源,培养以客户为中心的经营行为及实施以客户为中心的业务流程,并以此使企业的获利能力、收入及客户满意度最大化。客户关系管理就是把"以客户为中心"的经营理念贯彻到公司经营管理中,通过公司业务流程的重组来整合客户信息资源,实现公司内部客户信息和资源的共享,并借助数据库、数据挖掘技术及关系分析技术等先进的信息技术,对客户信息进行深入分析,细分客户,在充分了解客户需求的基础上,高效率地向客户提供定制化的产品和服务,从而最大限度地满足客户的需要,提高客户满意度和忠诚度,获得更多有价值客户。

在互联网和数据库等技术广为应用的今天,客户关系管理被赋予更科学、更丰富的含义,通过将新信息技术与现代管理科学相结合,客户关系管理运用于企业的市场营销、销售、服务和技术等与客户相关的领域,提供更快捷、周到的服务来吸引和保持更多的客户,并通过对业务流程的全面管理来提高效率和降低运营成本。

(二)金融业客户关系管理

现代金融企业的竞争更大程度上表现为对客户的争取和对客户终身价值的有效实现。在以买方为主导的金融市场中,竞争的主动权完全把握在客户手中,是一种买方优势。在以客户为中心的市场竞争中,能更高效地发挥客户优势这种价值的企业才能拥有最密切的客户关系,才可能成为最具有竞争力的企业。

国外金融业十分重视对客户关系管理的开发实施工作。例如,在公司银行业务方面,First American 银行按年利息、信用额度和不同的客户种类,将客户细分成 750 个类型,为其提供个性化服务,成为全美业务年增长最快的银行;在个人银行业务方面,澳大利亚的国民银行每天会将所收集的客户数据放到数据仓库中,并且设定一些智能分析机制,对客户交易状态进行管理,一旦发生客户状态的异常情况,数据仓库会自动做出相关统计,并将统计的结果提交给营销部门的人员,由营销人员及时与客户进行接触,找出客户状态异常的原因[1]。

二、网络金融客户关系生命周期

客户关系生命周期发源于企业生命周期理论,早期的研究更多地将企业生命周期与产品生命周期联系到一起。产品生命周期往往是指某种特定产品从其投放市场开始,到最后被淘汰退出市场的全过程所经历的时间。产品生命周期经常被近似地描绘为一条包括产品的介绍期、成长期、成熟期和衰退期的曲线。

客户关系生命周期也可称为关系资源生命周期,其生命周期主要是由顾客关系的品质和关系顾客的数量决定的。客户关系生命周期的概念同样也是从产品生命周期概念演化而来的。它是"从动态角度研究客户关系的基础,指从一个客户开

---

① 陈冰,刘宇. 银行业 CRM 应用研究系列专题:CRM 系统在国外应用的成功案例. 中国金融电脑, 2002(07)。

始对企业进行了解或企业欲对某一客户进行开发开始,直到客户与企业的业务关系完全终止且与之相关的事宜完全处理完毕的这段时间"。对于客户关系生命周期阶段,一些学者认为应该划分为考察期、形成期、稳定期、退化期四个阶段。也有人认为客户关系生命周期可分为潜在期、开发期、成长期、成熟期、衰退期、终止期六个阶段[①]。

(一)网络金融客户关系生命周期概念

网络金融客户关系的生命周期是指提供网络金融服务的机构与客户建立和保持关系的市场寿命,即从客户关系的形成到客户关系的成长、客户关系的保持、客户关系的失去,是在关系营销的基础上形成的具有长期性、重复性、服务性、信任性的交易关系。网络金融客户关系生命周期受客户对网络金融服务需求变化,网络金融产品开发、更新速度,网络金融服务快捷、安全性等多种市场因素的影响。

网络金融客户关系的生命周期一般可以分为五个阶段,即客户关系潜在期、客户关系形成期、客户关系成长期、客户关系的保持期及客户关系衰退期。对于不同类型的客户,其客户关系的生命周期往往是不同的。例如,主动关系型客户和被动关系型客户,其客户关系生命周期曲线是不同的;对于不同的网络金融服务产品,其客户关系的生命周期往往也是不同的,如针对企业的网络金融咨询服务,其客户关系的生命周期就比较长,是长期的跟踪咨询服务,而针对个人的一次性旅游保险产品的客户关系生命周期就比较短。

客户关系的标准生命周期曲线呈波浪形,通常呈钟型或倒 U 型曲线,整个曲线的形状和各阶段的时间长度视不同的金融产品和服务而异。经济学中倒 U 型曲线又称"库兹涅茨曲线",描述客户关系的五个阶段。如图 6-2 所示。

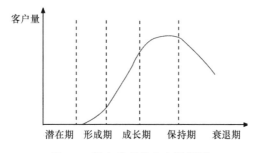

图 6-2　客户关系的生命周期图

---

① 吴斌,江涛.客户关系生命周期理论在商业银行的应用研究.浙江金融,2005(02)。

(二)网络金融客户关系的生命周期与营销策略

网络金融客户关系的生命周期中各个阶段有不同的特点。因此,不同阶段的营销策略也要根据不同情况有所差别。

(1)客户关系潜在期。在客户关系潜在期,网络金融服务产品面对的是潜在的客户,网络金融服务供应商与客户的关系处于最初期。网络金融服务供应商应该采取主动营销策略,尽量挖掘、收集客户信息。例如,分析客户搜索、浏览的金融服务产品,主动推介相关服务产品。

(2)客户关系形成期。网络金融服务供应商或网络金融产品面对的是刚完成一次交易的新客户,与客户的关系处于刚刚开始的状态。在客户关系形成期,网络金融服务供应商采取的策略主要有:收集、分析客户信息,采取客户认知策略和客户细分策略;进一步推介相关服务产品,采取展示策略、吸引策略等。

(3)客户关系成长期。客户关系成长期是指网络金融服务供应商与客户之间的购买和信任关系、客户数量都在不断增长的阶段。在客户关系成长期,网络金融服务供应商的策略主要有:通过促销策略和网络外部性扩大用户基础;采用提升服务策略、拓展策略等对客户提供增值金融服务,构建客户信任度,巩固客户关系。

(4)客户关系保持期。客户关系保持期是网络金融服务供应商与客户之间的购买和信任关系已经建立,客户数量和服务产品购买量处于稳定的增长期。网络金融服务供应商面对的主要问题是如何保持市场份额,推迟客户关系进入生命周期的衰退期。在客户关系保持期,网络金融服务供应商主要采取品牌价值策略、差异化服务策略、加强互动反馈、针对客户需求改进服务产品、增加服务产品价值等。

(5)客户关系衰退期。客户关系衰退期是网络金融服务供应商与客户之间的购买和信任关系出现衰退,客户购买金融服务产品数量和客户数量都出现递减的衰退状态。此时网络金融服务供应商要进行客户关系的市场调研分析,了解客户关系衰退的原因。客户关系衰退期的策略一般选择改进、恢复、收缩、退出等。[①]

三、网络金融客户关系管理战略

(一)细分客户

客户关系管理首先要明确客户的结构,进而细分客户,实施优质客户管理。

(1)从客户的现实价值和潜在价值两个维度来对客户价值进行细分,采取差异化的措施。对于现实价值和潜在价值都较高的客户,实行照顾(take care)策略,将

---

① 周建波,刘志梅.金融服务营销学.北京:中国金融出版社,2004 年,第339 页。

其牢牢锁定;对于现实价值高,潜在价值低的客户,实行保护(protect)策略,保证其稳定;对于现实价值低,潜在价值高的客户,实行发展(develop)策略,使其向前两者转化;对于现实价值和潜在价值都低的客户,实行甄别和稳定(screen and select)策略[①]。

(2)从客户价值度来细分客户。第一类是"睡眠"客户,长期处于"睡眠"状态,很长时间才进行一两次交易;第二类是"低价值"客户,只选择消费一些网络金融的无差异基础服务产品,基本上只利用网络金融的便捷性进行传统的交易,这类客户比例较大,但对网络金融服务供应商贡献很小;第三类是"有价值"的客户,交易金额较大,且一般都有较频繁的消费或交易记录,常使用网络金融的一些基础增值服务,对网络金融服务供应商贡献度较大;第四类客户是具有"高附加值"的客户,该类型客户对网络金融衍生增值服务有深度参与,对网络金融服务有定制化、综合性的需求,会给网络金融服务供应商带来"超值"的业务回报[②]。

(二)实施优质客户管理

(1)建立统一的客户档案。客户资源是网络金融客户关系管理中重要的资产,因此有必要对客户资源进行充分地利用和开发,并使客户价值达到最大化,这其中建立统一的客户档案是对客户资源开发利用最为基础的工作。

(2)主动发掘培育网络金融优质客户。优质客户带给网络金融服务供应商优质回报,因此,网络金融服务资源应该更多投入到能够带来较大效益的重点客户中,根据客户对网络金融服务供应商的贡献把客户分为不同的级别,从而提供差异性的服务。要对优质客户进行预见性分析,发掘培养优质客户,并与之一起成长,这样才能有效地提高客户的忠诚度,最大限度地实现客户终生价值。

(3)实施有效的优质客户管理。针对客户关系生命周期的不同阶段,采取相应的管理策略,特别要注重如何将潜在客户发展成为现实客户,如何将客户关系保持期延长,如何将衰退期的客户拉回到保持期内,从而使网络金融服务产品得以凝聚更多客户、提高客户让渡价值、持续提升客户满意度和客户利润贡献度。

(三)必要的组织再造与业务流程重组

组织再造是为了整合内部资源,建立功能完整、交流通畅、运行高效的职能机构;业务流程重组是以挖掘和满足客户需求为中心,实现基于与客户相互交流的业

---

① 王怡齐.客户关系管理在建设银行股份公司的应用研究.昆明理工大学.2007:30。
② 贝政新,王志明.金融营销学.北京:中国财政经济出版社,2004 年,第 293 页。

务流程重构,统一客户联系渠道,针对客户需求及时创新金融产品和服务。网络金融客户关系管理有必要借助业务流程、组织与客户关系等的重新设计,创新业务方式。例如,中国平安保险公司构筑了"3A"(anytime,anyway,anywhere)服务网络,即由平安电话中心、互联网中心、门店服务中心、业务员直销四大体系整合而成的综合金融立体服务网络。这一服务网络包括一个全天候服务的电话中心,全国统一电话95511;平安电子商务"平安 PA18"网站,以"一站式个人综合理财"为核心概念,包括证券、保险、银行和个人理财等业务,使之成为综合的金融理财和增值服务社区;在全国重点大中城市建设服务规范、统一装饰、功能齐全的服务门店,实施精细耕作的重点客户群战略[①]。

(四)建设信息平台数据库

(1)整合信息渠道,通过信息平台实现信息共享。网络金融是信息密集型行业,所有的业务信息都是数字化、虚拟化的存储形式。网络金融客户关系管理首先必须要动态搜集、及时捕捉来自各渠道的客户信息,然后将搜集到的信息和资源在信息平台上整合成客户数据库,并将这一体系渗透到网络金融营销管理的各个部门和方面。通过数据库信息平台,实现网络金融不同渠道、网络金融服务供应商不同部门及不同环节的客户信息资源共享。

(2)数据库是支持管理决策过程的、面向主题的、集成的、动态的、连续的数据集合,包含查询分析、决策支持和数据挖掘工具,在金融信息管理中极为重要。例如,美国美洲银行成功实施的数据仓库型系统。美洲银行在行内设置100多处数据仓库型客户关系管理系统的利用终端,1500名职员有权使用这些终端,他们每天平均检索3000件以上的信息,面向全行数千职员提出各种报告。该系统成功应用的原因是将数据仓库技术运用于客户关系管理,提供了准确及时的业务和管理信息,提升了金融服务运营质量[②]。

第五节　呼叫中心

通信技术、计算机网络技术与现代企业管理的融合产生了"呼叫中心"这一服务形式,并被电信、银行、民航、铁路、保险等行业纷纷采用。本节简要介绍呼叫中心的基本概况,并着重说明呼叫中心在金融业的应用。

---

① 保险要闻.上海保险,2001(09)。
② 张彤.数据挖掘在客户关系管理中的应用.管理现代化,2003(01)。

■一、呼叫中心概述

(一)呼叫中心的概念

呼叫中心(call center)是一种新兴的信息服务形式,是一种基于 CTI 技术,充分利用通信网络和计算机网络的多项集成功能,与企业连为一体的一个完整的综合信息服务系统。它通过电话系统、E-mail、Web 页面交互系统、移动网络等新信息技术方式,连接到某个信息数据库,并由计算机语音自动应答设备或者人工客服将客户要检索的信息传播给客户。随着商业与技术的发展,企业已经不满足于仅仅通过语音访问呼叫中心,他们理想中的呼叫中心需要具备使用一套共用业务规则管理多种媒体类型的能力,准确报告呼叫中心活动的能力,提取历史信息以支持业务决策的能力,以及分配呼叫中心资源以实时响应业务需求变化的能力。在以互联网为核心的新信息技术的迅猛发展和广泛应用情况下,网络呼叫中心为满足以上要求,应运而生。由此,呼叫中心逐渐超越原始的售后服务中心、故障处理台的概念,正在发展成为现代企业了解和把握客户需求有效的工具[①]。20 世纪 90 年代以来,以呼叫中心为代表的 CTI 应用在全球金融、证券、保险等各个行业迅猛发展,逐步发展成为一个完整的电子商务系统,它的最大作用在于能有效地、高质量地为用户提供多种服务。

(二)呼叫中心的分类[②]

按照构建模式,呼叫中心可以分为外包型和独建型。

(1)外包型呼叫中心。其是一个独立的呼叫中心运营商,拥有较大的运营规模,可以接受各个企业的业务委托并按照各个企业的需求开展各项呼叫服务。在这种构建模式下,企业无须自行设立呼叫中心,配置任何设备或客服人员,只需要将自身需求和相关信息提供给呼叫中心运营商,即可按照约定开展客户服务。这种方式可以节约成本,并为客户提供一个较为专业的服务。

(2)独建型呼叫中心。它指各个企业根据自身行业特征、实际需求、营销战略等需要,购入设备,开发程序,培养专业人员,呼叫中心作为企业的一个单独部门运行,为本企业客户提供服务。这种方式有较大灵活性,有利于对用户信息规整分析,企业可以最大程度得利用自身呼叫中心进行营销和客户关系管理。

按照功能分类,可以分为营销型、服务型、综合型呼叫中心。

---

① 丘意定,吴庆田.网络金融学.南京:东南大学出版社,2005 年,第 219 页。
② 张进,姚志国.网络金融学.北京:北京大学出版社,2002 年,第 77 页。

（1）营销型呼叫中心。也称为呼出型呼叫中心，主要是呼出业务，即主动营销的模式，通过电话和用户进行联络，推销企业产品，并将各类反馈信息存储于数据库中。这种类型的呼叫中心通过积极主动的营销可以为企业创造直接经济效益，但同时对客服人员的专业水平和营销技巧有较高要求。

（2）服务型呼叫中心。也称为呼入型呼叫中心，主要是呼入业务，包括解答客户咨询、受理客户投诉、自动语音业务等。呼入型呼叫中心的设立可以为客户提供更完善的售后服务，更好地树立企业品牌形象。

（3）综合型呼叫中心。即呼入/呼出型呼叫中心，呼入、呼出业务并存，是一个较为完整的系统，为客户提供售后服务的同时，积极寻找并维系客户，根据客户需求再改进企业产品、服务、营销等。这种类型的呼叫中心可以促使企业整体经营水平的提升。

■ 二、呼叫中心在金融业的应用

呼叫中心成功地将通信服务功能、客户关系管理和金融机构实际业务有机融合，使金融服务的内容更广泛、方式更灵活，同时也迎合了目前客户服务个性化的趋势，通过呼叫中心可以为客户提供高质量、高水平的金融服务，如个人理财顾问、访问金融信息、提供服务案例演示、加强客户关系管理、维护客户群、利用呼叫中心的集成方案进行交易管理等。

（一）银行呼叫中心

呼叫中心可以广泛地应用于银行业。通过呼叫中心，银行可以向客户提供包括余额查询、转账处理、信用卡结算、股票操作、外汇买卖在内的各项基础服务，以及信息咨询等增值业务服务，同时也能够充分利用自己所拥有的客户资料信息，主动向客户提供针对性的服务。

我国银行早期研究开发和应用的呼叫中心尚处在前台服务阶段，提供的服务品种有限，仅能完成账户查询、余额交易、打印对账单等简单功能。目前各商业银行进行系统整合后的呼叫中心如中国工商银行95588、中国银行95566、中国建设银行95533等，正在逐步由前台服务向后台服务过渡。各行都在建立统一的数据处理中心及统一的对外服务平台，这对提高银行内部工作效率、合理配置资源、集中共享信息、制定科学的营销策略、实施准确的市场定位、降低经营成本、提高综合竞争力和综合效益有很现实的促进作用。

招商银行在金融电子化发展中脱颖而出，成为我国股份制商业银行中发展较好、较快的银行之一。我们将以招商银行为例说明呼叫中心在银行业的应用[①]。

建立95555呼叫中心以前,招商银行在全国各地分行已经建立了基于电话语音卡的电话银行系统。随着招商银行的不断发展,原有的电话银行系统存在着较大的局限性,已不能满足各方面的需求,包括:①数据分散,系统工作量大,安全性差,主要原因是原系统分散的各子系统间不能共享信息;②可扩展性差,这将不利于提高银行竞争力;③接入方式单一,仅支持电话、传真、客户终端等方式接入,且不同接入方式不能实现信息共享;④功能单一,不能与人工服务配合使用,无法做到市场细分和个性化服务;⑤信息利用效率低,无法实现银行产品的整合营销。

因此,1998年10月,招商银行启动95555呼叫中心建设项目,并引入INtess呼叫中心平台,该平台优势包括:①实现数据共享、系统扩容,能够提供呼叫接入、业务处理、服务资源的一体化平台解决方案;②作为开放的呼叫中心平台,系统可以轻松接入、分离银行业务,并且与企业内部原有系统、企业之间系统的互联;③支持多种媒体接入,包括web接入、e-mail/fax呼叫接入以及视频呼叫接入;④具备自动呼出管理系统。

通过引入INtess呼叫中心平台,招商银行95555呼叫中心在1999年8月试运行,2004年5月建立了全国统一的电话银行中心,其基本功能已较为完备,包括以下几方面:

(1)咨询及业务处理功能。招商银行95555呼叫中心集自动语音应答、人工服务于一体,为客户提供丰富的咨询服务及业务办理服务,包括个人银行业务、公司银行业务、证券业务、资产业务、外汇业务、财富账户等业务在内的咨询、投诉、账务查询、人工交易和理财服务等。基于多媒体接入技术和网络银行、电话银行、移动银行的整合,95555呼叫中心可以在任何时间(anytime)、任何地点(anywhere)以多种方式(anyway)为客户提供服务。

(2)管理系统功能。95555呼叫中心的后台管理系统实现了集成的监控和警告日志、考评质检和报表功能,保证客户服务水平。报表功能可以对客户信息系统中的数据进行管理和挖掘,帮助银行更好地分析客户行为,也可以对系统处理的各种业务进行统计分析。

(3)呼出功能。95555呼叫中心提供通知类、营销类呼出服务。招行可以主动以电话、传真、电子邮件等方式与客户联系,向客户发送有关贷款本息的追索、业务交易情况、理财申请和投诉的回复、各种重要通知、业务宣传资料等信息。此外,通过各种呼出方式向客户介绍招行产品与服务,有针对性地开展交叉营销活动获得利润。

---

① 招商银行呼叫中心案例详见:孙薇,高茜.呼叫中心在中国银行业的应用研究——以招商银行建设95555呼叫中心为例.时代金融,2008(07)。

在 INtess 呼叫中心平台提供的丰富功能的基础上,招商银行呼叫中心根据自身业务特色灵活运用,取得了良好的实施效果。95555 呼叫中心共接入大中城市 41 个,拥有话务坐席近 2000 个,员工队伍 1200 人左右,充分实现了呼叫中心规模化效益,有效降低了投资成本,实现对客户、坐席、系统的集中、统一管理。呼叫中心的成功运营也使各类业务指标大幅提升,2006 年,95555 呼叫中心有效人工来电 1302 万个,解决客户疑难异常问题 4 万多笔,分别较 2005 年增长 48.49% 和 38.6%。其基础业务"快易理财"总交易金额较 2005 年增长 47.52 亿元,增幅 125%;特色服务"出行易"累计实现收入约 66.78 万元。同时,电话银行中心营销基金等各类理财产品共约 5.82 亿元。目前,招商银行呼叫中心已基本实现了高度电子化的运作和管理,如通过数字化方式衡量整体服务水平,通过科学化手段进行运营效果评定和绩效评定,利用技术手段对业务发展进行科学预测等。

(二)保险呼叫中心

呼叫中心在保险业也有广泛的应用,人保财险呼叫中心从 2000 年发展至今,在全国 302 个城市建有呼叫中心,拥有坐席 1600 余个,专线信息员超过 3000 人,月均受理客户来电 280 万个,呼出电话 130 万个。平安财险 95512 呼叫中心于 2003 年开始筹建,拥有服务人员 330 人,月均受理客户电话 40 万个,呼出为 24 万个。平安财险 95512 创建初期即以省为单位建立呼叫中心,并且依托其信息技术优势建立了后援中心,实现了各呼叫中心的相互连接,同时后援中心能够为各呼叫中心提供多方面的支持,形成了"后台全国集中、座席省级集中、夜班区域集中"的运营模式,拥有全国即时统一调度能力①。

保险公司呼叫中心一般具备如下功能:

(1)全天候服务:能提供每周 7 天,每天 24 小时的不间断服务。大型保险公司在全国各地的网络确保了客户在国内任何地点和任何时间,都可以通过保险公司服务人员语音、IP 电话、电子邮件、传真、文字交谈、视频信息等任何通信方式获得客户服务。

(2)成本控制中心:保险公司大量保险责任案件需要报案、查勘、定损、资料收集等环节,在人力、物力上成本巨大。通过呼叫中心节约和简化案件的流程和环节,可以有效控制保险公司的成本支出。

(3)内外衔接:呼叫中心的客户代表和管理人员是保险公司连接客户的窗口,客户的问题通过呼叫中心能够及时转交相关部门解决,同时通过客户反映问题和客户回访的整理,可以促进公司改进和完善流程和服务。

(4)技术管理并重:呼叫中心采用现代化的技术,有高效的管理系统,随时可以

① 樊德铮.保险公司呼叫中心综合平台的应用.贵州大学硕士论文.2008 年,第 34 页。

了解呼叫中心运行情况和服务人员的工作情况,确保达到企业的客户服务目标和提高客户服务水平。

国外保险公司呼叫中心经过不断的发展,已经充分运用 CRM、互联网、数据库等技术,整理和分析了大量的客户信息,经过分类和分析,针对客户需求开发了丰富的保险产品,比如针对年轻人的意外险、健康险、责任险和信用险产品。客户在保险期限内发生的保险事故,可以通过电话、e-mail、短信等方式报案,保险公司在接到任务派遣人员处理客户报案的同时,服务人员已经了解客户的基本情况和以往的索赔历史,可以减少询问,及时为客户提供服务。客户的索赔记录和理赔过程自动录入系统,作为产品设计和服务优化的资料。客户存在欺诈的情况,保险公司核实后将进入客户信用记录,并和政府、银行等共享。

国内保险公司,如人保财险、中国人寿、中国平安等已经开始研究呼叫中心如何整合承保、理赔、客户服务和销售的渠道和资源,落实“以客户为中心”的经营理念,采用集中式的模式,运用互联网、无线宽带、3G、甚至视频技术,实现呼叫中心综合平台的运用,进一步提高保险公司的服务水平和市场竞争力。

■ 小结

网络金融产品主要的价值增长点在综合性的衍生增值产品以及个性化定制产品中。因此,通过研究客户需求,细分客户,采取产品差别化策略是网络金融机构的产品创新和发展策略。网络金融产品特殊的成本结构对传统定价理论提出了挑战,网络金融供应商的定价能力和定价策略都在网络经济环境的影响下表现出与传统金融定价问题的差异,渗透定价、歧视定价、捆绑定价等策略更适用于网络金融产品。通过与新信息技术结合,分销渠道在网络金融中更具有多样性,金融机构可以通过互联网、通讯网、第三方渠道以及银证保交叉渠道扩大营销范围。客户关系管理对企业发掘、保持客户十分重要,在客户关系生命周期的不同阶段,网络金融机构应该根据相应的客户关系及客户行为制定相应服务管理策略,以实现客户价值最大化。

◎ 关键词

网络金融产品　产品差别化策略　价格歧视　渠道策略　客户关系管理生命周期　呼叫中心

▣ 复习思考题

1.试述网络金融产品界定。

2.说明哪些因素影响网络金融服务供应商定价能力？

3.简要列举网络金融服务产品分销有哪些渠道？

4.试分析网络金融客户关系管理生命周期各阶段及其营销策略。

5.试阐述呼叫中心在网络金融发展中的应用。

案例分析

案例名称:招商银行"点金公司金融"

案例来源:本案例由以下资料整合

[1]《招商银行超级网上银行 SUPER-BANK》.中国金融网.2009 年 4 月 20 日

[2]《点金公司金融》.招商银行主页

[3]《招商银行 U-BANK》.招商银行主页

[4]《招商银行网上银行采取了哪些个性化服务》.浩方来吧

案例内容:

2003 年,招商银行推出"点金公司金融"服务,该服务以客户需求为导向,通过创新产品和服务,为企业量身定制专业、创新的解决方案,提升客户价值,与企业一起在运用现代金融专业知识、工具和技术的过程中实现共同的成长。"点金公司金融"现已成为国内批发银行业务中具有一定影响力的整体品牌。

现代企业不仅需要传统的商业银行服务,更需要能够有机嵌入企业经营内核的个性化、综合化金融服务解决方案。招商银行点金品牌体系基于对公司客户银行服务需求的深刻理解,针对客户对结算服务、现金管理、贷款融资、国际业务、资产管理、投资银行六类服务需求,致力于按网上企业银行、现金管理、公司融资、中小企业融资、贸易融资、国际结算、离岸业务、同业金融、资产托管、企业年金、公司理财、投资银行等 12 条产品线为客户提供精细化的产品和综合化的金融解决方案,与客户一道善用金融,探索成长之道。

以下将针对性介绍招商银行"点金公司金融"服务中的网上企业银行全新品牌"U-BANK"6.0 版、超级网上企业银行"SUPER-BANK"、跨银行现金管理平台CBS 业务以及"C+"现金管理品牌体系。

招商银行网上企业银行服务是"点金公司金融"品牌服务体系的重要组成部分,招商银行网上企业银行历时十年的发展,致力于为客户提供全方位、高兼容性与可定制化的网上金融服务解决方案。2008 年 5 月,耗时近三年研发而成的全新网上企业银行"U-BANK"6.0 版,其构建了结算、融资、现金管理、投资理财、供应链金融五大业务平台,推出了网上保理、网上透支、网上公司卡、网上商务卡、贸易融资、网上公司理财、第三方存管、期货交易、网上外汇买卖、手机银行十项全新产品。招商银行细分客户群体,针对不同行业、不同规模、不同类型企业推出个性化、专业的网上银行版本，"U-BANK"6.0为不同领域的客户提供专业的服务，并以此提高网络金融人性化的服务水平，例如，其成功推出的专为香港地区客户和中港两地集团企业服务的"U-BANK香港版"和专为银行同业、基金、证券等机构客户服务的"U-BANK同业金融机构版"两个个性化版本，同时"U-BANK"6.0进一步优化了系统功能操作，提供个性化、高自由度的用户体验。

2009年4月，招商银行正式向市场推出其独具战略价值的企业网上银行门户——超级网上企业银行"SUPER-BANK"，并宣告其面向企业客户的网上金融服务从此步入以"门户·聚变"理念和模式为主导的全新整合发展阶段。"SUPER-BANK"是一款旨在为更广泛的企业用户提供跨银行、多账户、集中性财资管理综合解决方案的网上银行产品。它全面集成多银行网上金融服务渠道，搭建对接各商业银行网上银行服务的直联接入平台。"SUPER-BANK"全面支持网上企业银行"U-BANK"所有产品功能的菜单定制服务和便利操作特性，全面覆盖企业对结算、现金管理、供应链金融、理财、融资等多方面需求。依托"一点接入、多点对接"的系统架构设计和统一的流程化管理模式。企业通过统一的"SUPER-BANK"客户端界面，即可实现对多家银行账户与资金的全面财资管理，为企业财务管理创造更多可能。同时提供的电子回单、在线客服、用户社区等增值服务，充分契合现代企业财务管理的人性化需要。

招商银行跨银行现金管理平台CBS业务是2007年9月招商银行在同业中首家推出的基于网上企业银行的跨银行现金管理平台。CBS的诞生打破了银行间的沟通壁垒，从企业实际需求出发，结合新一代财资管理理念，围绕提升企业精细化管理和快速决策能力，多维度实施系统结构和流程整合，实现了真正意义上的跨银行集团现金集中管理，将现金管理服务理念延伸到一个全新的领域。

同时，招商银行倾力打造以"C＋"为标识的招商银行现金管理品牌体系，倡导"C＋为伙伴增加价值"的服务理念，致力于与企业建立紧密价值伙伴联系，与企业内部财务管理、资金管理、流程管理乃至供应链管理更多的结合与协动，使招商银行无论是在现金流循环，还是成本控制，甚至下一财年的现金收益等方面，为企业提供财资管理智慧，增加企业价值。

案例讨论题：

试分析招商银行"点金公司金融"品牌的营销策略。

第七章

网络金融安全管理

第一节　网络金融的安全问题

随着计算机技术和网络技术的飞速发展,信息网络已经成为社会发展的重要保证,各行各业也随之形成了全新的经营模式。网络技术给网络金融服务带来了传统金融业务无法媲美的优越性,网络交易这个新兴的金融业务形式,以其高效、灵活、低成本、全天候的便捷服务,迅速聚集了大量用户。但由于信息网络涉及政府、军事、文教、金融等诸多领域,其中存储、传输和处理的许多信息是敏感信息,甚至是国家机密,所以难免会吸引来自世界各地的各种人为攻击(譬如,计算机病毒、信息泄漏、信息窃取、数据篡改、数据删添等),金融系统更是首当其冲,而且通常对于利用计算机犯罪的案件都很难获取其犯罪证据,这也大大刺激了网络金融犯罪案件的发生。计算机犯罪率的迅速增加,使各国的金融系统特别是网络金融系统面临着很大的威胁,并成为严重的社会问题之一。

美国前总统克林顿在签发《保护信息系统国家计划》的总统咨文中提到:"在不到一代人的时间里,信息革命及电脑进入了社会的每一领域,这一现象改变了国家的经济运行和安全运作乃至人们的日常生活方式,然而,这种美好的新时代也带有它自身的风险。所有电脑驱动的系统都很容易受到侵犯和破坏。对重要的经济部门或政府机构的计算机进行任何有计划的攻击都可能产生灾难性的后果,这种危险是客观存在的。过去敌对力量和恐怖主义分子毫无例外地使用炸弹和子弹,现在他们可以把手提电脑变成有效武器,造成非常巨大的危害。如果人们想要继续享受信息时代的种种好处,继续使国家安全和经济繁荣得到保障,就必须保护计算机控制系统,使它们免受攻击。"①

一、网络金融面临的安全挑战

网络金融安全和计算机及网络安全是紧密地结合在一起的。国际标准化组织(ISO)将"计算机安全"定义为:"为数据处理系统建立和采取的技术和管理的安全保护,保护计算机硬件、软件数据不因偶然或者恶意的原因而遭到破坏、更改和泄漏"。计算机安全包括物理安全和逻辑安全两个方面。简单地说,物理安全就是保护信息系统的软硬件设备、设施以及其它媒体免遭地震、水灾、火灾、雷击等自然灾害、人为破坏或操作失误,以及各种计算机犯罪行为导致破坏的技术和方法;逻辑安全指的是信息不受偶然的或者恶意的原因而遭到破坏、更改、泄漏,正常可靠地运行系统,网络服务不中断。网络安全就是针对网络上信息的可用性、真实性、完整性、保密性提出来的。可见,网络金融面临的安全挑战是多方面的。

(一)内部管理安全

面对各种各样的安全威胁,金融机构部署全面的安全解决方案固然重要,但在企业内部实施全面的安全管理更是不可缺少的。原因是:第一,由于相关人员缺乏网络信息安全基本知识,信息保存、流转、归档不遵守本部门的信息安全规则,可能造成数据损失等;第二,由于内部人员的道德素质问题造成的后果往往会比外部的攻击更严重。1995 年巴林银行的倒闭和 2008 年法国兴业银行由于旗下一名交易员的诈骗行为导致直接损失 49 亿欧元等事件看起来像是因为个人的越权行为所致,其实不然,这些事件反映出现代跨国银行管理和内部控制体制的缺陷,在网络金融环境下没有特别注意内部网络安全的风险。这些事件有着很大的借鉴意义。

(二)感染病毒风险

随着 Internet 的不断发展,各种病毒在网络上流传,并且具有多样化、破坏力强、速度快、难以防范等特点。不论是在互联网上浏览网页、下载文件、收发 e-mail,还是计算机之间文件的拷贝,都有可能使计算机系统感染病毒。网络的逐步开放给网络金融安全带来了很大的威胁。各类计算机病毒不断在互联网和金融内联网

---

① 谭方勇.网络安全技术实用教程.北京:中国电力出版社,2008 年。

上肆虐。如果计算机病毒攻击金融内联网,将导致网络的许多功能无法使用或不敢使用,更严重的会导致计算机系统瘫痪,程序和数据被破坏。目前,各种各样的计算机病毒层出不穷,活跃在各个角落,成为影响网络金融安全的主要因素之一。

(三)技术层面的安全

技术层面的安全主要包括实体安全、软件安全、数据安全和运行安全。其中实体安全包括环境安全(温度、湿度、气压等)、建筑安全(防雷、防水、防虫等)和网络与设备的安全;软件安全包括软件的安全开发与安装、软件的安全复制与升级、软件加密以及软件安全性能测试;数据安全包括数据存储安全、数据加密和数据备份等;运行安全包括访问控制、审计跟踪、入侵报告与系统恢复等。

(四)立法安全

网络金融在各国都还是一个新鲜事物,有关网络金融安全的政策、法令、法规肯定存在不完善的地方,遇到的很多问题难免会遭遇法律空白。社会法律、法规是安全的基石,加强相关立法也是保障网络金融健康发展所必不可少的,即建立与信息安全相关的法律、法规,使不法分子慑于法律,不敢轻举妄动。

■ 二、制约我国网络金融安全防范能力的因素

面对信息安全的严峻形势,我国的网络安全系统在预测、反应、防范和恢复能力方面都存在许多薄弱环节。据英国《简氏战略报告》和其它网络组织对各国信息防护能力的评估,我国被列入防护能力最低的国家之一,不仅大大低于美国、俄罗斯和以色列等信息安全强国,而且排在印度、韩国之后。从国内情况来看,目前我国95%与互联网相联的网络管理中心都遭受过境外黑客的攻击或侵入,其中银行、金融和证券机构是黑客攻击的重点。影响我国网络安全防御能力的主要因素有以下几方面。

(一)缺乏自主的计算机网络和软件核心技术

目前我国的CPU、操作系统、数据库以及网关软件大多依赖进口,而这些正是计算机安全存在黑洞的地方。由于缺乏自主技术支撑,我国网络金融信息化建设过程中面临的问题相对就更加严重,安全防御能力也难以提高。

(二)安全意识淡薄是网络金融安全的瓶颈

网络金融是新生事物,许多机构一接触它就忙着创造经济利益,对网络信息的安全性顾及过少,安全意识相当淡薄,对网络信息不安全的事实认识不足,对安全领域的投入和管理远远不能满足安全防范的要求。从总体上看,网络信息安全处

于被动的封堵漏洞状态,从上到下普遍存在侥幸心理,没有形成主动防范、积极应对的意识,更无法从根本上提高网络监测、防护、响应、恢复和抗击能力。

(三)运行管理机制存在缺陷和不足

运行管理是过程管理,是实现网络金融动态安全的关键。有关网络金融安全的政策、计划和管理手段等最终都会在运行管理机制上体现出来。但目前的运行管理机制仍存在着严重的缺陷和不足。第一,网络安全管理方面人才匮乏。由于互联网通信成本极低,分布式客户服务器和不同种类配置不断出新和发展。通常,由于技术应用的扩展,技术的管理也应同步扩展,但从事系统管理的人员却往往并不具备安全管理所需的技能、资源和利益导向。信息安全技术管理方面的人才无论是数量还是水平,都无法适应信息安全形势的需要。第二,安全措施不到位。互联网越来越具有综合性和动态性的特点,这同时也是互联网不安全状况的原因所在。然而,网络用户对此缺乏认识,未进入安全就绪状态就急于操作,结果导致敏感数据暴露,使系统遭受风险。配置不当或过时的操作系统、邮件程序和内部网络都存在入侵者可利用的缺陷,如果缺乏周密有效的安全措施,就无法发现和及时查堵安全漏洞。当厂商发布补丁或升级软件来解决安全问题时,许多用户的系统不进行同步升级,原因是管理者未充分意识到网络不安全的风险所在,未引起重视。第三,缺乏综合性的解决方案。面对复杂的不断变化的互联网世界,大多数用户缺乏综合性的安全管理解决方案,稍有安全意识的用户越来越依赖"银弹"方案(如防火墙和加密技术),但这些用户也就此产生了虚假的安全感,渐渐丧失警惕。实际上,一次性使用一种方案并不能保证系统百毒不侵,从此用户可以高枕无忧,网络安全问题远远不是防毒软件和防火墙能够解决的,也不是大量标准安全产品简单砌就能解决的。

(四)缺乏制度化的防范机制

不少单位没有从管理制度上建立相应的安全防范机制,在整个运行过程中,缺乏行之有效的安全检查和应对保护制度。不完善的制度滋长了网络管理者和内部人士自身的违法行为。许多网络犯罪行为(尤其是非法操作)都是因为内部联网电脑和系统管理制度疏于管理而造成的。

第二节　相关安全技术与标准

网络金融安全技术实质上就是网络安全技术,其关键技术包括密码技术、访问控制与防火墙技术、入侵检测与安全审计、黑客与病毒防范技术、操作系统安全技术、数据库系统安全技术和数据安全技术。[①]

一、网络安全技术

(一)密码技术

密码技术(密码学)是研究如何隐密地传递信息的学科,在现代特别指对信息以及其传输的数学性研究,常被认为是数学和计算机科学的分支,和信息论也密切相关。它包括两个相对独立的分支:密码编码学和密码分析学。密码编码学是研究把信息转变成没有密钥就不能解读或很难解读的密文的方法,从事此行的称为密码编码者;密码分析学是研究分析破译密码的方法,从事此行的称为密码分析者。

对密码技术的分类有很多种标准,如按执行的操作方式不同,可以分为替换密码技术(substitution cryptosystem)和换位密码技术(permutation cryptosystem)。如果从收发双方使用的密钥是否相同,密码技术分为对称密码技术(或单钥密码)和非对称密码技术(双钥密码或公钥密码)。对称密码技术中加密和解密的双方拥有相同的密钥,而非对称密码技术中加密和解密的双方拥有不同的密钥。

密码的加密解密算法很多,在这里限于篇幅无法一一介绍,本书仅介绍一下常用的密码技术,包括数字签名、数字水印和公钥基础设施(public key infrastructure,PKI)技术。

简单地说,所谓数字签名就是附加在数据单元上的一些数据,或是对数据单元所作的密码变换。这种数据或变换允许数据单元的接收者用以确认数据单元的来源和数据单元的完整性并保护数据,防止被人(例如接收者)伪造。它是对电子形式的消息进行签名的一种方法,一个签名消息能在一个通信网络中传输。基于公钥密码体制和私钥密码体制都可以获得数字签名,目前主要是基于公钥密码体制的数字签名。

数字水印(digital watermarking)技术是将一些标识信息(即数字水印)直接嵌入数字载体(包括多媒体、文档、软件等)当中,但不影响原载体的使用价值,也不容易被人的知觉系统(如视觉或听觉系统)觉察或注意到。通过这些隐藏在载体中的信息,可以达到确认内容创建者、购买者、传送隐秘信息或者判断载体是否被篡改等目的。

PKI是一种遵循既定标准的密钥管理平台,它能够为所有网络应用提供加密和数字签名等密码服务及所必需的密钥和证书管理体系,简单来说,PKI就是利用

---

① 张仕斌,谭三,易勇,蒋毅.网络安全技术.北京:清华大学出版社,2004 年。

公钥理论和技术建立的提供安全服务的基础设施。PKI 技术是信息安全技术的核心,也是电子商务的关键和基础技术。

完整的 PKI 系统必须具有权威认证机构(CA)、数字证书库、密钥备份及恢复系统、证书作废系统、应用接口(API)等基本构成部分,构建 PKI 也将围绕着这五大系统来着手。

(二)访问控制与防火墙技术

"防火墙"是一种形象的说法,其实它是一种计算机硬件和软件的组合,使互联网与内部网之间建立起一个安全网关,从而保护内部网免受非法用户的侵入。所谓"防火墙"就是一个把互联网与内部网隔开的屏障。防火墙有两类,标准防火墙和双家网关。标准防火墙系统包括一个 UNIX 工作站,该工作站的两端各接一个路由器进行缓冲。其中一个路由器的接口是外部世界,即公用网;另一个则联接内部网。标准防火墙使用专门的软件,并要求较高的管理水平,而且在信息传输上有一定的延迟。双家网关(dual home gateway)又称堡垒主机(bation host)或应用层网关(applications layer gateway),是一个单个的系统,但却能同时完成标准防火墙的所有功能。其优点是能运行更复杂的应用,同时防止在互联网和内部系统之间建立任何直接的边界,可以确保数据包不能直接从外部网络到达内部网络,反之亦然。随着防火墙技术的进步,在双家网关的基础上又演化出两种防火墙配置:一种是隐蔽主机网关;另一种是隐蔽智能网关(隐蔽子网)。隐蔽主机网关是当前一种常见的防火墙配置,顾名思义,这种配置一方面将路由器进行隐蔽,另一方面在互联网和内部网之间安装堡垒主机。堡垒主机装在内部网上,通过路由器的配置,使该堡垒主机成为内部网与互联网进行通信的唯一系统。目前技术最为复杂而且安全级别最高的防火墙是隐蔽智能网关,它将网关隐藏在公共系统之后使其免遭直接攻击。隐蔽智能网关提供了对互联网服务进行几乎透明的访问,同时阻止了外部未授权访问者对专用网络的非法访问。一般来说,这种防火墙是最不容易被破坏的。

防火墙是人们用来防范入侵者的主要保护措施。但是越来越多的攻击技术可以绕过防火墙,例如,Internet 打印协议和 WebDAV(基于 Web 的分布式创作与翻译)都可以被攻击者利用来绕过防火墙。

(三)入侵检测与安全审计

入侵检测被认为是防火墙之后的第二道安全闸门;安全审计也是一个安全的网络必须支持的功能特性,审计是记录用户使用计算机网络系统进行所有活动的过程,是提高安全性的工具。入侵检测和安全审计之间存在着密切的联系。

1. 入侵检测定义

入侵检测就是对(网络)系统的运行状态进行监视,发现各种攻击企图、攻击行为或者攻击结果,以保证系统资源的机密性、完整性和可用性,图 7-1 为通用入侵检测系统流程图。

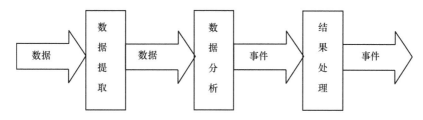

图 7-1　通用入侵检测系统流程图

一个完整的入侵检测系统必须具有经济性、时效性、安全性和可扩展性四个特点。

2. 入侵检测系统的分析方法

入侵检测分析技术主要分为两类:异常检测和误用检测。

基于异常的入侵检测方法的主要思想来源是:任何人的正常行为都是有一定的规律的,并且可以通过分析这些行为产生的日志信息总结出这些规律,而入侵和滥用行为则通常和正常的行为存在明显的差异,通过检查出这些差异就可以检测出非法的入侵行为甚至是通过未知方法进行的入侵行为。此外,不属于入侵的异常用户行为也能被检测到。异常检测系统包括基于统计学方法的异常检测系统、预测模式生长法、神经网络法和基于数据挖掘技术的异常检测系统。

基于误用的入侵检测技术的含义是:通过某种方式预先定义入侵行为,然后监视系统的运行,并从中找出符合预先定义规则的入侵行为。主要可以分为以下类型:专家系统、模式匹配、按键监视、模型推理、状态转换、Petric 网状态转换等。

3. 公共入侵检测框架(CIDF)模型

为了提高入侵检测系统(IDS)产品、组件及其它安全产品之间的互操作性,美国国防高级研究计划署(DARPA)和互联网工程任务组(IETF)的入侵检测工作组发起制订了一系列建议草案,从体系结构、API、通信机制、语言格式等方面规范 IDS 的标准。DARPA 提出的建议是公共入侵检测框架(CIDF),最早由加州大学戴维斯分校安全室主持起草工作。CIDF 提出一个模型,包括四个基本组件:事件产生器、事件分析器、响应单元和事件数据库,如图 7-2 所示。

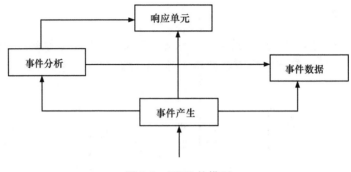

图 7-2　CIDF 的模型

(四)黑客与病毒防范技术

"黑客"一词是由英语 hacker 翻译而来,原来是指专门研究、发现计算机和网络漏洞的计算机爱好者,他们伴随着计算机和网络的发展而产生成长。黑客对计算机有着狂热的兴趣和执着的追求,不断地研究计算机和网络知识,发现计算机和网络中存在的漏洞,然后向管理员提出解决和修补漏洞的方法。从某种意义上来讲,计算机的安全需要更多黑客去维护,而他们的出现也推动了计算机和网络的发展与完善。但是到了今天,黑客一词已经被用于那些专门利用计算机进行破坏或入侵他人的代言词,对这些人正确的叫法应该是 cracker,有人也翻译成"骇客"。

计算机病毒(computer virus)在《中华人民共和国计算机信息系统安全保护条例》中被明确定义,指"编制或者在计算机程序中插入的破坏计算机功能或者破坏数据,影响计算机使用并且能够自我复制的一组计算机指令或者程序代码"。最早的科学定义出现在 1983 年 Fred Cohen(南加大)的博士论文《计算机病毒实验》中,他认为计算机病毒是"一种能把自己(或经演变)注入其它程序的计算机程序",其传播机制同生物病毒类似。各种病毒防范技术比较复杂,在这里限于篇幅不再介绍,可以参考计算机网络安全书籍。

目前世界上较常用的杀毒产品有 BitDefender,Kaspersky(卡巴斯基),AVG Anti-Virus,Trend Micro AntiVirus 等。国内常用的杀毒软件有瑞星、诺顿、卡巴斯基、江民、金山毒霸等。

(五)操作系统安全技术

众所周知,黑客、病毒所发动的网络攻击中,绝大多数是针对操作系统的,只有一小部分针对应用程序。因此,在抵御此起彼伏的攻击时,操作系统就成为关键部分。系统本身存在的安全漏洞常常给黑客提供了长驱直入的便利,使黑客能随时发动入侵、破坏行为。

操作系统一旦被攻破,服务器将成为敞开大门的仓库,任人攫取,更有甚者,将面临全盘毁坏的风险,根本无安全、稳定性可言。同时,操作系统上存有的重要业务应用及敏感数据信息也会成为任人毁坏、窃取的对象,之前所建立的信息安全保障体系将会形同虚设,整个信息系统岌岌可危。因此,安全领域的权威专家呼吁广大用户转变传统的安全理念,增强对操作系统安全的关注。

在操作系统的安全防御上,国际上普遍认可的方法是通过在系统内核级进行安全加固,构造一道安全屏障,从而抵御病毒、黑客对操作系统的攻击。目前,我国已进行这方面的自主研发,但由于受技术及资金所限,部分安全产品仍处于实验室阶段。随着操作系统安全需求日渐增强,将会有越来越多的企业加大在这方面的投入力度。

(六)数据库系统安全技术

随着计算机技术的飞速发展,数据库的应用十分广泛,深入到各个领域,但随之而来产生了数据库的安全问题。各种应用系统的数据库中大量数据的安全问题、敏感数据的防窃取和防篡改问题,越来越引起人们的高度重视。数据库系统作为信息的聚集体,是计算机信息系统的核心部件,其安全性至关重要,关系到企业兴衰、国家安全。

数据库系统的安全除依赖自身内部的安全机制外,还与外部网络环境、应用环境、从业人员素质等因素息息相关。因此,从广义上讲,数据库系统的安全框架可以划分为三个层次:

(1)网络系统层次;

(2)宿主操作系统层次;

(3)数据库管理系统层次。

这三个层次构筑成数据库系统的安全体系,与数据安全的关系是逐步紧密的,防范的重要性也逐层加强,要从外到内、由表及里保证数据的安全。

(七)数据安全技术

数据安全技术是为提高信息系统及数据的安全性和保密性,防止秘密数据被外部破析所采用的主要技术手段之一。随着信息技术的发展,网络安全与信息保密日益引起人们的关注。目前各国除了从法律上、管理上加强数据的安全保护外,从技术上分别在软件和硬件两方面采取措施,推动着数据加密技术和物理防范技术的不断发展。按作用不同,数据加密技术主要分为数据传输加密技术、数据存储加密技术、数据完整性鉴别技术及密钥管理技术四种。

1.数据传输加密技术

数据传输加密技术是为了对传输中的数据流加密,常用的方针有线路加密和端对端加密两种:前者侧重在线路上而不考虑信源与信宿,是对保密信息通过各线路采用不同的加密密钥提供安全保护;后者则指信息由发送者端自动加密,并进入 TCP/IP 数据包回封,然后作为不可阅读和不可识别的数据穿过互联网,当这些信息一旦到达目的地,被将自动重组、解密,成为可读数据。

2.数据存储加密技术

数据存储加密技术是为了防止在存储环节上的数据失密,可分为密文存储和存取控制两种:前者一般是通过加密算法转换、附加密码、加密模块等方法实现;后者则是对用户资格、权限加以审查和限制,防止非法用户存取数据或合法用户越权存取数据。

3.数据完整性鉴别技术

数据完整性鉴别技术是为了对介入信息的传送、存取、处理的人的身份和相关数据内容进行验证,达到保密的要求,一般包括口令、密钥、身份、数据等项的鉴别,系统通过对比验证对象输入的特征值是否符合预先设定的参数,实现对数据的安全保护。

4.密钥管理技术

为了数据使用的方便,数据加密在许多场合集中表现为密钥的应用,因此密钥往往是保密与窃密的主要对象。密钥的媒体有:磁卡、磁带、磁盘、半导体存储器等。密钥的管理技术包括密钥的产生、分配保存、更换与销毁等各环节上的保密措施。

二、网络信息安全标准

随着信息技术的快速发展,信息技术的应用日益渗透到政府、企业、团体、军队、家庭、个人等社会和经济的各个角落,并日益深刻地改变着人们传统的工作模式、商业模式、管理模式和生活模式。

伴随着信息技术的快速发展和全面应用,信息安全的重要性也日益凸现出来。IT 产品和系统拥有的信息资产是能使组织完成其任务的关键资源。因此,人们要求 IT 产品和系统具备充分的安全性来保护 IT 产品和系统内信息资产的保密性、完整性和可用性。

随着技术的飞速发展、社会分工的进一步细化,加大了组织与顾客之间的信息不对称。许多 IT 用户缺乏判断其 IT 产品和系统的安全性是否足够的知识、经验和资源,他们并不希望仅仅依赖开发者的声明。用户可借助对 IT 产品和系统的安全分析(即安全评估)来增加他们对其安全措施的信心。由此产生了对于 IT 产品和系统的安全性评估准则的需求。

(一)TCSEC

TCSEC 是"可信计算机系统评估准则"(Trusted Computer System Evaluation Criteria)的英文缩写,是计算机系统安全评估的第一个正式标准,由美国国防部于 1985 年开发的,是彩虹系列丛书之一,已经成为现行的网络安全标准。主要用于军事领域,后延用至民用,重点是通用的操作系统,为了使其评估方法适用于网络,于 1987 年出版了一系列关于可信计算机数据库和可信计算机网络等的指南(俗称彩虹系列)。TCSEC 将计算机系统的安全划分为 D、B、C、A4 个等级共 7 个级别。D 类安全等级只包括 D1 一个级别,安全等级最低,只为文件和用户提供安全保护;C 类安全等级包括 C1 和 C2 两类,能够提供审慎的保护,并为用户的行动和责任提供审计能力;B 类安全等级包括 B1、B2 和 B3 三类,具有强制性保护功能;A 类安全等级目前也只包括 A1 一个级别,安全等级最高,系统的设计者必须按照一个正式的设计规范来分析系统。

我国于 1999 年将其转化为 GB/T17859《计算机信息系统安全防护等级划分准则》,基本等同 TCSEC。其主要缺点在于:第一,主要关注于保密性,不关注可用性和完整性;第二,强调的是控制用户,没有关注于程序上的、物理上的和人员的安全措施。

(二)ITSEC

ITSEC 是信息技术安全性评估准则(Information Technology Security Evaluation Criteria)的英文缩写,由西欧四国(英、法、荷、德)于 1991 年联合提出。它比 TCSEC 更宽松,主要应用领域是军队、政府和商业,目的是适应各种产品、应用和环境的需要。ITSEC 首次提出了 C. I. A 概念,即保密性(confidentiality)、完整性(integrity)和可用性(availability),保密性确保使用者合法取阅数据;完整性确保数据或系统维持正确与完整;可用性确保数据与系统持续运转无误,当合法使用者要求使用数据时就可以取得数据。与 TCSEC 不同,TCSEC 把保密作为安全的重点,而 ITSEC 则把完整性、可用性与保密性作为同等重要的因素。ITSEC 并不把保密措施直接与计算机功能相联系,而是只叙述技术安全的要求,把保密作为安全增强功能。

ITSEC 将安全要求分为"功能"和"保证"两部分:功能是指为满足安全要求而采取的一系列技术安全措施;保证是指确保功能正确实现及有效性的安全措施。功能准则共分为 F1~F10 等 10 级。F1~F5 级对应于 TCSEC 的 D 到 A。F6 至

F10 级分别对应数据和程序的完整性、系统的可用性、数据通信的完整性、数据通信的保密性以及机密性和完整性的网络安全。

(三)CC

CC 是通用准则的英文缩写。

1996 年六国七方签署了《信息技术安全评估通用准则》即 CC1.0。1998 年美国、英国、加拿大、法国和德国共同签署了书面认可协议。后来这一标准称为 CC 标准,即 CC2.0。CC2.0 版于 1999 年成为国际标准 ISO/IEC 15408,我国于 2001 年等同采用为 GB/T 18336。目前已经有 17 个国家签署了互认协议,即一个 IT 产品在英国通过 CC 评估以后,那么在美国就不需要再进行评估了,反之亦然。目前我国还未加入互认协议。

CC 的意义在于通过评估有助于增强了用户对于 IT 产品的安全信心、促进了 IT 产品和系统的安全性、消除了重复的评估。但它也有其局限性,由于 CC 标准采用半形式化语言,比较难以理解,它不包括那些与 IT 安全措施没有直接关联的、属于行政性管理安全措施的评估准则,即该标准并不关注于组织、人员、环境、设备、网络等方面的具体的安全措施,其重点在于关注人为的威胁,对于其他威胁源并没有考虑,并且 CC 并不针对 IT 安全性的物理方面的评估(如电磁干扰)、不涉及评估方法学、不包括密码算法固有质量的评估。

(四)我国有关网络信息安全的相关标准

国内主要是等同采用国际标准。公安部主持制定,国家质量技术监督局发布的中华人民共和国国家标准 GB 17859-1999《计算机信息系统安全保护等级划分准则》已经正式颁布并实施。另外还有《信息技术开放系统互连基本参考模型》(GB/T9387-2008)、《信息技术安全信息实体鉴别》(GB/T15843-2005)、《信息技术设备的安全》(GB 4943-2001)等。

第三节　金融认证体系[①]

■ 一、美国测评认证体系

美国于 1997 年由国家标准技术研究所和国家安全局共同组建国家信息保证

---

①　张仕斌,谭三,易勇,蒋毅.网络安全技术.北京:清华大学出版社,2004 年。

伙伴(NIAP),专门负责基于 CC 的信息安全测试评估,研究并开发相关的测评认证方法和技术。在国家安全局中对 NIAP 的具体管理由专门管理涉密信息系统的信息系统安全办公室负责。美国信息安全的测评认证组织架构图如图 7-3 所示。

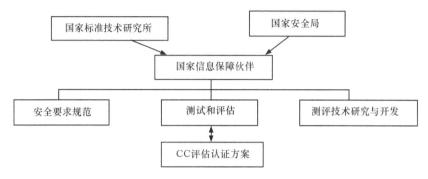

图 7-3　美国信息安全的测评认证组织

具体如何依据 CC 开展信息安全评估和认证工作的规划,是国际互认协定的一个重要内容。在美国,此方案的具体实施由 NIAP 的认证机构负责,其目的是既可以保证对信息技术产品和系统第三方安全测试,也可以使整个信息安全测评体系置于国家控制范围之内。

NIAP 认证机构的正副主任由国家标准技术研究所和国家安全局共同任命。在行政和预算方面,认证机构主任向 NIAP 的主任汇报,在有关评估方案的运作方面,则向国家标准技术研究所和国家安全局的证书发行机构汇报。证书发行机构有美国国家标准研究所(NIST)的信息技术实验室和国家安全局(NSA)的信息系统安全办公室。NIAP 认证机构的核心技术人员主要是国家标准研究所和国家安全局的人员。

在美国的测评认证体系中,CC 测试实验室一般是由一些商业机构承办,但需要通过国家自愿实验室认可计划(NVLAP)的认可。在认可 CC 测试实验室时,除满足导则 25 的要求以外,还需要满足 CC 评估认证方案的一些特别要求,如 NIST 手册 150 和 NIST 手册 150-20,并要求精通信息安全测试技术和接受 NIAP 认证机构的监督。

■二、英国测评认证体系

英国的 IT 安全评估认证机构是在 1991 年由商业工业部(DTI)和通信电子安全小组(CESG)共同建立的,所依据的评估认证标准主要是 CC 及其评估方法和 ITSEC 及其评估方法。英国的 IT 安全评估认证机构(GB)在行政上由 CESG 领导。CESG 作为一个文职机构,隶属于政府通信指挥部(GCHQ)。其前身是通信电子安全局,主要负责保证政府和军事通信的安全。CESG 的认证人员主要负责专业能力、技术目标和商业秘密方面的最高技术标准的开发。

■ 三、我国测评认证体系

目前,国内有两大组织进行信息安全测评认证:其一是中国国家信息安全测评认证中心,其二是公安部计算机信息系统安全产品质量监督检验中心。前者主要注重于网络系统整体安全方面的测评和认证,安全级别的认定;后者注重于安全产品的安全测试和在国内销售的安全产品许可认证。

(一)中国国家信息安全测评认证中心

中国国家信息安全测评认证中心计算机测评中心,由信息产业部及国家信息安全认证管理委员会批准,经中国国家信息安全测评认证中心授权,于 2000 年 3 月 22 日在北京成立,是由中国国家信息安全测评认证中心授权信息产业部第十五研究所太极联合实验室,在信息产业部计算机安全技术检测中心基础上,建立的计算机测评中心。测评中心作为中国国家信息安全测评认证中心的专业性分支机构,在中国国家信息安全测评认证中心的指导下开展测评工作,是具有独立法人资格的事业单位,代表国家对信息技术、信息系统、信息安全产品以及信息安全服务的安全性实施公正评价的技术职能机构。

国家信息安全测评认证活动的技术依据是有关信息安全的国家标准、行业标准、国际标准和中国国家信息安全测评认证管理委员会确认的其它技术要求与技术规范。"中华人民共和国国家信息安全认证"是国家对信息安全技术、产品或系统安全质量的最高认可。

(二)公安部计算机信息系统安全产品质量监督检验中心

根据《中华人民共和国计算机信息系统安全保护条例》(1994 年 2 月 18 日中华人民共和国国务院令 147 号发布)和《计算机信息系统安全专用产品检测和销售许可证管理办法》(中华人民共和国公安部令第 32 号),公安部计算机信息安全产品质量监督检验中心于 1997 年下半年开始筹备建立。检验中心的业务直接受公安部科技司和公安部计算机管理检察司领导,承担计算机信息系统安全产品质量监督检验工作,并通过国家技术监督局的计量认证和公安部机构认证,成为国家法定的检测机构。

公安部于 1998 年 8 月 10 日起,对在中华人民共和国境内销售的计算机信息系统安全专用产品中的网络安全类、访问控制类和鉴别类产品颁发《销售许可证》(产品分类可参阅《计算机信息系统安全专用产品分类原则》GA163-1997 中的 C30、C52 和 C70)。该检验中心是公安部认可的对上述产品的唯一法定发证检测机构。

四、我国金融行业中统一的 PKI 体系①

　　建立中国金融行业中统一的公钥基础设施(PKI)体系是必要的,也是可行的。目前最适合中国金融统一 PKI 认证模型结构的应该是严格层次模型。在严格层次结构模型中,以 CFCA 根为金融统一根 CA,各个商业商行的 CA 体系作为二级子 CA 机构。中国金融认证中心(CFCA)与工商银行已签约,要建立中国工商银行的子 CA,将中国工商银行的网银数字证书,逐渐迁移到 CF-CA PKI 体系中。

　　背景资料:中国金融认证中心(CFCA)

　　早在 1998 年 6 月,中国人民银行、中国工商银行、中国银行成立了首都电子商务工程领导小组。同年 10 月领导小组会议决定,由中国人民银行联合各家商业银行,负责建设金融认证中心和支付网关。

　　在中国人民银行的领导下,金融 CA 工程项目组成立。当时有工行、农行、中行、建行、交行、招行等 12 家商业银行以书面形式要求成为金融 CA 的发起行,并派人加入了项目小组。项目小组做了大量的需求调研工作,完成了"金融认证中心需求分析"、"金融认证中心工程实施方案"。

　　中国人民银行金融信息化领导小组通过了上述两个文件,并成立了项目小组,从 1999 年经过国内外招标、阅标、评标,最后确定系统提供商。经过不到一年时间的安装、调试和开发,于 2000 年 6 月正式开通运行,中心正式命名为"中国金融认证中心"(CFCA)。

(一)安全特点

　　严格层次结构实际上是集中方式的树状结构,即以 CFCA 根 CA 作为全国金融认证中心的根 CA,而各大型商业银行成为独立的子 CA,其它中、小商业银行集中组成一个集中式 CA。层次结构是最典型的 PKI 结构。在此结构下,存在一个信任锚,也是同一个信任起点,即"根证书中心(Root CA)"。Root CA 向各家商业银行的子 CA 颁发根证书,这样商业银行的子 CA 就带着 Root CA 根证书,向它们的用户签发数字证书,形成了一个证书信任链,提供 PKI 安全服务。

　　层次结构的 PKI/CA 系统的优点包括:

---

　　①　李晓峰,关振胜.计算机世界·技术与应用.2008(04)。

(1)可以达到金融统一认证体系的目的,利用 CFCA 现有的资源优势,将 CF-CA 的一级 CA 作为全国金融 CA 的统一品牌的根 CA。做到资源的最大利用,实现跨行认证,从而达到跨行交易。

(2)可以通过策略上的设置,在逻辑上区分不同银行的 CA,确保各银行的自身业务特点,也可以塑造统一的品牌形象。同时,利用 CFCA 的强大技术优势,为目前没有条件建设 CA 的金融系统客户提供服务。

(3)具有一个信任起点,互通互信过程简单,可以实现跨行交易,如跨行转账、跨行基金买卖,跨行通存通兑等。

(4)层次结构的 PKI 系统易于维护和升级,易于增加新的商业银行的子 CA 认证中心,从而扩大网上银行的用户群。

(5)证书路径相对较短。

(6)在层次结构中,认证不一定要验证到根,如果是商业银行行内交易,则只需要认证到商业银行自己根 CA 的位置,就像现在各大商业银行的用户使用的证书,认证到该银行的根 CA 证书即可取得信任一样。

层次结构的 PKI 也有一些缺点:

(1)它依赖于一个单一的信任起点,即"根 CA"。根 CA 是每个用户的信任起点,它的安全性极为重要,一旦出现问题,后果是灾难性的。

(2)由于 PKI/CA 的安全策略所规定,根 CA 证书的私钥的生命周期是有限的。在规定的时间内,更换根 CA 私钥要有一套严密的安全过程。根 CA 密钥的更换会导致整个 PKI 系统的根证书密钥的更换。

(二)逻辑构成

统一金融 PKI 系统的层次逻辑结构如图 7-4 所示。

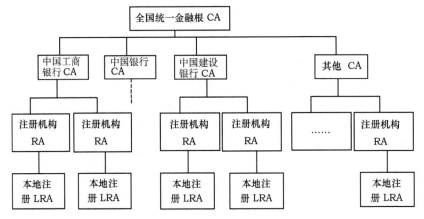

图 7-4　全国统一金融根 CA 结构图

金融统一认证体系的总体框架设计为多级结构。图 7-4 是一个完整的严格层次结构。根 CA 之下是多个二级子 CA,它们之间组成层次结构;注册机构(RA)是 CA 的延伸机构,在 RA 之下可连接多个本地注册机构(LRA),RA 与 LRA 之间也组成层次结构。它们是一个完整的 PKI 体系。这种结构特别适合中国金融界交易和资金清算的现状。

(三)物理结构

因为金融统一认证体系在逻辑上是层次结构,但在物理上各个签发数字证书的运行 CA 可以是独立的。其物理结构大致相同,即包含签发服务器、证书库、密钥管理中心(KMC)和目录服务器。

根 CA 在向各子 CA 颁发根证书后,它就脱机工作了。所以,各子 CA 在签发数字证书时,每个 CA 的物理结构是独立的体系之间是没有联系的。如果有跨行交易的需求,那它们是靠目录服务器连接起来的,见图 7-5。

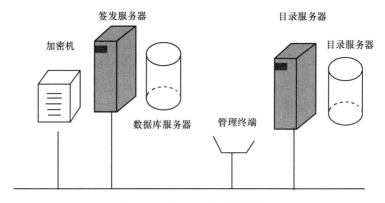

图 7-5 目标体系物理结构图

金融 CA 是典型的 CA 物理组成。它包括证书签发服务器,负责向客户签发数字证书;数据库服务器是存储客户的数据和证书信息;每个 CA 必须具备自己的加密机模块,产生本 CA 的公私密钥对和对称密钥;CA 还包括一个目录服务器,用于证书和 CRL 的发布,以便供应用时查询;此外就是供操作员用的管理终端。

(四)目录结构

金融 CA 的目录服务器是极其重要的,因为它是 24×7 小时的应用。金融 CA 的目录服务器是一个树状结构,根据目前情况组成二级结构即可,第一级为根 CA 的主目录,第二级为各商业银行的运行 CA 目录。

统一金融 CA 的目录结构,首先支持各商业银行自己内部网银交易查询,在实现跨行交易后,还可实现各目录之间智能化自动查询。

(五)证书标准化问题

建设金融 CA 统一认证应用体系,除上述 CA 的合理结构、合理机制之外,还有数字证书统一标准的问题。金融 CA 统一签发的证书,既能在本行系统内交易使用,也可在跨行交易中使用。其中,关键问题是证书唯一名(DN)的标准化设计问题。如果 DN 不规范,DN 不统一,就会影响到证书的规范管理和跨行业应用。因此,DN 标准化是非常必要的。DN 标准化的基本要求是充分考虑各行 RA 所采用的 DN 标准,加以综合;充分考虑到证书跨行应用对 DN 的要求;尽量减少对现有证书用户的影响;要兼容各行 CA 证书和统一 CA 证书。

■ 小结

随着计算机网络技术的快速发展,信息网络已经成为社会发展的重要保证,各行各业也随之形成了全新的经营模式,金融行业更是发生了巨大的变化。由于金融系统的信息传输涉及到大量敏感信息,安全问题显得特别突出。

网络技术的发展对金融业来说既是一次机遇又是一次挑战,金融系统的内部管理设计、技术层面的漏洞、黑客攻击以及外部法律环境的不完善都是相关金融企业要发展网络金融业务需要解决的问题。而我国缺乏自主的计算机网络和软件核心技术、大众网络安全意识淡薄、企业运行管理机制存在着严重的缺陷和不足,并且缺乏制度化的防范机制,使得在我国发展网络金融业务面临的问题更加复杂。

网络金融首先要解决的就是技术层面的问题。目前网络安全的关键技术包括密码技术、访问控制与防火墙技术、入侵检测与安全审计、黑客与病毒防范技术、操作系统安全技术、数据库系统安全技术和数据安全技术,这些技术需要综合应用才能取得相对理想的效果。

随着技术的飞速发展、社会分工的进一步细化,组织与顾客之间的信息严重不对称,对 IT 产品和系统的安全性评估需求逐渐产生,常见的网络信息安全标准包括 TCSEC(可信计算机系统评估准则)、ITSEC(信息技术安全性评估准则)、CC(通用准则)等。我国也已经正式颁布并实施了《计算机信息系统安全保护等级划分准则》。

世界上主要信息化国家都具有自己的金融测评认证体系,在细节实施以及采纳的标准上面会有所不同。我国主要依靠中国国家信息安全测评认证中心和公安部计算机信息系统安全产品质量监督检验中心来进行信息安全测评认证,此外中国金融认证中心(CFCA)对我国建立金融统一认证体系有着巨大的作用。

◎ **关键词**

金融网络安全　网络安全技术　网络信息安全标准　PKI　金融认证

📖 **复习思考题**

1.试述网络金融面临的安全挑战有哪些？
2.试述制约我国网络金融安全防范能力的因素。
3.网络金融安全技术主要包括哪些？
4.试述网络信息的相关安全标准,并简要介绍其特点。
5.简要介绍美国金融认证体系。
6.试述我国金融行业中 PKI 体系的构成及其特点。

☞ **案例分析**

案例名称:法国兴业银行交易丑闻
案例来源:中国经济网[①]
案例内容:

法国第二大银行兴业银行的一名交易员在未经授权的情况下大量购买欧洲股指期货,最终给兴业银行造成 49 亿欧元(约合 71.4 亿美元)的损失。随着法国兴业银行违规交易案的披露,一些媒体和行业分析人士开始怀疑,这家银行在发生违规操作后采取的急速清仓行为可能直接触发了那场罕见的暴跌。由于这个叫做盖维耶尔的交易员的豪赌,欧洲多数市场遭遇 2001 年"9·11"恐怖袭击以来最大单日跌幅。仅英国、德国和法国三国股市,就有相当于希腊和匈牙利两国国内生产总值(GDP)总和的市值瞬间蒸发。

这是世界银行业迄今因员工违规操作而蒙受的单笔最大金额损失,这名 30 多岁的法国交易员也足以使 10 多年前一个人"搞垮"英国巴林银行的违规交易员尼克·利森相形见绌,后者因造成的 14 亿美元损失最终迫使拥有 200 多年历史的巴林银行以一英镑象征性价格"贱卖"给荷兰国际集团(ING)。

这起违规操作丑闻不仅让兴业银行蒙羞,而且让整个银行界震惊。20 年来,国际金融领域已发生多起造成巨额损失的违规交易案件,但不断提高的金融安全措施仍然没有阻止银行业界佼佼者发生这起迄今最大损失金额的违规交易。

美国洛约拉大学芝加哥校区金融学教授罗伯特·科尔布认为,按照惯例,银行

_____

① http://www.ce.cn/cysc/cy12szh/200801/28/t20080128_14381302.shtml。

的证券或者期货交易员实行交易时都受到使用资金额度的限制。一旦超过限制，交易系统会提示"你只能在这一数额内实行交易"。上述案例中，这层安全网显然已被攻破。

科尔布认为，监管机构和银行本身都应该好好研究违规者的作案过程。他还提醒说，应该防止那些设置或者掌握金融安全措施的人成为违规者。

"这对于兴业银行来说不是个好消息，对于整个银行业来说也是，"法国巴黎银行资产管理部门负责人吉勒·格里岑斯坦在瑞士达沃斯的世界经济论坛年会上说，"这可能引发人们对银行业的质疑，而我们这时正应该努力通过透明手段找回这种信任。"

案例讨论题：

试述网络金融安全面临的问题及解决方案。

第四部分 政策篇

网络金融与货币政策

20世纪90年代以来,随着计算机和互联网的飞速发展,网络信息技术不断改变着经济生活的各个领域,推动了全球性的商务革命,网络金融作为网络信息技术和现代金融相结合的产物,已经成为21世纪金融业发展的主流。迅速发展的网络金融服务需要高效的技术手段和支付形式,电子货币作为最新的货币形式,从产生以来发展非常迅速,对传统的支付系统产生了巨大影响,并使当代金融理论面临严峻的挑战。电子货币的发展使传统的货币理论和货币供求关系出现了新的变化,对中央银行的货币政策中介目标、货币政策工具、货币政策传导机制、货币政策的有效性和独立性提出了挑战,使中央银行进行金融调控和监管时不得不考虑电子货币的影响。

第一节　电子货币对货币供求的影响

货币的发展先后经历了实物货币、金属货币、纸币等不同的阶段。20世纪末,随着信息网络技术的发展,金融创新层出不穷,各种各样的电子货币应运而生并快速发展,电子货币改变了人们的支付习惯和生活方式,也冲击了传统的货币金融理论。电子货币作为一种新的货币形式,对货币供求理论和现实经济产生了重大的影响。传统的货币理论是把中央银行和商业银行作为现代货币供给制度的主体,电子货币的出现,使这一理论面临着巨大的挑战。

一、电子货币对货币性质的改变

在第二章中,我们研究了电子货币的定义、特征和职能,我们可以从中发现,在电子货币体系中,货币的性质发生了显著的变化。

(一)电子货币是一种具有"内在价值"的"竞争性"货币

对货币本质的认识,长期以来理论界的一般看法是:货币是固定充当一般等价物的特殊商品。传统理论认为,作为一般等价物,货币本身不具有"内在价值"。所谓"内在价值"是说撇开货币所代表的价值量,货币自身的使用价值近乎为零。货币传统上由中央银行或货币当局统一供给,是一种非竞争性的"商品"。但是,电子货币却是一种"竞争性"的货币。目前还没有一家中央银行垄断电子货币的发行权,现有资料表明,许多银行甚至非金融机构承担了电子货币的发行任务,成为发行主体,这样一来,电子货币就具有非强制接受的属性,消费者购买哪种电子货币,取决于电子货币发行者的竞争能力。信誉好、资产规模大、产品或服务与人们日常生活密切相关的企业发行的电子货币较容易为人们所接受。

电子货币的竞争性使其具有了内在价值。由于所有的电子货币都与现有的各种实体货币之间保持着固定的比价关系,消费者对电子货币的选择取决于他们对电子货币内在价值的判断。电子货币的内在价值主要表现在两个方面:一方面是电子货币对交易费用的节约程度,这取决于电子货币的支付效率、可媒介的商品种类及范围等;另一方面是电子货币所附带的额外服务的价值,如免费赠送的相关信息的价值等。

(二)电子货币将传统货币的"流通手段"与"价值尺度"、"储藏手段"职能相分离

传统理论认为,货币的职能是可以充当一切商品和劳务价值的衡量尺度、商品流通过程中的交易媒介、执行储藏的手段。也就是说,流通手段、价值尺度和储藏手段职能是货币最基本的职能。马克思说:"一种商品变成货币,首先是作为价值尺度和流通手段的统一,换句话来说价值尺度和流通手段的统一是货币"(《马克思恩格斯全集》第 13 卷第 113 页)。但随着货币形式的演变,尤其是在电子货币形式下,货币的"流通手段"与"价值尺度"、"储藏手段"实现了职能的分离。

与传统的货币形式相比,电子货币是一种高效的"流通手段"。作为流通手段,电子货币不受自身价值、面值的限制,汇兑方便,周转时间快,交换空间不受限制。用电子货币进行商品交易,速度快而且费用低廉。如果未来的技术手段能够解决电子货币的安全问题,简化并普及使用电子货币的设备,电子货币就可以成为主要的支付工具,取代现行的纸币体系。

电子货币不是一种"价值尺度"。电子货币对商品价值衡量的标准,仍然遵循中央银行货币的统一"价值尺度"标准,所有的电子货币都以中央银行货币单位作为自己的计价单位,即电子货币是以存款货币作为基础来执行"价值尺度"职能的。即使有一天电子货币完全取代了中央银行货币,这种状况也不会发生明显的变化,因为作为"价值尺度",货币单位必须是公认的、规范的和统一的,与其他度量单位一样,需要法律强制执行。如果电子货币不是由中央银行统一发行,没有遵循统一的发行标准,由于电子货币不同的发行人有不同的价值判断标准,容易导致电子货币发行的混乱,因此电子货币体系需要通过一个"外部"标准统一规范,而这一标准只能是中央银行货币或法币标准。

同样,电子货币也不是有效的"储藏手段"。货币成为"储藏手段"的前提条件是货币积累所代表的价值积累没有风险或者风险极低。目前,电子货币不但在名称和形式上有所不同,而且在功能、使用范围和流通方式上也不尽相同。发行者的市场目标、消费者对特定商品交易的需求和市场环境都会影响商品交易的媒介,电子货币的使用权限会因此受到限制。目前被普遍接受的电子货币,不一定在若干年后还会被普遍接受。2001 年中国电信出现过这样一个案例:1995 年以前,中国电信发行的电话卡为磁记录电话卡,客户可以用这种电话卡在街道上的公用电话上购买"通话"服务。1995 年以后,中国电信发行了另一种电话卡——IC 卡,并对公用电话系统进行了改造,此时磁卡购买服务的便利程度已经不如 IC 卡。2001年,中国电信发文公告称,不再接受"磁卡",并制定了一个相当短的"磁卡"兑换"IC卡"的时间表。如果错过这一时间,"磁卡"所"储藏"的价值就会化为乌有。尽管该案例发生在特定的电信行业,但是它说明了电子货币作为"储藏手段"的风险很大。[①]

(三)电子货币是一种"市场货币"

所谓"市场货币",是指电子货币的供求是一种市场行为,其数量和"价格"取决于电子货币的生产者和需求者之间形成的供求均衡。在电子货币的供给中,市场的需求制约着电子货币的实际可流通量。电子货币的这种性质,使电子货币天然地带有部分"世界货币"的特征。电子货币的国际性来源于"生产"这种"产品"的发行者所具有的跨国经营方式。电子货币的扩张范围随跨国公司业务范围和商誉的变化而变化。以 VISA 国际发行的信用卡为例,目前全世界已有超过 21 000 家VISA 国际的会员金融机构,全球受理 VISA 卡的特约商户超过 2 000 万个,还有超过 84 万个 ATM 遍布世界各地。全球多达 10 亿持卡人,可在世界各地 2400 多万个商户交易点受理,并能够在 100 万台自动提款机进行提现服务。2005 年 3 月

---

① 欧阳勇.网络金融:理论分析与实践探索.成都:西南财经大学出版社,2006 年,第 45 页。

出版的 AC 尼尔森报告显示,2004 年 VISA 卡交易量的市场占有率在全球为59.76%,初步形成了通行世界的电子货币系统。

二、电子货币对货币供给的影响

电子货币性质的变化,使电子货币的供给机制完全不同于中央银行的纸币体系。这样,在网络金融中,出现了电子货币的供给和中央银行的货币供给两种不同的货币供给机制,它们相互区别、相互影响,共同构成了网络金融下的货币供给体系。

(一)电子货币的供给机制

从单一发行者来看,电子货币的发行类似于商品销售的过程。但从整个社会的角度来看,依据电子货币承担的不同职能,电子货币具有两种不同的供给机制。

1.仅作为支付手段时的供给机制

电子货币的产生,为商品交易提供了一种效率高、成本低的支付工具。在电子货币的发展初期,方便交易、降低交易成本是电子货币的主要职能。居民购买电子货币的目的仅仅是为了支付,而不是用来储蓄。在这种情况下,电子货币的供给机制是简单的售卖过程:居民用 100 元现金购买 100 元电子货币,然后将这 100 元电子货币用于支付。在这种情况下,电子货币的供给完全取决于居民对电子货币的需求,既没有信用创造,也不存在其他的传递过程。

不同于传统货币由中央银行统一供给,电子货币的发行主体有银行、非银行、非金融机构,它打破了银行体系对于货币的垄断发行,呈现市场竞争化发行的态势。对于电子货币的发行者来说,如果一种或少数几种电子货币已经成为市场普遍接受的品种,那么新发行者的进入成本很高,此时,电子货币的发行市场表现出垄断或寡头垄断的特征,发行者可以获得超额利润。反之,如果市场处于充分竞争的状态,发行者的进入成本较低,则每家发行者占据的市场份额大致相当。

当电子货币仅作为支付手段时,社会商品交易对电子货币的需求越大,电子货币的发行额也就越大。在商品交易时,电子货币对交易费用的节约程度越高,使用越便利,其支付效率也就越高。而电子货币的支付效率与电子货币作为支付手段占货币总量的比重呈正相关,支付效率越高,人们对电子货币的支付需求越大,这意味着银行吸收的电子货币中用于支付的比例越大,货币乘数越小。

2.代表银行一般性负债时的供给机制

在银行券发展的初期,它们与铸币保持着等额兑换关系。但是,当某家银行的银行券被普遍接受并作为一般等价物时,银行券的发行实际上就可以脱离与铸币的固定兑换关系,成为一种信用创造。与银行券的发展历程相似,当电子货币被普遍接受时,电子货币的发行者可以将电子货币"赊卖"给需要电子货币的客户,从此电子货币的发行就从销售行为变成信用创造行为,电子货币的供给引发连锁的货币变动。[1]

此时,电子货币的供给是出于两种不同的需要,即作为支付手段的需要和社会信用机制的需要。比如,某信誉良好的商业银行为某信誉良好的客户提供贷款,根据客户的实际需要,没有用现金,而是提供了 10 万元的电子货币。客户得到 10 万元的电子货币,然后用这 10 万元的电子货币去市场上购买某种商品,价格恰好是 10 万元,客户就把这 10 万元电子货币支付给商家。此时商家有三个选择:一是将这 10 万元的电子货币返回给该商业银行,兑换成 10 万元的银行存款;二是将这 10 万元的电子货币存入另一家商业银行;三是将这 10 万元支付给其他商家。

如果商家把这 10 万元返回给该银行,兑换成等额的货币,那么意味着该银行支付给商家 10 万元,这实质上是一种延期支付的短期贷款,相当于该银行将客户获得的"贷款"直接支付给商家。按照这种方式,流通中的电子货币仍然只是一种支付手段,电子货币的供给量取决于商品交易对电子货币支付的短期需求。

如果商家将这 10 万元存入另一家银行,假设该电子货币能被社会普遍接受,接受存款的银行是为了利用该电子货币发放电子货币贷款。此时,接受存款的银行所持有的这 10 万元的电子货币是银行负债而不是银行资产,接受存款的银行再用这 10 万元为别的客户提供电子货币贷款,如此电子货币的供给出现了信用创造的过程。这一过程与中央银行货币的派生过程类似,不过电子货币的派生过程会比较脆弱。一旦将某个环节的电子货币换回中央银行的货币,电子银行就恢复单一的支付功能,派生过程立即中断。

如果商家没有马上到银行把这 10 万元的电子货币换成现实货币或是存入另一家银行,而是把它支付给了另一个客户,这个客户依然有以上的三种选择,这个支付链条不断延续下去。

总之,作为银行一般债务是电子货币信用扩张的基础。被"储蓄"的次数越多,电子货币的派生能力越强,电子货币在社会货币体系中所占的比重越高。那么对于作为银行存款的电子货币,其余额是否应该有准备金的要求呢? 这一问题将在下面进行探讨。

---

① 尹龙.网络金融理论初论——网络银行与电子货币的发展及其影响.成都:西南财经大学出版社,2003 年,第 116 页。

(二)电子货币对货币总供给结构的影响

根据前面的分析,当电子货币完全用于支付时,电子货币的供给量就是电子货币的发行量,当电子货币除了具有支付作用还发挥信用功能时,电子货币的供给除了发行量以外,还要加上电子货币多次流转所派生出来的货币量。下面把电子货币的供给放到社会经济的货币总供给中,研究在网络金融中,电子货币对货币总供给结构所产生的影响。

1. 当电子货币完全用于支付时的货币总供给

当电子货币完全用于支付时,电子货币只在支付清算过程中存在,部分代替纸币的流通。比如消费者为了支付便利,向电子货币发行者购买了100元的电子货币,用于商品支付,接受电子货币的厂商又将这100元的电子货币向电子货币的发行者换回了100元的纸币。在这个过程中,社会的货币供给没有发生实质性的变化,货币供给总量不变。

2. 当电子货币部分用于支付时的货币总供给

当消费者没有把100元的电子货币全部用来支付,而是剩余了10元留作今后支付使用。对消费者个人来说,剩余的这10元电子货币是用等值纸币"换"来的,社会财富并没有发生变化。但从总量来看,纸币在消费者和电子货币发行者之间发生一次转移,在电子货币发行者和厂商之间发生一次转移,两次转移并没有使货币总量发生任何变化,但是消费者此时却积累了10元的电子货币所代表的购买力,社会总购买力增加了,社会的货币总供给增加了10元。

3. 当电子货币用于储蓄时的货币总供给

根据前面的分析,当电子货币用于储蓄时,就具有了派生能力,这必然会导致社会货币总供给的扩张。

综上所述,在电子货币存在的情况下,社会货币供给总量包括三部分,即中央银行货币供给量、电子货币供给量和重复计算的修正部分。当电子货币部分用作支付手段时,要把作为支付手段发行的电子货币量扣除,因为这部分的电子货币实际上是传统货币的另一种支付形式,已在中央银行的货币供给中计算过一遍了。当电子货币全部被用于一次性支付时,社会货币供给总量不受电子货币存在的影响;当电子货币未被完全用于支付时,部分电子货币加入流通领域,只要参与流通的电子货币量足够大,就会对货币总供给产生明显的影响;当电子货币用于储蓄、具有派生能力时,电子货币对货币供给的影响完全取决于电子货币的发行量。

(三)电子货币对基础货币和货币乘数的影响

上面介绍了电子货币对货币总供给结构的影响,这里将详细探讨电子货币对货币供应量的影响。按照传统金融理论,货币供应量由基础货币量 B 和货币乘数 m 两个因素决定。电子货币的出现将直接影响中央银行发行基础货币的数量,并通过货币乘数对货币供应量产生巨大影响。

1.电子货币对基础货币的影响

基础货币是整个商业银行体系借以创造存款货币的基础,包括中央银行为广义货币和信贷扩张提供支持的各种负债。基础货币因其具有使货币供应总量成倍放大或收缩的能力,也被称为高能货币。通常认为:基础货币＝流通中的现金＋法定准备金＋超额准备金。随着电子货币的不断发展和完善,电子货币作为新的货币形式加入到基础货币中,减少了流通中的现金,并对银行的储备产生影响,有可能造成基础货币的萎缩。

(1)通货

使用电子货币后,流通中的现金量会减少。这一点可以借用鲍莫尔—托宾模型说明,该模型是美国经济学家鲍莫尔和托宾提出的现金需求的决定方程,又称平方根公式,即

$$C = \frac{1}{2} \sqrt{2b \frac{T}{r}} \tag{8-1}$$

式中,C 为流通中所需现金量;T 为收入;b 是每次将生息资本转换成现金的交易费用;r 是利息,为持有现金的机会成本。

电子货币的使用显然大大降低了将生息资产转变为现金的交易费用,b 的下降引起了整个现金需求 C 的下降。电子货币的使用大大降低了持有现金的必要性,从而促进了现金向存款的转换,这种转换使银行可利用的资金增加,这就降低了商业银行向中央银行再贷款的依赖程度,有可能造成基础货币的萎缩。

(2)法定准备金

准备金是商业银行存放于中央银行用以应付日常支付和银行间结算的资金,是中央银行调节基础货币的主要手段。法定准备金是中央银行对商业银行吸收的存款规定的一个最低限度的准备金。商业银行在吸收存款后,一般从中提取一定比例用于准备金,剩余部分才用于贷款。各国对于金融机构的存款准备金都有具体的法律规定,对准备金与存款的比率做出了强制性规定,即该比例不能低于某一法定数额。但是对于电子货币,是否应对其余额要求一定比例的法定准备,目前存在较大争议。现在大多数国家对商业银行电子货币的发行并无法定准备金要求。但也有一些国家,比如日本,要求发行者缴纳相当于其发行电子货币余额的 50%

的准备金。总的看来,电子货币有导致法定准备金减少的趋势。

(3)超额准备金

超额准备金是指商业银行及存款性金融机构在中央银行存款账户上的实际准备金超过法定准备金的部分,是银行为应付流动性而自愿持有的头寸,主要用于支付清算,这是商业银行能够主动控制的准备金。电子货币的出现对商业银行超额准备金的影响主要体现在两方面:一是电子货币使居民持有通货的机会成本提高,从而减少对通货的持有量,因而商业银行持有库存通货的需求减少;二是电子货币的高流动性,大大降低了银行进行资产转换的成本,解决了银行在特殊情况下出现的流动性不足的问题。当超额准备的存款利率不变或降低时,银行的超额准备将降低;反之,可根据由此所带来的机会成本与资金运用的收益来比较,从而进行抉择。

综合通货与准备金两方面来看,电子货币使基础货币的规模减小,进而使得中央银行的资产负债表的规模缩小。中央银行一般通过公开市场业务调节货币供应量,缩小的资产负债规模会加大调节的难度。

2.电子货币对货币乘数的影响

货币乘数的基本计算公式是:货币供给量/基础货币。货币供给量 M 由流通于银行体系之外的现金余额 C 和居民及企业在商业银行的存款余额 D 构成;而基础货币 B 由商业银行在中央银行的存款准备金余额 R 和现金余额 C 二者构成。因此,货币乘数的公式为

$$m = \frac{M}{B} = \frac{C+D}{R+C} = \frac{\frac{C}{D}+1}{\frac{R}{D}+\frac{C}{D}} \tag{8-2}$$

$$M = C + D \tag{8-3}$$

式中,$\frac{C}{D}$ 为通货比率(现金-存款比率);$\frac{R}{D}$ 为准备金率(准备金-存款比率)。

在货币乘数公式中,货币乘数的大小取决于以上两个重要比例参数的取值,任何一个比例发生变化都可能引起货币乘数的改变,而电子货币将通过影响这两个重要比例参数最终改变货币乘数的大小。

(1)电子货币对 $\frac{C}{D}$ 即通货比率的影响

$\frac{C}{D}$ 的变动主要取决于社会公众的资产选择行为。人们持有现金的目的主要在于满足自己进行日常交易的流动性需要。电子货币与普通现金相比,一方面是流动性强,并且一些特殊的电子货币产品,如多用途预付卡,还可以产生一定的收

益,提高了公众持有现金的机会成本,降低人们持有现金的需求。另一方面,金融交易、支付及清算技术的电子化降低了转账清算支付的成本,而且速度迅捷、手段方便,这也使公众持有的通货比例下降。电子货币的使用导致 $\dfrac{C}{D}$ 不断下降,而货币乘数与 $\dfrac{C}{D}$ 呈负相关,货币乘数增大。

(2)电子货币对 $\dfrac{R}{D}$ 即准备金率的影响

准备金率包括法定准备金率和超额准备金率。法定存款准备金率由中央银行直接控制,任意一种存款或金融工具的法定存款准备金率必然与货币乘数负相关,虽然法定存款准备金率不受经济体系内部因素的支配,但是电子货币的使用却使法定准备金率的作用发生变化。

各国的中央银行根据存款流动性情况采取不同的准备金率。随着网络金融的发展,电子转账功能的使用使得一些金融产品适用的准备金率下降,于是法定准备金的实际缴存率下降,货币乘数增大。

超额准备金主要取决于社会公众的资产选择行为。对于商业银行而言,保持超额准备金的主要目的是为了保持一定的流动性,以满足日常业务中对外支付的需要。超额准备金越多,其资产流动性越强,应付市场变化的能力越大。但是超额准备金的持有会降低商业银行的贷款规模,减少利息收入。电子货币出现后,公众的现金使用量减少,信用货币的使用量增加,提现率降低,商业银行可以减少超额准备金的持有量。同时,即使大量资金发生瞬间转移,也不过是一种虚拟的账面转移,并不会影响银行的支付能力,超额准备金作为对外支付现金准备的作用被削弱了。基于以上原因,商业银行会降低超额准备金率。中央银行采用法定存款准备金政策的目的是为了维持商业银行的流动性,以应对商业银行可能出现的流动性不足的问题。电子货币的流通使用使得商业银行的流动性约束减弱,那么商业银行对法定存款准备金的依赖也就相应地减弱了。正因如此,西方发达国家,如美国、法国、加拿大取消了存款准备金制度。

由于货币供给量等于基础货币量与货币乘数之积,而电子货币对这两点都产生了影响,所以必然会造成货币供给量的波动。从以上分析可以看出,短期内货币乘数变动不大,但是基础货币会减少,这会使得货币供应量大幅缩减。但从长期看,银行为了应对日益激烈的竞争,会适当减少超额准备金,这样流通中的现金会减少,通货比率会下降,由于通货比率与货币乘数的负相关关系,货币乘数会变大。这样在长期中,虽然基础货币会减少,但是货币供给变化并不大。

随着电子货币的发展,中央银行通过控制基础货币来控制总的货币供应量的宏观经济调控模式已受到挑战。传统货币体系中的基础货币,是由中央银行和货币当局控制的外生变量,可以通过市场外部力量加以控制。而电子货币的数量和价格决定于电子货币生产者和需求者之间的市场均衡,完全由市场决定。那么未来的基础货币要在传统的基础货币上加入由非中央银行发行的基础货币。随着中央银行基础货币被取代程度的提高,企业之间通过电子货币创造商业信用范围不断扩大,电子货币再创造的速度极快,从而使货币乘数趋于无穷大,货币乘数实际上是由货币流通速度决定的,电子货币流通量将主要由金融市场内生的电子货币流通速度决定,而不是由中央银行的初始货币供应量决定。在这种情况下,中央银行对整个货币供应量的控制能力取决于中央银行和非中央银行发行的基础货币量的比例,比例越小,中央银行对货币供应量的控制力就越弱。

三、电子货币对货币需求的影响

货币需求是指社会各部门在既定的收入或财富范围内能够而且愿意以货币形式持有的数量。影响货币需求的主要因素有货币的流通速度、货币的需求动机及利率水平等几个方面。电子货币的流通对社会货币需求产生了深刻的影响,下面主要分析电子货币对以上因素的影响。

(一)电子货币对货币流通速度的影响

费雪交易方程式:

$$M \times V = P \times Y \tag{8-4}$$

式中,M 为货币数量;V 为货币流通速度;P 为价格水平;Y 为交易量。

费雪认为人们持有货币的目的在于交易。费雪的交易方程式认为,流通中的货币数量对物价具有决定性作用,而全社会一定时期一定物价水平下的总交易量与所需要的名义货币量之间也存在着一个比例关系 $1/V$。货币流通速度是个常数,是由经济中影响个人交易方式的制度因素决定的。假如,人们使用信用卡进行交易,那么在购买时就会较少使用货币,货币流通速度会上升,少量货币即可满足交易的需要,即货币需求减少。而电子货币的出现符合这种情况。电子货币迅捷、方便的流通和安全性及金融网络结算和存储支付系统的广泛使用,使货币流通速度加快,在名义收入不变的情况下,交易所需的货币需求减少。

(二)电子货币对传统持币动机的影响

费雪方程是针对基于交易动机的货币需求而言,以上是从狭义货币的角度研究电子货币对货币需求的影响。根据凯恩斯的流动性偏好理论,人们持有货币的动机包括:持币的交易动机、持币的预防动机和持币的投机动机。这些动机构成了三类货币需求:货币的交易需求、预防需求和投机需求。凯恩斯认为人们持币的交易动机和预防动机取决于收入水平,而投机动机则是为了储存价值和财富。他把用于储存的财富分为两类:即货币和债券。对于投机动机的货币需求,由于利率的变化会影响债券的价格水平,因此投资者可以通过对利率的预期,在货币和债券之间选择能带来最大收益的资产。

凯恩斯认为实际货币需求由名义货币需求除以价格得到,即 $\dfrac{M_d}{P}$。而在决定货币需求的三种动机中,预防需求一般归结到交易需求之中,它们随收入 Y 的增加而增加,投机需求则随利率 r 的上升而下降。因此,凯恩斯的货币需求表示如下:

$$\frac{M_d}{P} = L_1(Y) + L_2(r) \tag{8-5}$$

式中,$L_1(Y)$ 为与收入 Y 相关的交易需求;$L_2(r)$ 为与利率 r 相关的投机性货币需求。

在这个公式中,实际货币需求同收入成正比,同利率成反比。但是,当电子货币流通后,它的替代作用使利用现金进行交易的次数减少,流通中通货的减少加快了货币的流通速度,货币周转周期大大缩短,人们为交易动机和预防动机所预留的货币量占实际收入的比例将减少,相应的交易性需求和预防性需求的货币需求量也随之减少,大量的资金将随时准备着从原有的状态流向资金回报率更高的部门和行业。因此,利率的微弱变化都会导致 L_2 的大幅度变化,从而使投机需求得到加强。因而,在总的实际收入和利率水平不变的情况下,在电子货币流通的市场中,人们的手持货币量将减少。由于人们可以随时随地以几乎为零的交易费用进行货币用途之间的转换,各类需求动机之间的边界已不再明显,投资结构之间的可变性也大大增强了。电子货币使 L_1 和 L_2 合二为一,会受利率和实际收入两方面的影响。

弗里德曼从另一个角度看待人们持有货币的意愿问题,他用资产需求理论来分析恒久性收入对货币需求的影响,其货币需求函数为:

$$\frac{M_d}{P} = f(Y_p, r_b - r_m, r_e - r_m, \pi_e - r_m) \tag{8-6}$$

式中,$\dfrac{M_d}{P}$ 是对真实货币余额的需求;Y_p 是弗里德曼计量财富的指标;称为永久性收入;r_m 是货币的预期回报率;r_b 是债券的预期回报率;r_e 是股票的预期回报率;π_e 是预期的通货膨胀率。

弗里德曼的货币需求理论认为影响人们对货币需求的因素除了收入和利率之外,还有其他的因素,如物价水平,非人力财富在总财富中所占的比例等。人们持有的总财富被弗里德曼解释为货币、债券、股票和人力财富 4 种资产,货币、债券和股票的预期回报率之间存在明显的差异。电子货币出现后,货币流动性大大增强,各种资产的预期回报率之间的差异不断缩小。

弗里德曼的货币需求理论与凯恩斯的货币需求理论有一个共同点,那就是假设货币在不同用途之间存在确定的界限,且这种界限是相当稳定的。在网络金融中,由于电子货币的发展使不同用途的货币间的转化成本非常低,出于不同动机的货币需求之间界限越来越模糊,投资结构的可变性也大大加强。可见,随着网络金融的不断发展和电子货币的普及,其对货币需求的影响会日益增大,未来的货币需求函数要考虑电子货币的因素。

(三) 电子货币对利率的影响

利率表示一定时期内利息量与本金的比率,就其表现形式来说,是指一定时期内利息额同借贷资本总额的比率。利率的高低,决定着一定数量的借贷资本在一定时期内获得利息的多少。完全市场化的利率高低是由资本借贷市场上的资本供应量和资本需求量共同决定的,一旦货币供给与货币需求不是同步变化时,利率就会发生变化。当货币供给小于需求时,利率上升,货币资本向借贷市场大量流动,电子货币的出现使货币流通速度加快,利率的上升幅度和上升期限会因货币流通速度的加快受到一定限制,使得利率上涨的幅度不至于太高,上涨时间不至于太长。反之,当货币需求小于货币供给时,电子货币所导致的流通速度加快使借贷市场在短期内达到均衡,从而利率的下降时间较传统货币大为缩短,下降幅度也不至于太大。

从电子货币对货币供给和需求影响的分析中我们发现,当电子货币的发行数量和使用规模达到一定程度时,足以影响一个国家整体的货币需求和货币供给。随着电子货币的不断发展,在网络金融条件下,如何建立合理而有效的货币政策成为央行和金融机构要面临的一个重大难题。

第二节 网络金融中的货币政策演变

货币政策的范围有广义、狭义之别。从广义上讲,货币政策包括政府、中央银行和其他有关部门所有有关货币方面的规定和所采取的影响货币供给量的一切措施。狭义的货币政策指的是中央银行为实现给定的经济目标,运用各种工具调节货币供给和利率所采取的方针和措施的总和。通常说的货币政策指的是狭义的货币政策。[①] 货币政策体系主要包括货币政策的目标(包括最终目标和中

---

① 黄达.金融学.北京:中国人民大学出版社,2004年,第389页。

介目标)、货币政策的工具和货币政策传导机制。实施货币政策的目的就是通过运用货币政策工具,实现货币政策目标,达到货币政策预期的效果。在纸币时代,大多数国家是通过中央银行控制货币供给量实现其货币政策目标的。其过程如图 8-1 所示。

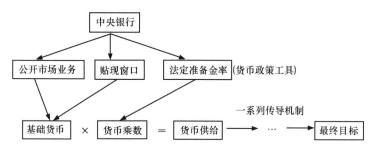

图 8-1　中央银行货币政策执行图

资料来源:邓顺国.网上银行与网上金融服务.北京:清华大学出版社,2004。

电子货币的流通,使影响货币供给和货币需求的许多因素都发生了变化,货币政策的理论基础和实施环境都发生了改变。在网络金融中,货币政策的中介目标、货币政策工具和货币政策传导机制都与传统经济中的有所不同。

一、电子货币条件下货币政策中介目标的选择

货币政策目标分为最终目标和中介目标两个不同的层次。货币政策的最终目标是中央银行通过货币政策工具的操作在一个较长时间内所要达到的最终宏观经济目标。因为各国的宏观经济政策目标不尽相同,所以各国货币政策最终目标的具体内容也略有差异。但随着全球经济一体化,各国货币政策最终目标的具体内容日趋一致,主要包括四个方面:充分就业、经济增长、物价稳定和国际收支平衡。货币政策的中介目标是中央银行为了实现其货币政策的最终目标而设置的可供观察的,具有传导作用的,以及便于货币政策工具调节的中间变量指标。货币政策的中介目标是连接货币政策最终目标和货币政策工具之间的桥梁。中央银行通过运用货币政策工具,调控中介指标,从而实现最终目标。货币政策的中介目标应符合以下三个标准:①可控性,即中央银行通过各种货币政策工具的运用能够有效地起到控制和调节作用,并且不会遇到太多的麻烦和障碍;②可测性,即中间目标的选定便于中央银行迅速和准确地获取资料,并能被社会各方面理解、判断和预测;③相关性,即中介目标必须与货币政策最终目标之间具有高度的相关关系。货币政策的中介目标大体可以分为两类:一类是以货币供应量为代表的总量性目标;另

一类是以利率为代表的价格信号性目标。① 中央银行在选择货币政策的中介目标时可以从这两类中任选其一,但不能同时盯住这两类指标。当经济产生波动时,中央银行为了保持利率稳定,必须调整货币供应量;若想维持货币供应量,只有放开利率变动水平。因此,中央银行对中介目标的选择一直存在争论。

凯恩斯主义认为,在社会总供给既定的条件下,对总需求影响最大的因素是投资支出,控制住了投资支出,就控制住了社会总需求和物价水平。投资支出的水平取决于资本边际效率与名义利率。货币当局虽然无法控制资本边际效率,但可以有效地调整利率水平。中央银行可以运用货币政策工具调节社会总体利率水平。凯恩斯认为,由于受到资产替代性、金融机构资产结构等因素的影响,中央银行很难有效控制货币供应量,因此不适宜作为中介目标。

而货币主义认为,作为基础货币的提供者,中央银行完全有能力调节货币供应。从长期看,货币供应量主要取决于中央银行的基础货币,货币需求量的决定因素是居民的持久性收入,持久性收入的相对稳定使得货币需求相对稳定,控制住货币供应量也就间接控制住了社会利率水平,因此,货币主义认为货币政策的中介目标只能选择货币供应量。

关于货币政策中介目标的选择至今还没有一个定论。但是电子货币的发展,正在使第一类中介目标的合理性和科学性日益下降,并对第二类中介目标产生深刻影响。

(一)对货币供应量的影响

在可测性方面,由于许多机构都可以发行电子货币,电子货币的发行不是集中的和一次性的,而是分散和连续的,而且电子货币使得通货与储蓄甚至证券买卖之间的资金转换能够迅速地进行,金融资产之间的替代性加大,使得货币量的定义和计量变得十分困难和复杂。在网络金融中,货币流通速度的加快使得货币之间层次的划分也越来越模糊,很难明确地核定某一层次的一些具体的统计指标。即使可能,其所需成本也足以使其丧失任何现实意义。

就可控性而言,网络银行将资金的收受双方和相应的金融业务整合到了同一个交易平台上,加快了货币流通速度,加大了货币流通速度的波动幅度。同时,电子货币的发行不受中央银行的控制。货币供给方面的变化,加上货币流通速度的不稳定,使货币量的可控性也面临着挑战。一般认为,只有在货币流通速度基本稳定或有规律地变化(可预测)的情况下,才能确定一个与最终目标相一致的货币总量类中介目标,也才能加以控制。如果无法预测货币流通速度,即使中央银行掌握了足够的货币发行控制能力,货币政策的最终目标也会出现较大的偏差。受货币

---

① 辜里,陈莹.货币银行学.武汉:华中科技大学出版社,2008 年,第 256～261 页。

构成的复杂性和流动速度的变动性等因素的影响,中央银行将无法确切地解释货币量变化的真正含义,最终不得不放弃这一类中介目标。[①]

就相关性而言,电子货币对现金的替代作用越来越明显,货币流通速度和货币乘数趋于不稳定,使得中央银行通过基础货币调节货币供应量有所弱化,导致货币供应量与货币政策最终目标之间的相关性减弱。

(二)对利率的影响

电子货币对以利率为代表的价格信号指标的影响刚好相反。首先,电子货币提高了整个货币体系的效率,缩短了中央银行政策传导的时滞,市场参与者会对中央银行调整再贴现率等干预政策更敏感,从而增加了中央银行对利率的可控性;其次,电子货币提高了整个货币体系的电子化水平,中央银行甚至公众都将能更容易得到各种利率资料,从而增强了利率的可测性;最后,电子货币将使利率等价格信号性指标更有效率,质量更高,从而增强了利率的相关性。[②]

尽管电子货币的流通从一定程度上影响了利率结构,但是由于价格信号是市场运行的结果,电子货币增强了市场效率和竞争水平,提高了价格信号的质量,使得价格信号类中介指标成为未来货币政策中介指标的主流选择。

■ 二、电子货币对货币政策工具的影响

货币政策工具是中央银行为了实现货币政策最终目标而采取的各种措施和手段。中央银行的货币政策工具主要有一般性货币政策工具和选择性货币政策工具两类。[③] 随着电子货币的发展,这两类货币政策工具都会受到不同程度的影响。但是由于中央银行最重要、最经常使用的是一般性货币政策工具,下面只分析电子货币对一般性货币政策工具的影响问题。一般性货币政策工具被广泛用于对货币供给总量或信用总量的调节,主要包括法定准备金制度、再贴现政策和公开市场操作。

(一)法定准备金

中央银行通过调整存款准备金率来改变法定存款准备金数量和货币扩张乘数,从而控制流通中的货币供给总量。法定存款准备金率通常被认为是货币政策

---

① 尹龙.网络金融理论初论——网络银行与电子货币的发展及其影响.成都:西南财经大学出版社,2003 年,第 145 页。

② 周光友.电子货币对货币政策传导机制影响的实证研究.上海:学林出版社,2008 年,第 171~172 页。

③ 幸里,陈莹.货币银行学.武汉:华中科技大学出版社,2008 年,第 262 页。

最猛烈的工具之一。当中央银行提高法定准备金率,商业银行等存款机构的法定准备金增加,超额准备金减少,基础货币结构发生改变,同时货币乘数缩小,商业银行创造存款的能力下降;反之,当中央银行降低法定准备金率时,货币乘数增大,提高了商业银行创造信用和派生存款的能力。

在上一节我们已经讨论过电子货币对准备金的影响,随着电子货币的出现,法定存款准备金的作用力度下降。这主要基于以下两点原因。

第一,电子存款账户的引入将使电子货币取代了一部分有准备金要求的储蓄,这样,网络银行中的存款准备金所占比重下降,缩小了法定准备金的作用范围,使中央银行通过调节法定准备金施行货币政策面临困难。但是,由于目前电子货币替代的主要是流通中的现金,因此中央银行不需要对其政策工具进行显著的调整。

第二,电子货币和网络技术的发展促进了金融创新,便利了商业银行等金融机构创造新型负债种类来减少甚至逃缴法定准备金,因为存款准备金是不计息的,存款准备金的减少会降低机会成本和融资成本。商业银行通过电子货币减少法定准备金,会破坏存款准备金的作用机理,减弱中央银行的调控能力,这意味着货币乘数不再趋于稳定,变得更难测度和控制。

(二)再贴现政策

再贴现政策主要用于解决银行的流动性困难。贴现率也称为再贴现率,是商业银行将已贴现过的票据作担保,向中央银行借款时所支付的利息。中央银行通过变动再贴现率来调节货币供给量和利息率,从而促使经济扩张或收缩。再贴现率是一种被动的调节措施,由于商业银行能够自行发行电子货币,发行所产生的收益将会使发行市场处于充分竞争的状态。即使商业银行的流动性不存在问题,也会扩大发行,最终形成电子货币发行净收益为零的均衡,再贴现率对电子货币供需的调整不再起作用。同时,电子货币的发展使货币资本之间的转化更为容易,当再贴现政策的成本较高时,商业银行可通过其他途径来获得资金,再贴现政策的功能被削弱了。

但是,电子货币需要依赖传统货币来保证其货币价值,当发行者面临赎回压力而需要向中央银行借款时,再贴现率仍能调整其借款成本。不仅如此,贴现率还有告示效应。电子货币的发行和广泛使用使金融市场越来越处于充分竞争的状态,在这样的市场条件下,贴现率作为政策信号,能加快商业银行等金融机构的反应速度。因此,在电子货币条件下,贴现率仍然不可忽略。

(三)公开市场操作

公开市场操作指中央银行在公开市场上买卖证券,用以改变商业银行及存款货币银行的准备金,影响货币供应量和利率,从而实现货币政策目标的一种政策手段。公开市场操作是最重要的货币政策工具,中央银行通过公开市场购买或出售债券,增加或减少流通中的现金或商业银行的准备金,并通过货币乘数作用改变货币供应量,实现货币总供给和总需求的平衡。

电子货币的流通使用增加了中央银行公开市场操作的复杂性和难度。一方面,网络金融加快了金融市场一体化的进程,金融市场上信息的传播速度大大提高,使投资者的投资领域更广,投资机会更多,市场上微小的变化都有可能形成逐级增强的投资结构的变化。电子货币的大量使用,有利于缩短中央银行公开市场业务的作用时间,使中央银行可以更迅速地调节货币总量和资产价格。当银行的利率发生变动时,大量的货币资金可以随时从一种状态转移到另一种收益更高的状态。因此,一旦公开市场业务的收益稍高,货币资金会迅速转移,公开市场业务对货币供给的调节作用将更为迅速。

另一方面,当电子货币被广泛使用和大范围替代通货时,会导致中央银行由发行通货所换取利息性资产的收益(即一般所称的"铸币税收入")大额减少,而对大多数国家的中央银行而言,铸币税收入是弥补中央银行操作成本的重要财源。再加上电子货币发行较为分散,电子货币发行主题多元化,央行不再是唯一的发行人,各金融机构发行的电子货币又各具特性,这两点必然使中央银行的资产负债规模大为缩减。以美国、德国、法国和意大利为例,如果电子货币完全取代了通货,其央行资产将分别缩减 87%、70%、40% 和 28%。经济越发达,缩减程度越严重。[①]中央银行资产负债的缩减,有可能使央行由于缺乏足够的资产负债而不能进行大规模的公开市场操作,从而使公开市场操作的时效性和灵活性降低。虽然中央银行公开市场操作的实施在正常情况下与资产负债规模没有必然的联系,但是当大量游资涌入或在外汇市场急剧变动的情况下,就需要中央银行进行大规模的操作。如果中央银行在资产负债表上缺乏足够的资产,没有能力调动大量的资金进行"对冲"操作,将使本国的汇率和利率受到较大的冲击。

■三、电子货币对货币政策传导机制的影响

货币政策传导机制指中央银行在确定货币政策最终目标后,从操作货币政策工具到实现货币政策最终目标之间,所经过的各种中间环节相互之间的有机联系及因果关系的总和。

对于货币政策传导机制,不同时期、不同流派的经济学家有不同的理论认识,最具有代表性的是凯恩斯学派的利率传导机制理论和货币学派的传导机制理论。

---

① Moody:' Moody's International Manual'. Moody's Investor Service. Inc. New York,1996:27。

凯恩斯学派的利率传导机制理论是：当中央银行采取放松银根的货币政策措施时，商业银行体系的超额准备金增加，放款能力增加，货币供应量增加。货币供给相对于货币需求突然增加后，供大于求，利率下降。因投资的利率弹性作用，利率下降意味着资本的边际效益增加，投资有利可图，投资增加。如果消费倾向为已知量，通过乘数作用，社会总收入将会增加。

与凯恩斯学派不同，货币学派认为利率在货币传导机制中不起重要作用。货币学派的货币传导机制理论是：当中央银行采取放松银根的货币政策措施时，商业银行体系的超额准备金增加，放款能力增加，货币供应量增加。货币需求一定时，当货币供给量增加到供过于求的状况时，公众的支出会增加，支出的增加会影响资产的价格，也会影响商品的价格。价格的变化将刺激投资，投资增加，收入增加。①

虽然凯恩斯学派和货币学派的货币传导机制理论中货币供给量变化直接作用的变量不同，但都离不开金融机构这个媒介。电子货币的发展，使商业银行等金融机构在降低货币流通成本方面的比较优势减弱。由于电子货币和网络金融使信息的获取更加便利和迅速，如果央行在制定政策时，预见这些信息和变化，迅速做出反应，则将使货币政策的传导更加有效。反之，如果央行没有预见这种信息和变化，就有可能使货币政策的误差增大。

电子货币的发展使货币政策在传导过程中的时滞和不确定性变大，同时还使资产价格的变动性加大，增加了中央银行收集信息、预测经济形势发展的难度，影响货币当局的行动。如何制定传导有效、时滞短的货币政策，已经成为各国货币当局的重要研究课题。

■ 四、电子货币对货币政策独立性的影响

在网络金融中，电子货币的广泛使用，使货币政策的独立性问题受到人们的关注。货币政策的独立性包含两个层次，即货币政策制定的独立性和货币政策实施的独立性。

货币政策制定的独立性除依赖相关法律的保障外，在很大程度上还取决于中央银行是否拥有独立的收入。中央银行收入的主要来源是铸币税收入。一般认为，铸币税收入是中央银行发行货币所取得的收入。铸币税收入是用来弥补中央银行在发行货币和进行宏观调控的过程中产生的各种成本费用及弥补财政收入的主要来源。因此，铸币税收入是维持中央银行货币政策独立性的重要保证。电子货币的发行主体具有多元性，电子货币的发行和流通，减少了流通中的通货，中央

---

① 幸理，陈莹．货币银行学．武汉：华中科技大学出版社，2008 年，第 275～276 页。

银行发行的货币数量减少,从而减少了中央银行的铸币税收入。如果没有充足的铸币税作为其经营费用,中央银行不得不依赖其他的收入来源,中央银行的经费可能会因此越来越直接依赖于政府提供,中央银行的独立性会受到影响。

货币政策实施的独立性也会因为电子货币的流通而受到影响。由于电子货币的性质,它可以更方便地进行跨国使用,消费者既可以使用由本国机构发行的电子货币购买国外产品,也可以用国外的电子货币发行机构发行的电子货币进行消费,还可能出现居民利用网络为外国厂商工作,将所得转换成电子货币在国内外使用。随着网络金融的发展,这样的情况会越来越普遍,难以限制。

另外,网络金融和电子货币日趋全球化,一国的货币政策很难不受其他国家经济和政策的影响,中央银行在测定电子货币量和执行货币政策时将不得不考虑相关国家的政策因素,进行必要的调整,必要时需与相关国家进行相关政策的协调。

■ 五、网络金融与货币政策的未来发展方向

网络金融和电子货币的不断发展使货币供求发生明显的变化,传统的货币理论和货币政策机制受到挑战,一些经济学家开始怀疑未来中央银行存在的必要性,并开始对未来的货币政策进行探讨。

弗里德曼认为,货币政策影响利率,利率取决于中央银行在银行储备供给方面的垄断地位,中央银行对基础货币的控制提供了其影响利率的能力。随着电子货币的发展,中央银行基础货币发行的垄断地位丧失,电子货币取代实物货币,人们对银行存款的持有量减少甚至不再持有银行存款,人们将资产交给受托公司管理,中央银行将无法控制短期利率,货币政策也就不存在了,中央银行组织也就行将被淘汰。[①]

弗里德曼的观点引来学者的广泛讨论。以 Mervyn King、Charles Freedman 为代表的学者赞同弗里德曼的观点,认为受电子货币的影响,未来的中央银行和货币政策很难再发挥实质性的作用。Freedman 不仅赞同中央银行货币供给垄断消失的观点,而且认为中央银行的最终清算地位也将被取代。[②] King 认为电子货币的发展使建立在法币基础之上的,可以任意影响经济运行的中央银行时代一去不

---

① Benjamin M. Friedman. The future of monetary policy: the central bank as an army with only a signal corps? NBER Working Paper 7420,1999。

② Charles Freedman. Monetary Policy Implementation: Past, Present and Future-Will the Advent of Electronic Money Lead to the Demise of Central Banking?. Bank of Canada,2000。

复返了。①

但是以 Charles Goodhart 为代表的学者不同意弗里德曼的中央银行和货币政策消失论。Goodhart 认为，通货由于其交易的便利性和匿名性，不可能完全被取代，中央银行仍然可以用其所掌握的通货影响短期利率的变动。②

普林斯顿大学的 Michael Woodford 论述了当中央银行的负债受到很大影响时中央银行实施利率影响的机理。Woodford 认为，中央银行始终可以控制其本身债务和金融资产的利率，并将这种控制转化为对隔夜拆借利率水平的影响，因而仍然可以实现保持经济稳定的职能。

随着网络金融的发展和电子货币的普及，未来的中央银行和货币政策会是怎样的，学者们还在不断地探讨中，孰是孰非要交给时间去检验。

■ 小结

电子货币的出现和发展是信息技术和网络金融发展的结果，它的流通有效降低了信息成本和交易费用。电子货币取代传统的通货已经成为一种不可避免的趋势。电子货币的出现，使货币的性质发生了显著的变化。电子货币的供给机制不同于传统的中央银行的纸币体系，它们共同构成网络金融下的货币供给体系。电子货币的出现，使基础货币逐渐减少，货币乘数逐渐变大，因此总的货币供应量会变得很难预测。此外，电子货币在支付系统的广泛应用使货币的流动性大大增强，不同用途的货币间的转换成本非常低，大大增强了投资结构的可变性，使货币需求也受到巨大的影响。

中央银行的货币政策的执行和独立性同样受到电子货币的影响。电子货币的流通和发展使以利率为代表的价格信号类中介指标比货币供应量指标更加科学和合理，成为未来货币政策中介目标的主流选择。随着电子货币的发展，中央银行的两类货币政策工具都会受到不同程度的影响，尤其对一般性货币政策工具（包括法定准备金制度、再贴现政策和公开市场操作）产生较大的冲击，货币政策传导过程中的时滞和不确定性变大。在网络金融中，货币政策的独立性问题受到人们的关注，电子货币的发行减少了中央银行的铸币税收入，使货币政策的独立性受到影响。因此在网络金融环境下，制定和实施货币政策不得不考虑电子货币的影响。

---

① King，Mervyn. Challenges for Monetary Policy：New and Old . Bank of England Quarterly Bullentin，1999(39)，397～415。

② Goodhart. Charles A. E. Can Central Banking Survive the IT Revolution?. London School of Economics，2000。

◎ **关键词**

电子货币　货币供给　基础货币　货币乘数　货币需求　货币政策

📖 **复习思考题**

1.试论述在电子货币体系下,货币性质发生的显著变化表现在哪些方面?

2.电子货币的发行供给机制是怎样的,对货币总供给结构有什么影响?

3.电子货币的应用普及对基础货币和货币乘数产生了怎样的影响?

4.为什么说在电子货币条件下,以利率为代表的价格信号类目标比以货币供应量为代表的总量性目标更适合成为货币政策的中介目标?

5.请从法定准备金、再贴现政策和公开市场操作三个方面论述电子货币对货币政策工具的影响。

网络金融的风险与监管

金融风险是金融活动的内在属性,金融风险的广泛存在是现代金融市场的重要特征。网络金融的发展极大促进了金融一体化、全球化,给各国的发展和繁荣带来机遇,同时也向各国的金融监管提出严峻挑战。网络金融的应用改变了金融机构的服务手段,使金融本身更加脆弱,金融风险波及的范围更加广泛。网络金融的健康发展,要以金融安全为前提。要维护网络金融的安全,就要预防和关注可能的金融风险。本章介绍网络金融的一般风险和特殊风险,分析网络金融风险的放大效应,探讨如何对网络金融风险进行有效监管。

第一节　网络金融风险

网络金融是一把"双刃剑",它在给金融业带来发展机遇、给消费者带来便捷的同时,也给金融业和消费者带来空前的负面效应。由于网络金融平台处于开放和虚拟状态,任何人都可以任何身份进行访问,这就使网络金融的风险不仅比传统金融业的风险更大,而且面临着不同类型网络安全的考验。因此,网络金融除具有与传统金融相同的一般风险外,也面临传统金融中不存在或者不突出的特殊风险,并存在风险放大效应。

一、网络金融的一般风险

网络金融的一般风险主要包括流动性风险、市场风险、信用风险和操作风险。这些风险在传统金融背景下早已存在，但由于网络金融采用与传统金融不同的方式拓展和创新金融业务与工具，具有超越时空的特征，因此，其风险在表现形式和程度上较传统金融风险有所变化。

（一）流动性风险

流动性风险指网络金融机构无法在不增加成本或资产价值不发生损失的条件下及时满足客户流动性需求的可能性。流动性风险是由资产和负债的差额及期限差异引起的。以网络银行为例，银行可以利用出售给客户的电子货币而获得的资金进行投资，但是当客户要求兑现电子货币或进行结算，而网络银行却没有足够资金满足客户要求时，就会面临流动性风险。

具体而言，网络金融机构面临两类流动性风险：一类与特定的产品或市场相关，另一类与金融机构的总体资金状况相关。前者是指由于不充足的市场深度或由于市场流动性的中断，金融机构不能或者不容易以原来的历史交易价格或与之相近的价格对冲某一头寸的风险；后者是指金融机构不能在清算时履行付款义务或支付保证金的风险。当金融机构面临流动性风险时，通常意味着其资产流动性差和对外融资能力枯竭，这是因为：如果金融机构没有足够的现金支付到期的债务，就会被迫出售资产；如果资产的流动性差，该资产就很难以正常的价格出售，金融机构就会因此而遭受损失；如果该金融机构根本无法出售资产，它就必须依赖对外融资来支付到期债务；如果缺乏对外融资的渠道，则金融机构就会因无法履行到期债务而宣布倒闭或被接管[①]。

也有人提出与流动性风险相联系的资本风险的概念。以网络银行为例，资本风险就是指网络银行由于资本金过少，缺乏承担风险损失的能力，缺乏对存款及其他负债的最后清偿能力，从而使银行安全受到威胁的风险。

（二）市场风险

市场风险指网络金融机构的资产负债表内外的资产与负债各项目的头寸或组合，因市场价格变动而蒙受损失的可能性。从形态上分析，市场风险中最主要的是利率风险和汇率风险。

---

① 宋清华，李志辉.金融风险管理.北京：中国金融出版社，2005年，第281页。

1. 利率风险

利率风险指网络金融机构因利率变动而蒙受损失的可能性。金融机构的风险管理常把利率风险单独列出。网络金融机构的资产绝大部分是利率相关资产,利率变动会直接导致其资产价值的变化,利率的不利变动将使金融机构的资产相对于负债发生贬值,承担很高的利率风险,并威胁其持续经营能力。应该看到,在网络金融环境下,国际游资的流动非常迅速,这种规模庞大、期限较短、流动性强的资金经常随着各国家或地区市场利率的变化,从低利率区域流向高利率区域,这种大规模的资金快速流入、流出容易对网络金融机构的资产负债及一国的国际收支、金融市场的稳定等产生重大的不利影响。

2. 汇率风险

汇率风险指网络金融机构因汇率变动而蒙受损失的可能性。一般而言,网络金融机构从事外汇业务所面临的风险比从事本币业务面临的风险要大得多,因外汇风险而造成的经营亏损,不仅会危及网络金融机构本身,往往还会对一国的国际收支、外汇储备和外债产生消极影响。

此外,国际市场主要商品价格的变动,主要国际结算货币发行国的宏观经济状况变化以及经济、金融政策调整等因素,也会形成网络金融机构的市场风险。

(三)信用风险

狭义的信用风险指传统意义上的由于债务人或市场交易对手违约而给网络金融机构带来损失的可能性。广义的信用风险还包括由于债务人或市场交易对手的信用状况和履约能力变化,而导致网络金融机构作为债权人而持有的资产的市场价值发生不利变动而遭受损失的可能性。

以网络银行的网络贷款业务为例,其开展业务时面临如下具体问题:是否需要借款人提供担保、抵押? 如果不需要担保、抵押,如何保障贷款的顺利回收? 如果要求提供担保、抵押,需要什么样的担保、抵押手段? 如果以保证形式提供担保,银行如何审查保证人的资信和担保能力? 如果允许客户提供担保、抵押,程序如何进行[1]? 在实践中,国外有的网络银行通过远程通信手段,借助信用确认程序对借款者的信用等级进行评估,但由于信息不对称和不完全,如果借款人网络登记所在地银行信用评估系统不健全,借款人很可能不履行对电子货币的借贷应当承担的义务,这会增加网络银行的信用风险。

---

① 彭晖等. 网络金融理论与实践. 西安:西安交通大学出版社,2008 年,第 298 页。

(四)操作风险

操作风险指网络金融机构由于自身交易系统、产品或服务的设计存在缺陷,机构内部管理失误或控制缺失,以及操作人员的操作失误等因素而导致损失的可能性。操作风险涉及的范围很广,如网络金融机构账户的授权使用,网络金融机构的风险管理系统运行,网络金融机构与其他金融机构和客户间的信息交流、交易实施及真假电子货币的识别等。以 2000 年 3 月 16 日在上海证券交易所上市的可转换债券"机场转债"为例,该产品面值为 100 元,当天上午 9 点 30 分开盘价为 1.88元,随后的最低成交价甚至达到 1.20 元。9 点 35 分成交价为 2 元,9 点 37 分却一跃而起达到 100 元,当日最高价达 107 元,并最终报收于 101.06 元。之所以会有开盘短暂几分钟令人瞠目结舌的这一幕出现,是由于部分机场转债持有人对交易系统的报价规则不熟悉,因而操作失误,将机场转债当做面值 1 元的基金报价出售。上海证券交易所随后发出了两份通知,其中一份称"此次异常系少数投资者委托出现差错所致",另一通知称"为最大限度地保护投资者的利益,决定对成交价低于 90 元的交易暂不办理交割手续"[①]。

二、网络金融的特殊风险

除了传统金融中存在的市场风险、流动性风险、信用风险和操作风险之外,网络金融还具有传统金融中不存在或者不突出的特殊风险,按引发风险因素的不同,这些风险可划分为技术风险、业务风险和法律风险三大类。

(一)技术风险

技术风险是网络金融最主要的系统风险,可进一步细分为技术选择风险、技术运行风险和技术支持风险。

1.技术选择风险

技术选择风险指网络金融机构为支撑网络金融业务的开展,必须为其网络系统平台选择一种技术解决方案,从而存在所选择的技术方案在设计上存在缺陷或不适合未来业务发展需要而遭受损失的可能性。例如,在与客户的信息传输中,如果网络金融机构使用的系统与客户终端软件不兼容,就存在着传输中断或速度降低的可能。无论网络金融机构选择何种解决方案,都有潜在风险,一旦选择错误,

---

① 宋清华,李志辉.金融风险管理.北京:中国金融出版社,2005 年,第 144 页。

将使其所经营的网络金融业务处于技术陈旧、网络过时的竞争劣势,从而造成巨大的技术机会损失,甚至是巨大的商业机会损失[①]。

2.技术运行风险

技术运行风险指网络金融机构在既有技术平台上开展网络金融业务时,因内部或外部因素导致系统运行故障而遭受损失的可能性。金融机构提供网络金融服务的网络通常分成内联网(Intranet)、外联网(Extranet)和互联网(Internet),三者的开放性依次递增,安全性相应逐步递减。这样的网络结构,无法避免由于内部因素和外部因素而引起的网络运行风险:

一方面,若计算机系统的硬件、软件出现故障或事故,将引发系统性风险。例如,1985 年,美国纽约银行的证券结算系统软件发生故障,整个系统陷入瘫痪,顾客委托银行购入政府债券的资金停止入账,而该行与其他行之间的证券交割及票款的支付仍在联邦储备银行的账户中自动进行,从而使该行的存款准备金账户出现透支。为保证流动性,该行一夜间从纽约联邦储备银行融资 226 亿美元(该金额相当于其自有资本的 23 倍、资产总额的 2 倍以上),仅这一天的利息就造成该行500 万美元的损失。

另一方面,网络金融系统还要面对网络犯罪和计算机病毒入侵的风险。金融领域的网络犯罪主要是犯罪主体通过程序和数据等各种无形信息的操作来进行,犯罪成本低而隐蔽性极高。犯罪分子可以不受时间限制地从任何一个计算机网络终端实施犯罪行为,不会留下有关指纹、笔迹和相貌等个人特征,这给确认犯罪人带来极大困难,犯罪行为不易被发现、识别和侦破。与此同时,计算机病毒的发展层出不穷,由于病毒具有较强的再生异化功能,一接触就会通过网络进行扩散与传染,因此,病毒一旦入侵,往往造成网络主机的系统崩溃、数据丢失等严重后果,给网络金融带来致命危害。总之,随着网络金融系统覆盖面的扩大、服务项目的增多和金融终端机向社会进一步延伸,网络犯罪和计算机病毒入侵引发技术运行风险的可能性越来越大。

3.技术支持风险

技术支持风险指网络金融机构由于对网络金融安全运行的技术支持能力不足而遭受损失的可能性。由于网络技术的高度专业化,或出于降低运营成本的考虑,网络金融机构往往依赖外部机构、市场的服务支持来解决内部的技术或管理难题,如聘请外部专家来实现支持和操作各种网上业务活动。这种做法适应了网络金融

---

① 曾志耕.网络金融风险及监管.成都:西南财经大学出版社,2006 年,第 56 页。

发展的要求,但若外部的技术支持者不具备满足金融机构开展业务所需的足够技术能力,或未来因为各种原因而中止提供服务,都可能对网络金融机构提供高质量的虚拟服务造成障碍和威胁。

(二)业务风险

业务风险指网络金融机构在拓展网络金融业务时由于虚拟金融业务的特殊性质和运行机制而遭受损失的可能性。业务风险以消费者为导向,主要包括实用性风险、信誉风险和网络链接风险。

1.实用性风险

实用性指网络金融机构所提供的服务能够满足消费者不同需求的特性。实用性风险主要指消费者由于自身条件及需求的不同,相应要求网络金融机构所提供的服务特色也各不相同,并在此基础上造成因选择产品而给网络金融机构造成损失的可能性。作为个体的金融机构通常具有不同的战略发展方向和运营理念,例如,有的强调稳健性,有的侧重快捷性。稳健型金融机构视交易安全为第一,客户资金安全得到很好的保障,但其网络交易平台往往相应表现出手续繁杂、认证过程较长等特征。而快捷型金融机构提供给消费者的网络交易速度通常较快,认证解密时间较短,但安全性也相应降低。消费者会根据上述差异对网络金融机构形成不同的评价,并根据自身的实际需求情况进行比较、判断和选择。因此,网络金融机构如不重视实用性风险的管理,容易流失客户[①]。

2.信誉风险

信誉风险指网络金融机构在为消费者提供金融服务的过程中出现失误、差错或侵害客户权益,致使网络金融机构信誉下降而蒙受损失的可能性。网络金融机构在为消费者提供网络金融服务的过程中,如果不能持续保证服务的安全、准确和及时,不能及时回复客户通过电子邮件发出的询问,或者泄露了客户的信息,就会对金融机构信誉造成不利影响,降低公众或者市场对该金融机构的信心,进而对整个网络金融系统的稳定性、安全性产生怀疑,在极端情况下甚至可能导致金融系统的崩溃[②]。

3.网络链接风险

网络链接风险指网络金融机构通过第三方网站链接为消费者提供综合性金融

---

① 曾志耕.网络金融风险及监管.成都:西南财经大学出版社,2006年,第58页。
② 曾志耕.网络金融风险及监管.成都:西南财经大学出版社,2006年,第59页。

产品与服务而蒙受损失的可能性。以网络银行为例,为满足消费者享受"一站式"金融服务的需求,通常借助网络链接将自己的网站打造为"金融超市",为消费者提供综合性网上金融服务,这一作法在为消费者提供便利的同时,也可能给网络银行带来风险。例如,当网络银行网站上所链接的第三方服务供应商对银行客户造成不利影响时,客户容易误认为第三方网站上提供的产品或服务是由该银行提供的,或者误认为是该银行向其推荐了该第三方或为该第三方服务供应商提供了担保,从而对网络银行产生不满甚至引起法律讼争。总体来看,当网络金融机构与第三方网站之间建立了超级链接并开展数据处理或支付活动时,随着网络金融系统操作功能的日益复杂,尤其是当第三方提供的安全保护或隐私保护不足时,网络金融机构将面临更多的网络链接风险[①]。

(三)法律风险

法律风险是指网络金融机构及相关主体在金融活动中因法律方面原因而引致一定损失的可能性。网络金融建立在网络信息技术基础上所形成的特殊运作机制,向建立在政治地理疆界和纸质合约基础上的传统法律体系和金融监管框架提出了挑战。相应地,较之传统金融背景下的法律风险,网络金融背景下的法律风险更加复杂、突出,可按照其风险来源分为两大类:

1. 因一国相关法律法规的不完善及滞后而引起的法律风险

金融领域始终处于不断的发展和变化过程中,而法律的天然属性是相对稳定性,难以适应网络金融日新月异的发展,不可避免地存在法律监管的"真空",造成法律规范与网络金融实践的矛盾和冲突。事实上,由于网络金融属于新生事物,大多数国家尚未形成配套的法律法规,原有的法律法规明显滞后,从而使得部分网络金融问题暂时处于无法可依的不确定状态,造成相关主体在网络金融系统上的行为的法律属性和后果具有不确定性,大大增加了网络金融所面临的法律风险。以电子支票为例,1995 年制定的《中华人民共和国票据法》第 4 条规定"票据出票人制作票据,应当按照法定条件在票据上签章";第 7 条规定"票据上的签章,为签名、盖章或签名加盖章"。而电子支票显然无法满足传统法律的要求,而必须采用数字签名制度和相应的认证制度,从而使得电子支票的法律效力存在认定上的模糊和困难,给相关主体带来法律风险。

2. 因各国相关法律法规冲突而引起的法律风险

随着跨境网络金融服务的发展,一方面,网络金融系统相关主体呈多元化特

---

① 余素梅.网上银行业务安全的法律保障机制研究.武汉:武汉大学出版社,2006 年,第 151 页。

征，在地理上往往分别处于不同国家、地区，而各国关于网络金融交易的法律法规存在差异，这造成网络金融业务的跨境开展容易遭遇国家之间的法律冲突；另一方面，由于网络金融系统特殊的运行机制，相关主体在无区域边界的网络空间上的行为与其隶属的政治地理疆界经常脱节，从而造成法律管辖权的模糊及法律适用上的困难。因此，如果网络金融机构对于东道国在金融法规框架、市场准入、业务许可、日常监管以及信息披露等方面与母国存在的差异没有充分研究并准备应对方案的话，往往容易因违反东道国相关法律而引发法律风险。

■ 三、网络金融的风险放大效应

网络技术是网络金融的运行基础，赋予其独特的运行机制，相应地，网络金融面临的风险具有放大效应，主要表现在以下五个方面。

第一，在网络空间中，所有经济活动表现为货币信息的传递与转移，在网络平台上流动的不是货币资金，而是代表货币资金的数字化信息，该信息所代表的货币量远远超过了实体经济的货币拥有量，从而使得风险总量放大。

第二，先进的网络技术为实现信息的快速远程处理功能提供了强大的技术支持，但在提供便捷、快速的金融服务的同时，也使支付、清算风险的传递和扩散速度变快，范围变广，风险的积聚与发生可能就在同一时间，这使得风险的防范变得非常困难。在传统金融的"纸质"结算背景下，对于出现的偶然性差错或失误，往往有一定的时间进行纠正；而在网络金融平台中，这种回旋余地大大缩小，补救成本也相应加大，这就加大了风险。

第三，网络金融的整个交易过程几乎全部在网上完成，交易的虚拟化使金融业务的开展可以不受时间、地域的限制，与此同时也造成交易对象的身份难以明确，交易过程很不透明，金融监管当局很难准确了解金融机构资产负债的实际情况，由此引起的信息不对称使网络金融风险更集中，风险形式更多样化，风险扩散速度更快。

第四，金融全球化背景下的金融业已经同信息业连成一体，金融交易在网络平台上变成一系列的电子信号，交易成本大大降低，从而为金融风险的国际传导提供了技术基础，金融风险"交叉"传染的可能性增加。在传统金融背景下，金融监管当局可通过在一国内部实行金融分业经营、设置市场屏障等方式，实现风险的相对隔离；但在网络金融背景下，一国内部金融业务和客户相互渗透交叉，大大减弱了"物理"隔离的有效性，同时，网络金融的发展还促进金融资产的全球化配置，使得各国之间金融风险的相关性日益加强，这也使得风险爆发的可能性及规模增大。

第五，金融危机爆发的突然性和破坏性加大。以套利基金为代表的金融投资机构为实现利益最大化,通过网络金融交易平台进行大规模的国际投机活动,并借助网络金融交易的隐蔽性逃避各国金融监管当局的监管。实时监管的脱节容易加大金融危机爆发的突然性,而危机一旦爆发和形成,还会迅速波及到相关国家,加大其破坏性。

综合以上分析,一方面,网络金融比传统金融面临更大的风险考验,如,技术选择失误对于传统金融机构来说通常只是导致业务处理速度放缓,或处理成本增加;但是对基于信息技术的网络金融机构来说,失去技术领先性,则可能丢失整个市场并失去生存基础。又如,信誉风险对传统金融机构来说,可能只是部分客户的流失,但对网络金融机构来说,则很可能是致命的打击。另一方面,可以预见,随着互联网技术的不断发展,新的网络金融风险还将不断产生。因此,如果不对网络金融风险加以监管,则网络金融的存在和发展将受到严重威胁。

第二节 网络金融监管

要防范和化解网络金融风险,必须加大对其的监管力度。在金融网络化和全球一体化的大背景下,网络金融监管是指金融监管当局为维护网络金融系统中各相关主体的利益,保障金融体系的稳定和安全,给国民经济发展提供良好的金融环境,根据金融法规对以计算机网络为技术支撑的金融活动所实施的监督管理。金融监管的信息化、现代化、国际化将成为金融监管当局维护金融秩序、规范金融市场和防范金融风险的重要趋势[①]。本节将在分析网络金融监管必要性的基础上,介绍监管的目标、原则和内容,并探讨网络金融监管的国际协调与合作。

■ 一、网络金融监管的必要性

金融监管必要性研究为金融监管的存在和实施提供了理论基础。其中,建立在新古典经济学框架下的两种代表性理论是海曼·明斯基(Hyman P. Minsky)提出的金融不稳定假说(financial instability hypothesis)和斯蒂格勒(Stigler)提出的信息不对称监管理论。网络金融背景下的金融监管必要性可结合上述两种理论简要分析如下。

---

① 曾志耕.网络金融风险及监管.成都:西南财经大学出版社,2006年,第36页。

(一)网络金融背景下金融体系整体脆弱性增强

明斯基提出的金融不稳定假说认为,金融体系内在的不稳定性是引发金融风险、产生金融危机的根本原因,而政府通过建立监管制度并实施积极干预,可以有效地降低金融脆弱性,实现金融的稳定发展。

在网络金融背景下,一方面,网络信息技术的发展促进金融领域劳动分工细化,生产迂回程度增加,生产链条拉长,从而使得处于生产链条各个节点处的不同金融部门间的依赖性增强;另一方面,网络金融交易平台在为消费者提供快捷、便利服务的同时,也加大了金融资产间的相互渗透程度和各金融机构之间的风险关联程度。二者的综合作用使得金融体系整体脆弱性增强,单个金融部门的失败往往会迅速向其他部门传导和扩散,容易产生"多米诺骨牌"效应,并演变成金融危机。

(二)网络金融背景下金融体系出现新的信息不对称

斯蒂格勒等人将信息经济学扩展到金融领域,认为现实的金融市场是一个信息不对称、不完全的市场,存在逆向选择与道德风险问题,市场失灵使得市场均衡无法实现,从而造成金融市场的低效率。因此,政府应通过外部监管来改善信息不对称现象,从而降低金融风险,提高金融效率。

在网络金融背景下,一方面,随着网络信息技术的发展,信息的专有性和垄断性受到冲击,经济中创造出大量与信息有关的就业机会,形成了专门从事信息交易的新型市场,信息被作为商品开发、收集、筛选和处理,并借助于网络,以几乎实时的速度,快捷而全面地传递到每一个信息消费者的网络界面上,这使得人们在获取信息方面不再受时间和空间的限制,因而旧信息的不对称性、不完全性得以弱化;另一方面,网络技术发展促使生产链条拉长及金融产品和服务多样化,网络金融的虚拟性、快速性和个性化使得一次性博弈行为和机会主义行为增强,虚假和欺诈信息泛滥[①]。因此,信息的收集、判断和筛选以及对金融风险识别、防范的成本趋于增加,这在一定程度上造成新的信息不对称和不完全。

综上分析,在网络金融背景下,金融系统整体脆弱性增强,金融体系在消除旧的信息不对称的同时出现新的信息不对称,出于金融稳定和安全的考虑,必须对网络金融系统实施监管。

---

① 齐华宁.网络金融系统及其运行机制研究.大连:东北财经大学硕士论文,2004年,第180页。

二、网络金融监管的目标和原则

(一)网络金融监管的目标

网络金融监管的目标可从宏观和微观两个层面来分析:宏观上,应通过金融监管确保国家金融秩序的安全,保障货币政策的实施;微观上,要维护金融机构间的适度竞争,并保护存款人、投资者的利益。具体分析如下。

1.确保国家金融秩序安全

金融系统内部存在千丝万缕的联系,如果一家金融机构遭遇风险,往往会引起连锁反应,导致一系列金融机构经营困难,可参见银行挤兑模型(diamond and dybvig,1983)对连锁"技术性破产"的分析[①]。所以,金融监管当局的首要目标是维护国家金融体系的安全和稳定,更好地带动和促进实体经济的发展。

2.保障货币政策的实施

当今各国普遍采用货币政策进行宏观调控,作为货币政策的实施主体,中央银行实施公开市场操作、存款准备金和再贴现率调整都要以银行金融业为载体。因此,网络金融监管当局应通过外部监管,使得电子货币的发行能够及时准确地传导和执行中央银行货币政策的调控意图和目标,保证货币政策的顺利执行。

3.维护金融机构间公平有效的竞争

适度的竞争环境既可以保持网络金融机构整体上的经营活力,又可以避免恶性竞争导致金融机构经营失败而破产倒闭,影响国家经济安全。为此,金融监管当局应致力于创造一个公平、高效、有序的竞争环境。

4.保护存款人及投资者利益

金融监管当局应从技术监管和经济监管两方面双管齐下,维护网络金融运行安全,保护存款人及其他投资者的权益。

(二)网络金融监管的原则

要实现上述目标,网络金融监管还应遵循一些基本原则,主要包括依法监管、

---

① Dimond and Dybvig. Bank Runs,Deposit Insurance,and Liquidity. Journal of Political Economy,1983(91)no.3;401～419。

动态调整、安全稳健与经济效益相结合、自我约束与外部强制相结合以及适度竞争等原则,具体如下。

1.依法监管原则

依法监管指金融监管当局的监管目标、政策制定及实施应以法律为依据,坚持监管的合法性、权威性、严肃性、强制性和一致性,依法对网络金融机构履行领导、管理、协调、监督和稽核等职能,规范金融活动各主体的权利、义务和行为准则,从而确保金融监管的积极性、有效性。

2.动态调整原则

金融监管应与网络金融业的发展保持同步,以免成为金融业发展的羁绊。金融监管当局一方面应尽快对不适应金融发展形势的规则进行修订,避免压制金融创新的积极性;另一方面还应具备一定的前瞻性,在把握金融市场走向和市场结构演变趋势的基础上调整监管政策,缩短监管的政策时滞,提高监管的事前性和先验性[1]。

3.安全稳健与经济效益相结合原则

为维护国家金融安全,金融监管当局所制定的金融监管法律、法规和相关政策应在宏观上有助于防范和化解金融风险,保障金融系统的安全稳健;同时也着眼于为各类金融机构的稳健经营和金融市场的有序运作提供完善的服务,优化金融环境,实现网络金融风险防范与效益提升二者间的协调发展。

4.自我约束与外部强制相结合原则

金融监管当局与监管对象之间存在着信息不对称。一方面,如果金融监管当局放弃外部强制监管,则金融机构出于内在的逐利天性,容易产生逆向选择和道德风险行为,难以实现自我约束,从而滋生和积聚金融风险;另一方面,如果仅靠金融监管当局实施外部强制干预和监管,作为被监管对象的网络金融机构完全可以利用信息不对称来逃避和对抗监管,从而加大金融监管的难度,影响监管的效果。因此,只有将金融机构的自我约束和外部强制监管两者有机结合,才可能收到较为理想的效果。

5.适度竞争原则

金融业一方面具有规模经济和范围经济效应,存在自然垄断倾向;另一方面,

---

[1] 宋清华,李志辉.金融风险管理.北京:中国金融出版社,2005年,第66页。

在网络金融背景下,软件技术公司和网络服务供应商等非金融机构通过各种方式积极进入网络金融领域,有可能出现过度竞争和破坏性竞争。因此,金融监管当局应通过外部监管来创造和维护一个适度竞争的环境,既避免网络金融业出现高度垄断的局面,保持金融系统的活力与效率,又防止出现恶性竞争而影响金融系统的安全和稳定。

三、网络金融监管的内容

现代金融监管的核心就是金融监管当局与金融系统在金融深化、金融创新与风险管理方面的博弈。美国经济学家凯恩(Kane)提出"规避管制"理论和动态博弈模型,指出金融监管与金融创新存在密切联系。政府管制可视为隐含的税收,阻碍金融机构从事已有的盈利性活动及利用管制之外的利润机会,限制了金融机构的竞争能力和盈利空间。因此,金融机构在利益驱动下,会不断进行创新活动以规避监管,寻求新的盈利空间。对于金融创新,监管当局可能适应形势的变化放松原有的监管政策,也可能在创新危及金融稳定时,采取新的监管措施,从而形成金融监管当局与金融机构之间的金融管制-金融创新-放松金融管制或再管制-再创新……的动态博弈过程。因此,网络金融监管要适应网络金融的新特点,建立新的监管标准,调整监管结构,更新监管手段,推动金融深化和发展[①]。

网络金融监管主要涉及网络金融市场准入、网络金融服务合规性和真实性、网络金融系统安全、消费者的权益维护、网络金融犯罪和跨境金融服务的监管等六个方面,具体如下。

(一)对网络金融市场准入的监管

传统金融业通过实行许可证制度来调控市场准入,而在网络金融背景下,金融业的生存环境改变很大,呈现出金融全球化、网络化和自由化的发展态势,其重要表现之一就是:网络技术在金融领域的应用和发展客观上降低了市场进入成本,削弱了现有传统金融机构所享有的竞争优势,这为非金融机构和相关企业进入网络金融市场提供了可能。实践中,软件公司、电信公司、网络服务供应商等机构凭借自身的技术优势开始涉足网络金融业务。例如,美国通用电气、日本索尼等老牌大型制造商早已将触角伸向银行支付领域,微软公司也试图通过收购财务软件公司来进军个人理财支付体系[②]。因此,为规范非金融机构在网络金融系统中的活动,

---

①　李成.金融监管学.北京:高等教育出版社,2007年,第39页。
②　余素梅.网上银行业务安全的法律保障机制研究.武汉:武汉大学出版社,2006年,第8页。

网络金融监管当局应对网络金融的市场准入标准、注册制度、地域界定和业务范围等建立监管制度。

(二)对网络金融服务合规性和真实性的监管

金融监管当局对网络金融服务系统进行合规性监管,一方面要促进网络金融机构在国家金融政策导向下发展,严格控制网络金融机构利用其相对于传统金融服务方式的低成本优势进行不正当竞争;另一方面要充分发挥网络金融服务空间范围广、客户规模大的优势,积极推进网络金融标准化服务体系的建设,对各家网络金融机构提供的同类或相似的金融产品和服务进行整合。例如,金融监管当局负责制定金融产品和服务标准,赋予其强制色彩,并在标准的框架之下进一步形成网上结算和支付、网上证券、网上保险等各种网络金融服务的服务规范。

对于网络金融服务的真实性监管而言,监管当局可强制要求网络金融机构建立网络金融交易确认系统,确保消费者有权利对每一笔网络金融业务进行确认。例如,通过安全的签名电子邮件或其他方式请求用户给予最后确认,保证每一笔资金的流向都有最后接受人的确认,从而保障金融交易的真实性、安全性和有效性。

(三)对网络金融系统安全的监管

网络的开放性对金融服务的安全性提出了更高的要求,网络金融系统的安全性是网络金融发展的关键。因此,金融监管应从保障网络安全运行的角度出发,对网络金融机构的系统分布安全提出监管规范,对网络金融的系统安全进行资格认证,从每个安全环节入手实施网络安全的日常监管,要求网络金融机构加大对网络系统物理安全措施的投入,增强系统关键技术和关键设备的防攻击、防病毒能力,保证网络软硬件能够安全正常运转,切实保障金融机构自身和消费者的利益不受损害。

(四)对消费者的权益维护进行监管

在网络金融背景下,作为网络金融服务需求方的消费者与作为供给方的网络金融机构之间存在信息不对称,消费者处于相对弱势地位。为维护消费者权益,除消费者自身应注意风险防范外,金融监管当局应重点把握以下三方面的监管内容。

第一,制定网络金融服务和产品的规范,加强风险提示,避免网络金融机构利用信息不对称向消费者销售低质量、高风险的金融产品;

第二,强制要求网络金融机构建立严格的客户资料和账户交易资料管理制度,金融机构负有保密的义务,未经客户允许或特定执法机关要求,不得将客户资料提

供给第三方;

第三,强化网络金融业务的损害赔偿责任。网络金融服务与传统金融相比所具有的高效和便捷,已成为提供给消费者的服务内容中不可分割的一部分。因此,消费者通过网络金融平台完成金融交易时,若有损害行为发生,则责任一方对损害的赔偿不仅应包含对市场交易直接成本的赔偿,还应包含对市场交易效率成本的合理赔偿。例如,消费者接受网络银行业务和电子货币的动机在于其高效和便捷,如果网络银行因人为或技术方面原因未能向消费者提供应有的便利性和流动性,不能按预期的高效率实现支付和结算功能,那么,网络银行除了承担由此造成的直接损失外,也应向消费者适当补偿一部分由此引起的间接损失。

(五)对利用网络金融平台进行犯罪的监管

由于网络金融的虚拟化特征,任何一个人只要掌握了账户名称、相关密码等信息,输入一串代码,就可得到金融服务,资本瞬间即可实现跨国流动,从而为网络"洗钱"、操纵市场及通过网络交易平台偷税漏税等犯罪活动提供便利。为防范网络金融犯罪,金融监管当局应建立统一的数字认证中心,签发代表网络主体身份的"网络身份证",从而对参与网络金融交易的机构和个人进行识别,加强网络金融平台上的资金来源、流向及交易行为合法性的监管。

(六)对网络金融跨境金融服务的监管

跨境金融服务是无形的,且其"生产"和"消费"活动几乎同步进行。网络金融机构在技术上可向任何国家或地区输出网络金融服务,在理论上可以在任何地点、任何时间向消费者提供任何金融服务。随着网络信息技术的发展,跨境网络金融服务的情形越来越普遍,拥有广泛分支机构网络的东道国本土金融机构的竞争优势被严重削弱,给各国的金融监管带来新的挑战。以欧盟为例,为合理解决这一问题,在许可和审慎监管等已经协调了的领域,欧盟金融法采用了母国控制模式,要求提供跨境金融服务的机构排他地接受母国的监管;在未经协调的领域,则采用了东道国优先模式,要求其优先接受东道国的监管。实践中,东道国金融监管当局可以采取以下三条具体措施。

第一,对他国网络金融机构的服务进行服务种类的限制,只允许其开展符合东道国金融分业监管的特定业务;

第二,对他国网络金融机构的服务进行服务地域的限制,只允许其在东道国允许对外开放的地域提供金融服务;

第三,要求他国网络金融机构提供全球并账运作资料,全面掌握其全球金融活动情况,避免形成监管"真空",防止监管套利。

四、网络金融监管的国际合作与协调

1923 年成立的美国投行老店贝尔斯登(Bear Stearns)于 2008 年 3 月被摩根大通(JP Morgan Chase)收购,次贷危机以此为标志全面爆发,后续迅速演变为波及全球的金融危机。由于金融领域缺乏切实有效的国际合作与协调机制,在本轮金融危机中,没有制度安排要求引发危机国家的金融监管当局负有主动、及时向其他国家、地区的金融监管当局提供有关信息的义务,但其监管不力所造成的危机却通过各种传导机制波及其他国家、地区,表现出很大的负外部性。可见,面对金融全球化的发展,各国金融监管当局各自为政的监管格局亟需调整。充分加强金融监管在国际范围内的合作与协调,促进国际间统一的金融监管框架的形成,建立公平合理的全球金融监管机制和资本交易的国际规则,维护各国和国际金融安全,是实现包括网络金融在内的金融业整体可持续发展的应有之举。

网络金融监管的理想状态是实现监管辐射全球,但事实上,一国金融监管当局只能以其主权为界行使管辖权,面对国际化的金融市场及多元化的市场参与主体,各个国家以其政治地理疆界为限的金融监管就显得鞭长莫及。由于各国文化传统、政治体制、经济基础、法律体系及开放程度的不同,其金融监管的体制、标准和方式也存在不少差异,因此,网络金融监管的国际合作与协调需要各国政府及金融监管当局的积极参与和长期努力。

网络金融监管的国际合作与协调在形式上可分为双边合作、区域性合作及全球性合作三个层次。当前可在广泛双边合作的基础上重点推进区域性合作,首先争取在区域内形成适应区域一体化要求的金融监管国际合作组织,并尝试建立区域金融管理委员会,由其制定具有约束力的区域性合作协议,共同推动网络金融的发展,为未来的全球性合作远景奠定坚实的基础。

从具体内容来分析,网络金融监管的国际合作与协调重点包含以下三方面。

(一)建立统一的监管平台

为避免多重监管和监管真空,网络金融国际合作与协调的长远目标是设立一个类似"世界央行"的监管平台,该平台的最主要功能包括。

第一,负责协调各国的跨境金融行为及利益平衡,调控金融机构的市场准入及业务特许和许可,避免出现监管套利和恶性竞争;

第二,负责金融系统的信息披露及共享,使各国监管当局能够迅速掌握国际金融市场上的资金流动、汇率变化和利率变化等重要信息,便于协调彼此的监管行动,防范网络犯罪,避免各国资本市场、外汇市场受到国际游资的冲击,共同维护经

济的稳定;

第三,负责对陷入财务困境的金融机构实施风险救助和危机处理,最大程度消除负外部性对金融系统和实体经济的冲击。

建立统一的监管平台,有助于发挥"看得见的手"的作用,减少金融系统负外部性,为网络金融的发展创造良好的条件,为网络金融监管的国际合作与协调提供组织基础。

(二)建立统一的法律框架

各国法律对网络金融机构和消费者的权利、义务的规定不尽相同甚至差异很大,因此,网络金融在借助网络信息技术平台迅速发展的同时,也会遇到金融业务及其有关法律问题的国际化,法律适用和管辖权的冲突。通过建立统一的法律框架,既有助于网络金融业务的跨境拓展,又利于减少和消除网络金融发展的法律障碍,维护网络金融系统相关主体的权益,从而为网络金融监管的国际合作与协调提供制度基础。

(三)建立统一的技术标准

这里的技术标准含义比较宽泛,除包括狭义的网络信息平台软硬件技术标准外,也包括:

(1)网络金融机构资产、负债计量的会计准则;

(2)网络金融风险的辨识、评估和计量标准;

(3)网络金融的监管口径标准;

(4)网络金融产品的服务规范及定价准则等。

建立上述统一的技术标准,可促进各国网络金融系统的"兼容性",为网络金融监管的国际合作与协调提供运行基础。

■ 小结

网络金融除具有与传统金融相同的一般风险外,还面临传统金融中不存在或者不突出的特殊风险,并存在风险放大效应。网络金融的一般风险包括流动性风险、市场风险、信用风险和操作风险。网络金融的特殊风险按引发风险因素的不同,可划分为技术风险、业务风险和法律风险三大类。网络技术是网络金融的运行基础,赋予其独特的运行机制,从而使得网络金融风险具有放大效应。在网络金融背景下,金融系统整体脆弱性增强,金融体系在消除旧的信息不对称的同时出现新的信息不对称,出于金融稳定和安全的考虑,必须对网络金融系统实施监管,并确定网络金融监管的目标、原则和内容。面对金融全球化的发展,各国金融监管当局应加强国际合作与协调。

◎ 关键词

　　网络金融一般风险　网络金融特殊风险　网络金融的风险放大效应　网络金融监管

📖 复习思考题

　　1.简述网络金融风险的主要种类和基本内容。

　　2.结合我国网络银行业务的发展,分析网络金融的技术风险。

　　3.简述对网络金融风险放大效应的认识。

　　4.简述如何加强对网络金融跨境金融服务的监管。

参考文献

艾瑞咨询集团.2006~2009.网络经济系列研究报告

贝政新,王志明.2004.金融营销学.北京:中国财政经济出版社

曹邦英.2007.网络金融服务学.成都:电子科技大学出版社

曹协和,吴道义,刘春梅.2008.厘清电子货币概念.电子金融化,(12)

陈冰,刘宇.2002.银行业CRM应用研究系列专题(一):CRM系统在国外应用的成功案例.中国金融电脑,(07)

陈实.2006.我国电子支付问题及发展策略研究.北京:北京邮电大学

陈雨露.2002.电子货币发展与中央银行面临的风险分析.国际金融研究,(1)

陈志勇,董寿昆.2000.金融业的新时代:网络金融时代.财经理论与实践,(7)

褚俊虹,王琼,陈金贤.2003.货币职能分离及其在电子货币环境下的表现.财经研究,(8)

崔晓峰,王颖捷.2001.网络金融.北京:中国审计出版社

邓顺国.2004.网上银行与网上金融服务.北京:清华大学出版社

狄卫平,梁洪泽.2000.网络金融研究.金融研究,(11)

杜文哲.2004.西方商业银行金融服务定价策略分析.金融会计,(03)

樊德铮.2008.保险公司呼叫中心综合平台的应用.贵州大学硕士学位论文

樊玉红,王晶.2002.网络金融对传统金融理论的影响.东北大学学报(社会科学版),(1)

樊玉红.2003.对电子货币含义的再认识.哈尔滨学院学报,(6)

丰翔.2007国内外网络银行产品创新能力比较及建议.职大学报,(04)

高埃仁.2004.我国银行卡产业发展研究.投资研究,(10)

高丛.2003.电子货币支付方案的比较及我国电子货币支付的对策研究.北京邮电大学学报(社会科学版),(5)

高华炜.2008.关于完善网上证券交易立法的几点建议.成功(教育),(08)

葛禄青.2006.网络环境下的信息产品差别定价策略.经济论坛,(19)

葛兆强.2007.电子银行运营与管理模式研究(下).金融电子化,(12)

顾浩,胡乃静,董建寅.2006.银行计算机系统.北京:清华大学出版社

郭晓武.2005.浅析网络金融的特点、运行模式及其风险管理.经济师,(11)

韩宝明,杜鹏,刘华.2001.电子商务安全与支付.北京:人民邮电出版社

何光辉.2000.电子货币系统和风险及其控制.金融研究,(11)

胡金焱,霍兵,李维林.2008.证券投资学.北京:高等教育出版社

胡玫艳.2008.网络金融学.北京:对外经济贸易大学出版社

胡庆康.2001.现代货币银行学教程.上海:复旦大学出版社

胡俞越.2006.期货期权.北京:中央广播电视大学出版社

滑斌.2006.我国网络银行发展研究.武汉大学硕士论文

黄诚,李纯安.2000.电子货币的本质与网络经济条件下的金融制度创新.经济科学,(2)

黄达.2004.金融学.北京:中国人民大学出版社

黄铁山,吴绍春,陈怡海.2008.流媒体技术在证券股评系统中的应用研究.计算机工程,(03)

黄燕.2004.2004年新银行业务消费(个人用户)调查.调查报告互联网周刊,(03)

黄燕芬.2006.我国货币乘数稳定性的实证分析.财贸经济,(3)

黄正新.2001.关于电子货币理论与现实问题的探讨.经济师,(2)

黄宗捷,扬羽.2001.网络金融.北京:中国财政经济出版社

霍映宝,韩之俊.2004.顾客忠诚研究述评.商业研究,(04)

冷德辉,陈文革.2001.网络安全测评和风险评估.广东通信技术,(7)

李成.2007.金融监管学.北京:高等教育出版社

李翀.2003.虚拟货币的发展与货币理论和政策的重构.世界经济,(8)

李国华.2005.期货市场简明教程.北京:经济管理出版社

李洪心,马刚.2007.银行电子商务与网络支付.北京:机械工业出版社

李敏.2003.电子货币对货币供求的影响.金融教学与研究,(2)

李琪,彭晖,Whinston A B,ef al.2004.金融电子商务.北京:高等教育出版社

李强.2003.网上期货交易的兴起及对期货市场的影响.理论与实践,(02)

李文青.2001.我国网络银行研究.浙江大学博士论文

李晓峰,关振胜.2008.统一金融认证体系安全为重.计算机世界,(04)

李兴智,丁凌波.2003.网络银行理论与实务.北京:清华大学出版社

李曜.2008.证券投资基金学.北京:清华大学出版社

李媛媛.2007.网上证券交易存在的问题及对策.邯郸职业技术学院学报,(03)

梁循.2008.网络金融信息挖掘导论.北京:北京大学出版社

梁志国.2008.个人电子支付方案研究.西安电子科技大学硕士学位论文

刘爱华.2003.如何进行有效沟通.北京:北京大学出版社

刘海龙,张丽芳.2009.证券市场流动性与投资者交易策略.上海:上海交通大学出版社

刘清华.1999.网上交易的不完全性市场契约及其自我履行机制.经济科学,(4)

刘廷焕.2003.金融干部网上银行知识读本.北京:中国金融出版社

刘宜云.2007.第三方金融渠道的先行者.首席理财师,(12)

刘喆.2008.我国网络信息安全问题分析与建议.山西财经大学学报(高等教育版),(1)

骆品亮.2008.定价策略.上海:上海财经大学出版社

玛丽·J.克罗宁.2002.互联网上的银行与金融.亓丕华,王俊译.北京:经济科学出版社

门洪亮.2006.电子货币供给的经济分析.科技经济市场,(11)

米全喜.2006.网络保险发展研究.吉林大学博士论文

苗地.2000.数字现金会取代流通中的现金吗.金融经济,(11)

欧阳勇.2006.网络金融:理论分析与实践探索.成都:西南财经大学出版社

欧阳勇,曾志耕.2004.网络金融概论.成都:西南财经大学出版社

彭晖,吴拥政,张爱莉等.2008.网络金融理论与实践.西安:西安交通大学出版社

彭家生.2000.基于数字经济的管理信息系统构架.西南民族学院学报,(4)

彭岚.2005.网络银行理论与发展雏议.西南财经大学硕士学位论文

佚名.2000-3-9.网络给了我们机会——中国期货交易网络化前瞻.期货日报

齐华宁.2004.网络金融系统及其运行机制研究.东北财经大学博士论文

秦洪丹.2007.个人网上银行服务品质与顾客忠诚研究.浙江大学博士论文

芮延先.2000.电子银行与支付手段.上海:上海财经大学出版社

瑞士再保险公司.2000.保险业面对电子商务带来的影响:适应压力,重建自我.Sigma,(5)

赛迪顾问.2009.2008—2009年中国网上银行市场发展状况.研究报告

盛小白.2003.网络经济通论.南京:东南大学出版社

施琳琳.2007.手机银行:IT 和金融全面整合.合作经济与科技,(05)

宋清华,李志辉.2005.金融风险管理.北京:中国金融出版社

孙才仁.2008.期货市场发展与监管.北京:中国经济出版社

孙森.2004.网络银行.北京:中国金融出版社

孙薇,高茜.2008.呼叫中心在中国银行业的应用研究——以招商银行建设 95555 呼叫中心为例.时代金融,(07)

斯蒂芬 P.布拉德利.2003.在线金融服务业.姜钦华译.北京:中国人民大学出版社

唐平.2006.电子货币对 M1 和 M2 的货币乘数影响及比较分析.重庆工商大学学报,(2)

王格.2007.我国网络保险经营模式分析.时代金融,(05)

王茳.2007.网络银行服务的定价策略.中国物价,(05)

王健.2006.期货交易概论.北京:中国商业出版社

王雷.2003.网络金融的国际比较与借鉴.东北财经大学博士论文

王鲁滨.1999.电子货币与货币政策研究.金融研究,(10)

王维安,俞洁芳,严谷军.2002.网络金融学.杭州:浙江大学出版社

王维安,张建国,马敏.2002.网络金融.北京:高等教育出版社

王怡齐.2007.客户关系管理在建设银行股份公司的应用研究.昆明理工大学硕士论文

王毅达.2008.网络零售——定价策略与渠道选择.北京:经济科学出版社

王元月,纪建悦,杨恩斌.2003.网络金融的兴起及其在我国的发展.金融理论与教学,(4)

王媛.2006.网络银行与传统商业银行比较研究.西南财经大学博士论文

王悦.2005.我国发展网络保险的对策分析.四川大学博士论文

吴斌,江涛.2005.客户关系生命周期理论在商业银行的应用研究.浙江金融,(02)

奚振斐.2006.电子银行学.西安:西安电子科技大学出版社

谢百三.2005.证券投资学.北京:清华大学出版社

谢鹏.2007.发展我国网络保险的主要模式及制约因素分析.中国高新技术企业,(16)

谢平,尹龙.2000a.电子货币对中央银行的影响.金融研究,(4)

谢平,尹龙.2000b.网络银行:21 世纪金融领域的一场革命.财经科学,(4)

谢平,尹龙.2001.网络经济下的金融理论和金融治理.经济研究,(4)

幸里,陈莹.2008.货币银行学.武汉:华中科技大学出版社

徐刚.2000-01-25.网络经济激荡新世纪.中国经济时报,7

徐洪才.2008.期货投资学.北京:首都经济贸易大学出版社

徐志坚.2001.网络证券.贵阳:贵州人民出版社

亚瑟·梅丹.2000.金融服务营销学.王松奇译.北京:中国金融出版社

严耕.1999.终极市场:网络经济的来临.北京:北京出版社

岩崎和雄,左藤元则.1998.明日货币.李毓昭 译.台中:晨星出版社

杨青.2004.电子金融学.上海:复旦大学出版社

杨文灏,张鹏.2004.电子货币对传统货币领域挑战与对策研究.金融纵横,(8)

杨喜欠.2006.网络环境下我国证券经纪业务营销策略研究.西安理工大学博士论文

杨艳军.2007.期货市场流动性理论与实证方法.北京:知识产权出版社

姚铮.2008.证券与期货.北京:清华大学出版社

叶蔚,袁清文.2006.网络金融概论.北京:北京大学出版社

伊倩.2007.电子货币对货币政策的影响分析.东北财经大学博士论文

尹龙.2003a.数字化时代的中国银行业:网上银行的发展与监管.金融研究,(4)

尹龙.2003b.网络金融理论初论——网络银行与电子货币的发展及其影响.成都:西南财经大学出版社

于慧君,邱长溶.2007.对我国货币政策中介目标的研究.经济经纬,(6)

于素梅.2006.网上银行业务安全的法律保障机制研究.武汉:武汉大学出版社

余斌霄,王新梅.2004.可重复使用的匿名电子货币.西安电子科技大学学报,(12)

余小林,蒲成毅.2002.论"数字现金".经济学家,(1)

俞乔.2007.商业银行管理学.上海:上海人民出版社

岳意定,吴庆田.2005.网络金融学.南京:东南大学出版社

曾志耕.2006.网络金融风险及监管.成都:西南财经大学出版社

翟立宏.2005.个人金融产品的特性:不同角度的考察及启示.经济问题,(01)

战松.2006.网络金融实务.成都:西南财经大学出版社

张成虎.2001.金融电子化.北京:经济管理出版社

张德斌,关敏等.2001.网络金融与风险投资.北京:中国国际广播出版社

张德成.2007.基于商家、消费者和发行机构决策行为的电子货币研究.上海交通大学博士论文

张冬玲.2006.从客户服务渠道整合的角度看我国网上银行发展.经济师,(06)

张红霞,侯向磊.2004.电子货币的界定及其应用中亟待解决的法律问题.河北法学,(7)

张进,姚志国.2002.网络金融学.北京:北京大学出版社

张铭洪.2007.网络经济学.北京:高等教育出版社

张仕斌,谭三,易勇,等.2004.网络安全技术.北京:清华大学出版社

张彤.2003.数据挖掘在客户关系管理中的应用.管理现代化,(01)

张小蒂,倪云虎.2002.网络经济概论.杭州:浙江大学出版社

张小东.2007.由保险产品特性谈我国网络保险营销的发展.上海保险,(08)

张卓其.2005.电子金融.北京:高等教育出版社

张卓其,史明坤.2001.网上支付与网上金融服务.大连:东北财经大学出版社

赵海华.2005.电子货币对货币政策的影响研究.武汉大学博士论文

赵何敏.2004.论货币形式的发展与货币管理的革命.经济评论,(7)

赵家敏.2000.论电子货币对货币政策的影响.国际金融研究,(11)

赵建祥.2004.顾客关系管理:网络证券营销的现实选择.管理科学文摘,(05)

赵锡军.2008.证券投资学.北京:中国人民大学出版社

中国保监会普及保险知识编写组.2006.保险知识学习读本.北京:中国金融出版社

周光友.2008.电子货币对货币政策传导机制影响的实证研究.上海:学林出版社

周慧.2000.我国证券电子商务的发展.江苏统计,(8)

周建波,刘志梅.2004.金融服务营销学.北京:中国金融出版社

周科.2008.浅析网络金融.新西部(下半月),(03)

朱雪莲,吴秋实.2003.电子货币时代货币发行的分散化趋势.金融理论与实践,(2)

朱箴元.2005.国际金融.北京:中国财政经济出版社

BCBS.2000.Electronic banking risk management issues for bank supervisors.Electronic Banking Group Initia-
tives and White Papers

BCBS.1998.Risk management for electronic banking and electronic money activities.Basle Committee on
Banking Supervision

Bisker J.2003.Update on internet insurance.TowerGroup

Dimond D.1983.Bank runs,deposit insurance,and liquidity.Journal of Political Economy,91(3):401~419

Dolan R J,Moon Y 2000. Pricing and market making on the internet. Journal of Interactive Marketing,14 (2), 56~73

ECBS. 1999 Electronic banking. European Committee for Banking Standards,5

Freedman C. 2000. Monetary policy implementation: past,present and future-will the advent of electronic money lead to the demise of central banking?. Bank of Canada

Friedman B M. 1999. The future of monetary policy: the central bank as an army with only a signal corps?

Goodhart,Charles A E. 2000. Can central banking survive the IT revolution? London School of Economics

Gora J. 2000. What's new in cybertalk? LOMA

Hausen M,Berger J. 2000. The evolution of e-coverage in the online insurance market. Harvard Business School

King M. 1999. Challenges for monetary policy: new and old. Bank of England Quarterly Bullentin,(39):397~415

Kye-hwa L. 2005. Online financial services speed up restructuring. The Korea Herald

Mc Tighe M. 2002. Major trends in the development of electronic commerce in the United States. Coalition of Service Industries

Moody. 1996. Moody's international manual. New York:Moody's Investor Service,Inc. ,

OCC. 1999. Internet banking——comptroller's handbook. Comptroller of the Currency Administrator of National Banks

Saloner G,Shepard A. 1992. Adoption of technologies with network effects:an empirical examination of the adoption of automated teller machines. National Bureau of Economic Research Working Paper Series,2~30

Salop S C. 1990. Deregulating self-regulated shared ATM networks. Economics of Innovation and New Technology,(1): 85~96

Smith M D,Bailey J,Brynjolffsson E. 2001 Understanding digital markets: review and assessment. In:Brynjolffsson E,Kahin B. Understanding the digital economy. Cambridge,MA:MIT Press

WoodfordM. 2000. Monetary policy in a world without money. Princeton University and NBER,Prepared for A Conference on the Future of Monetary Policy